基于核心素养的物理课堂教学研究

马朝华　张晓　崔琰　著

图书在版编目（CIP）数据

基于核心素养的物理课堂教学研究 / 马朝华，张晓，崔琰著. —北京：首都师范大学出版社，2022.5

ISBN 978-7-5656-5255-4

Ⅰ. ①基… Ⅱ. ①马… ② 张… ③崔… Ⅲ. ①中学物理课-教学研究 Ⅳ. ①G633.72

中国版本图书馆CIP数据核字（2019）第190181号

基于核心素养的物理课堂教学研究

马朝华　张晓　崔琰　著

责任编辑　孙琳

首都师范大学出版社出版发行

地　　址　北京西三环北路105号

邮　　编　100048

电　　话　68418523（总编室）　68982468（发行部）

网　　址　http: // cnupn.cnu.edu.cn

印　　刷　河北鑫彩博图印刷有限公司

经　　销　全国新华书店

版　　次　2022年5月第1版

印　　次　2022年5月第1次印刷

书　　号　ISBN 978-7-5656-5255-4

开　　本　710 mm × 1000 mm　1/16

印　　张　19

字　　数　298千字

定　　价　59.8元

前言

2017年12月，教育部正式颁布了《普通高中物理课程标准》(以下简称《课程标准》)，《课程标准》在课程目标中明确指出，物理学科核心素养是学科育人价值的集中体现，是学生通过学科学习而逐步形成的正确价值观念、必备品格和关键能力。物理核心素养主要由“物理观念”“科学思维”“科学探究”“科学态度与责任”四个方面构成。核心素养已成为当前许多国家教育改革的支柱性理念，对研制课程标准、开发教材与课程资源起着重要的推动作用。

学科核心素养的提出对教师的专业素养成长提出了更高的要求。要发展学生的核心素养，教师必须具备必要的专业素养。核心素养在教科书中呈现的隐蔽性与拓展性，教学目标中素养目标的模糊性与延续性，以及学生评价指标的内隐性与动态性等，对教师提出了新的要求。核心素养的培育，要求教师要在基于三维目标达成的教学方法上进一步发展和改进，死记硬背、题海战术是难以培育出核心素养的。

物理教师应该如何理解物理核心素养的内容？在教学中如何设计教学目标落实物理核心素养？在教学环节中又如何渗透和发展学生的核心素养？带着对这些问题的思考和探索，作者通过对核心素养概念的进一步阐述，帮助物理教师更好地理解核心素养的基本内容；通过落实核心素养的方略建议与具体案例分析，帮助物理教师灵活把握落实核心素养的手段和方法，对一线物理教师的教学设计和教学实践能起到一定的指导和帮助作用。作为新课程标准培训辅导用书，本书具有一定的参考价值。

本书得以出版要感谢各方面人士和团队的鼓励与支持。特别感谢北京市中小学特级教师高级研修项目物理组的导师们，作者正是受到他们的指导与启迪，才对核心素养内容的理解以及核心素养的培养方式有了更清晰的认识和把握，从而将本书更好地呈现给各位读者；同时也特别感谢海淀区名师工作站物理组组长宋诗伟老师对本书编写给予的帮助和指导，以及海淀区名师工作站物理组的杨清源、付鹂娟、张宇等老师给予的大力支持。

本书的写作分工如下：北京市海淀区教师进修学校的马朝华负责本书的整体架构，并完成第三章；北京市第二十中学的张晓完成第一、二、五章；北京市海淀区教师进修学校的崔琰完成第四章。

由于时间仓促及作者水平的限制，本书中作者的观点实为一家之言，难以避免偏颇甚至错误，恳请读者能给予理解和批评指正，不胜感激！

马朝华　张晓　崔琰

2019 年 4 月于北京

目 录

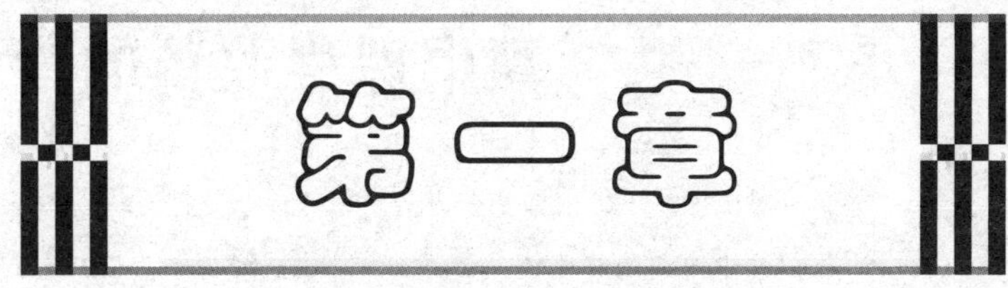

第一章

高中课程的性质与基本理念

第一节 高中课程改革的背景

国民素质决定国家竞争力，国民的核心素养决定一个国家的核心竞争力与国际地位。自20世纪90年代以来，“核心素养”就成为全球范围内教育政策、教育实践、教育研究领域的重要议题，国际组织与许多国家或地区相继构建学生核心素养框架。核心素养成为一个统率各国教育改革的上位概念，引领并拉动中小学课程教材改革、教学方式变革、教师专业发展、教学质量评价等关键教育活动。

一、高中物理课程改革的国际背景

自1997年以来，国际经济合作与发展组织（OECD）、联合国教科文组织（UNESCO）、欧盟（EU）等国际组织先后开展关于核心素养的研究。受其影响，美国、英国、法国、德国、芬兰、日本、新加坡、中国台湾等国家和地区也积极开发核心素养框架。本书主要介绍国际组织、美国（西方国家代表）、新加坡（亚洲国家代表，与我国具有同样的儒家文化背景）所开发的核心素养框架。

（一）三个国际组织的学生核心素养框架

1997年12月，OECD启动了“素养的界定与遴选：理论和概念基础”项目，确定了三个维度九项素养。

1. 能互动地使用工具，包括三项素养：互动地使用语言、符号和文本；互动地使用知识和信息；互动地使用（新）技术。

2. 能在异质群体中进行互动，包括三项素养；了解所处的外部环境，预料自己的行动后果，能在复杂的大环境中确定自己的具体行动；形成并执行个人计划或生活规划；知道自己的权利和义务，能保护及维护权利、利益，也知道自己的局限与不足。

3. 能自律自主地行动，包括三项素养：与他人建立良好的关系；团队合作；管理与解决冲突。该框架对于 PISA（国际学生学业评价项目）测试具有直接影响，进而对许多国家和地区开发的核心素养框架产生了重要影响。

2006 年 12 月，欧盟通过了关于核心素养的建议案，核心素养包括母语、外语、数学与科学技术素养、信息素养、学习能力、公民与社会素养、创业精神以及艺术素养共计八个领域，每个领域均由知识、技能和态度三个维度构成。这些核心素养作为统领欧盟教育和培训系统的总体目标体系，其核心理念是使全体欧盟公民具备终身学习能力，从而在全球化浪潮和知识经济的挑战中能够实现个人成功与社会经济发展的理想。

2013 年 2 月，联合国教科文组织发布《走向终身学习——每位儿童应该学什么》报告。该报告基于人本主义的思想提出核心素养，即从“工具性目标”（把学生培养成提高生产率的工具）转变为“人本性目标”，使人的情感、智力、身体、心理诸方面的潜能和素质都能通过学习得以发展。在基础教育阶段尤其重视身体健康、社会情绪、文化艺术、文字沟通、学习方法与认知、数字与数学、科学与技术七个维度的核心素养。

（二）美国的学生核心素养框架

2002年，美国定订了“21世纪素养”框架，2007年发布了该框架的更新版本，全面、清晰地将各种素养以及它们之间的相互关系呈现出来（见图 1–1）。

图 1–1　美国“21 世纪素养”框架

美国“21 世纪素养”框架以核心学科为载体，确立了三项技能领域，每项技能领域包含若干素养要求。

1. 学习与创新技能，包括批判性思维和问题解决能力、创造性和创新能力、交流与合作能力。

2. 信息、媒体与技术技能，包括信息素养、媒体素养、信息交流和科技素养。

3. 生活与职业技能，包括灵活性和适应性、主动性和自我指导、社会和跨文化技能、工作效率和胜任工作的能力、领导能力和责任能力。

（三）新加坡的学生核心素养框架

2010 年 3 月，新加坡教育部颁布了新加坡学生的“21 世纪素养”框架（见图 1–2）。

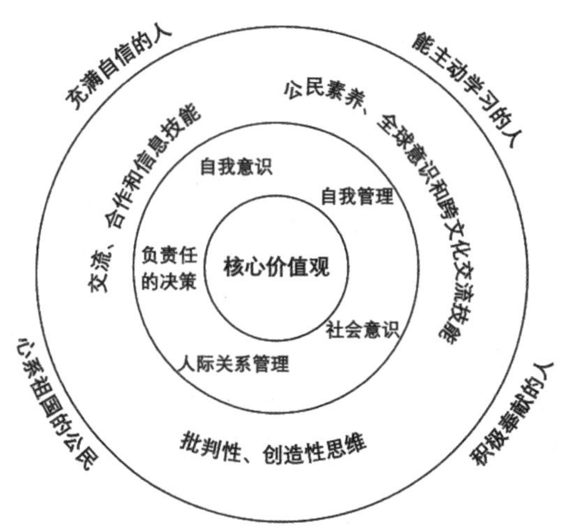

图 1–2　新加坡“21 世纪素养”框架

其中，核心价值观包括尊重、负责、正直、关爱、坚毅不屈、和谐。社交与情绪管理技能包括自我意识、自我管理、社会意识、人际关系管理、负责任的决策。公民素养、全球意识和跨文化交流技能包括活跃的社区生活、国家与文化认同、全球意识、跨文化的敏感性和意识。批判性、创新性思维包括合理的推理与决策、反思性思维、好奇心与创造力、处理复杂性和模糊性。交流、合作和信息技能包括开放、信息管理、负责任地使用信息、有效地交流。

学校所有学科的教学，都是为了培育这些素养，最后培养出充满自信的人、能主动学习的人、积极奉献的人、心系祖国的公民。

二、高中课程改革的时代背景

确定我国学生核心素养的框架结构与具体指标是一项浩大的研究工程。在借鉴上述国际组织和国家的学生核心素养框架的基础上，作者提出几点原则性的建议。

（一）根据人的发展与社会发展的要求确定核心素养

《国家中长期教育改革和发展规划纲要（2010—2020年）》提出，要“树立科学的质量观，把促进人的全面发展、适应社会需要作为衡量教育质量的根本标准”，促进人的全面发展、适应社会需要也应该作为开发学生核心素养框架的标准。

核心素养是个人终身发展、融入主流社会和充分就业所必需的素养的集合，这些素养在现代民主社会中，为儿童和成人过上有责任感和成功的生活所需要，也为社会应对当前和未来技术变革和全球化挑战所需要。学生核心素养则是指学生应具备的未来能够适应终身发展和社会发展需要的必备品格和关键能力，是对“面向未来要培养什么样的人”这一问题的深刻思考。换言之，关注和研究核心素养问题，实际上是在思考社会环境变化与学生发展的关系问题。开发核心素养框架的目的在于培养具有21世纪工作技能及核心竞争能力的人，确保学生在校所学的技能能够充分满足后续大学深造或社会就业的需求，成为21世纪称职的社会公民、员工及领导者。

核心素养框架的确定必须具有时代性与前瞻性。从全球范围来看，核心素养的选取都反映了社会经济与科技信息发展的最新要求，强调创新与创造力、信息素养、国际视野、沟通与交流、团队合作、社会参与及社会贡献、自我规划与管理等素养，内容虽不尽相同，但都是为了适应21世纪的挑战。这些都值得我们借鉴。

核心素养框架的确定应该兼具个人价值和社会价值，并把二者有机结合起来。个人素养不能脱离具体的社会环境，应该适应、促进社会变迁与社会进步。

（二）突出“关键少数”素养

国外的诸多核心素养框架并不相同，有的走的是“全面路线”，几乎把学生的所有素养都包括在内；有的走的是“简约路线”，只涉及一些关键的、高层级的素养。对于我国而言，我们认为后者更合适。

之所以称为“核心素养”，就在于这些素养不是一般性的，而是“核心的素养”。核心素养的定义应该是：适应个人终身发展和社会发展所需要的“必备”品格与“关键”能力，是所有学生应具有的最关键、最必要的共同素养。或者说，核心素养是学生在21世纪最应该具备的那些“最核心”的知识、能力与态度。

在全球化背景下，核心素养的范围会有一定的共性，如对信息素养的要求；但因为国情差异（如国家发展面临的关键问题不同），因此在内容上也会有差异。就我国而言，有两个核心素养必须被大力强调。一是创新能力，这是我国教育的最大短板；二是民主素养，中国社会走向全面进步要求加快政治民主化进程，进而要求培养学生的民主素养。

目前，国家有关部门正组织力量开发中国学生核心素养框架与指标，我们认为这个框架指标不应该“大而全”，而应该“少而精”，抓住关键和要害，方可称为“核心”。

（三）将核心素养具体化为针对不同学段学生的具体素质发展的阶段性要求

核心素养不应该只是一个抽象的、理论性的框架，而要根据学生发展的连续性和阶段性特点，把核心素养细化为不同教育阶段的培养目标。新加坡在此方面做得很好，值得我们借鉴。表1–1是新加坡规定的主要教育阶段的“学习成果”，即学生核心素养的具体发展要求。

表1–1　新加坡各教育阶段学生核心素养发展目标

在小学毕业时应当	在中学毕业时应当	在中学后教育毕业时应当
能够分辨是非	刚正不阿	有道德勇气，捍卫正义
知道自己的优点和发展领域	相信自己的才能，能够适应变化	面对逆境不屈不挠
能够合作、分享，关心他人	能够从事团队合作，同情他人	能够进行跨文化合作，富有社会责任感

续表

在小学毕业时应当	在中学毕业时应当	在中学后教育毕业时应当
对事物怀有强烈的好奇心	有创造力，善于探索	富有创新精神和创业精神
能够独立思考，自信地表达自己的见解	能够欣赏不同的观点，并进行有效的交流	能够批判性地思考，并进行有说服力的交流
为自己的学习感到骄傲	对自己的学习负责任	坚定地追求卓越
养成良好习惯，对艺术感兴趣	喜欢体育运动，欣赏艺术	追求健康的生活方式，能够欣赏美
了解并热爱新加坡	对新加坡有信心，知道新加坡的切身利益	对自己是新加坡人感到自豪，知道新加坡与世界的关系

三、高中课程改革给我们带来的要求

传统教学模式中，学科教育在实践层面因为受到应试教育和传统教学模式的影响，更多是将主要教育目标定位于习得具体的知识和技能、形成学科知识体系，而不是切实关注学生个性发展和社会适应能力，造成学科之间壁垒森严，滋生学科本位思想，难以在育人价值上实现真正的整合。

（一）围绕核心素养开发课程体系

要落实培养目标，需要依靠课程。核心素养已成为当前许多国家教育改革的支柱性理念，对研制课程标准、开发教材与课程资源起着重要的推动作用。据欧盟统计资料显示，欧盟核心素养提出后，对 3/4 以上成员国的课程改革产生了直接影响，这些国家都实施了针对核心素养的教育政策和行动计划。欧盟将信息素养、创业能力和公民素养等跨学科核心素养整合到小学和中学的多门课程中。跨学科素养的课程形态趋向于多样化，可以以独立学科的形式存在，也可以作为更广泛的课程或学习领域的一部分，还可以贯穿于整个课程体系，由全体任课教师负责。

我们在开发课程时，一定要强调课程的整体性，注重学科之间的相互融合，以整体性的课程培育整体性的素养。

（二）围绕核心素养改进教学方法

核心素养的培育，要求改进教学方法，死记硬背、题海战术是难以培育出核心素养的。美国在培育学生的“21 世纪素养”时，力图做到教学设计与课程相匹配，由教师引导转向学生独立应用、说明和解释，发展批判性思维和问题解决能力。要求教师在教学过程中以学生为中心，参照每个学生的知识和经验，满足他们独特的需要，使每个学生的能力都得到发展，并确保学生有真实的机会去运用和证明他们对“21 世纪素养”的掌握。此外，美国在创设学习环境方面还提出以下具体要求：

1. 为集体、小组和个人学习提供 21 世纪的建筑和室内设计，物质空间可以灵活改造，便于学生离开座位自由移动，促进合作、互动和分享信息。

2. 有丰富的学习实践、人力资源和环境来支持 21 世纪的教与学。

3. 教师与学生保持沟通，建立一种乐观的教育文化气氛，积极影响学生的学习。

我们在教学改革中，需要倡导启发式、探究式、讨论式、参与式教学，激发学生的好奇心，培养学生的兴趣爱好，营造独立思考、自由探索、勇于创新的良好环境，让学生学会发现学习、合作学习、自主学习。

（三）提升教师素质是培育学生核心素养的关键

长期以来，我国的教育体系一直强调“双基目标”，教师的职责更多地定位于教学科而非教学生，教知识而非教能力。因此，在高考指挥棒的带动下，教师的精力更多地投入在知识的灌输，而非培养学生获得解决问题的能力方面。

学生核心素养的提出对教师的专业素养成长提出了更高的要求。培育学生的核心素养，教师必须具备必要的专业素养。核心素养在教科书中呈现的隐蔽性与拓展性，教学目标中素养目标的模糊性与延续性，以及学生评价指标的内隐性与动态性等，对教师提出了新的要求。为此，必须加强教师培训，培训的内容不仅仅局限于学科教学能力的提升，还应该站在“立德树人”这一更高的层面上升华自我。新加坡也非常重视教师培训，所有教师都必须接受新加坡国立教育学院的职前培训，该培训依据 2009 年发布的“教师教育 21 框架”（Teacher Education 21，TE21)，使教师具备必需的技能和资源，以便能够培养学生的“21 世纪素养”。

我国的教师培训需要整体变革，根据学生核心素养培育的要求，重新建构教师培训的目标、课程、模式等。

（四）通过评价改革推进学生核心素养培育

核心素养所具有的整合性、跨学科性及可迁移性等特征，尤其是其所包含的大量隐性知识和态度层面的要素，给评价带来极大挑战。自2000年以来，国际经济合作与发展组织围绕核心素养组织实施了旨在考查学生适应未来社会能力的国际学生学业评价项目（PISA），目前已涵盖阅读、数学、科学、合作问题解决、财经素养等多个核心素养领域，其研究结果在近70个参与国引起了强烈关注与反响。欧盟国家的思路则是将核心素养转换为可观察的外显表现，进而开发出相应的测量工具和量规，通过态度调查问卷、表现性评价等形式对核心素养开展评价。

基于核心素养的评价通过创设整合性的、情景化的、多元结构的真实任务，在学生学习的过程中直接评估学生的真实学习效果，重视跨学科探究主题和基于现实社会实践的日常评价活动。这种评价方式更加关注学生在真实任务情景中提出问题，形成问题，收集、整理和提炼信息，构建及评估不同问题解决方案，创新解决问题的途径，有效表达自己的理解和认识，能够和他人进行有效沟通等多方面的能力。

就我国而言，评价重点需要由分科知识的评价转向基于核心素养领域的评价，评价方法技术则要求多元化。需要选取有代表性的关键指标探索建立测评技术方法与标准体系，形成一套抽象概念—工具测量—实证数据的核心素养指标研究流程和范式。当前需要重点关注：如何将学生核心素养评价体系的建构、实施和当前的课程与教学体系、评价体系（含评价工具）、标准体系进行深度整合；如何全面提升针对核心素养指标的评价方法与技术，特别是对复杂认知能力、态度与价值观的评价，以及网上测验的开发等。

第二节 对课程意识与基本理念的认识

一、对课程意识的理解与认识

（一）对课程意识的理解

笔者认为，课程意识即教师的课程观，是教师对课程本身的理解、领悟、诠释、观点和态度，是教师对课程意义的理解，对课程本质的把握，对课程价值的定位。教师的课程观决定了其教学模式，因为教师如何理解课程本身就会根据他的理解进行教学。换言之，教师对课程理解停留在表层而无法进入学科深层，就很容易导致就事论事，无法提升课程的高度，拓宽课程的宽度，也难以促成学科核心素养的形成。

课程意识是相对于教学意识而言的。一般来说，教学意识更注重学生眼前成绩的高低，更注重学科知识内容的教授，而课程意识则更注重学生对知识的理解和学生未来可持续的发展，更注重如何充分挖掘、利用课程资源让课堂内容更丰富。此外，课程意识更强调教师如何在课程上通过引导，让学生自主提问、设问、讨论等，而教学意识更多地是通过教师预设活动引导课堂教学。

课程既是知识又是经验。之所以说课程是知识基于以下两方面的原因：第一，学校课程的主要使命是帮助学生获得知识，所以课程既可以是一门学科，也可以是一类活动；第二，课程是学校各类学科的总和，是各种教学活动、学生活动的总和。之所说课程是经验是因为课程又是学生在教师的指导下获得的经验和体验，以及学生在学习过程中，通过主观能动性探索获得的经验和体验。这种课堂氛围更加强调和突出学生的主体地位，课堂内容也更加注重从学生的角度出发进行设计，使学生既是课堂的参与者又是课堂的组织者，而这正是核心素养的目标之一。

（二）课程与教学的关系

课程和教学是学校育人活动中的两个核心组成部分。课程规定了学校教授知识的内容，即“教什么”，教学则体现学校通过什么方式、途径教授知识，即“如何教”。在传统的教育教学模式下，教师作为课程与学生之间的桥梁，承担着课程内容诠释者和传递者的角色，定义着课堂的内容和形式，这种教学模式不利于学生主观能动性的激发，师生的生命力、主体性都难以得到充分的发挥。只有课程与教学实现共生共赢、相辅相成，才可能深化教育改革，进入核心素养的时代。

通常意义上的教学是指教师通过一系列的授课活动将书本内容传授给学生，在这个过程中，书本就是教学的对象，学生对书本知识掌握的程度就是教学的核心目的，因此教师把详尽、全面地传授教材内容视为教学的根本和唯一目的。这种教学难以实现学生素养发展的目标，因为仅仅依赖学习、学好书本知识并不能全面促进学生核心素养的养成。“在以知识为本位的教学中，学生往往能学到大量而系统的书本知识，却并未因此形成或发展某种身心素质。”

核心素养概念下的教学是以课程资源为教学对象，教材无疑是重要的也是最基本的课程资源，但不是唯一的课程资源。课程资源是课程改革提出的一个全新的概念，在这个概念下，课程资源既包括教材资源以及学校内部的教育教学，还包括校外各种能够为教育教学所用的优质资源。因此，课改提出的课程资源体现了教学范式的根本转变，在这个概念的引领下，“教材不再是一个封闭的、孤立的整体，而是开放的、完整的‘课程资源’中的有机构成部分，教材成为学生与他人、生活、社会、自然等发生联系的桥梁和纽带”。对学生来说，这是一个福音，因此凡是能让学生获得知识、信息、经验、感受，能激发学生主动参与、主动成为学习活动中主导者角色等的载体与渠道都可以是学习的资源。对教师来说，这是一个更高层次的提升，因为教学过程不再是一个照本宣科的过程，而变成不仅仅局限于使用教材，同时也要尽可能利用和开发校内外各种课程资源的过程。例如，教语文的教师不仅仅要教学生如何学好、学通课文中的章节，还要通过还原文章的全貌，讲述作者的背景信息、作品形成的时代背景等各方面知识帮助学生更加深入地理解课文背后的知识。

教师的素质决定了课程资源的识别范围、开发与利用的程度以及取得成效的水平，因为新课改下的教学概念已经突破了“教学就是在教室里上课”的传统观念，学生学习活动的空间不再局限于教室，而是拓宽到生活和社会的各个领域；学生的学习活动范围也不再局限于手中那些教科书和辅导书，而是延伸到自己生活的环境、大自然、社会环境等更加广阔的“教室”中。在这个更加广阔的“教室”中开展教学工作，能够更好地培养学生在生活、生产和各学科中发现问题的眼光，更加注重学生独立思考能力、学以致用能力的培养，从而帮助学生构建可持续发展的意识和能力。

二、对课程基本理念的理解与认识

素养与知识、能力的区别在于素养是进入人的情感、精神，是和人的整个生命融为一体，是人的天性、习惯、气质、性格的一种内在体现，是人在一切活动中自然流露、表现出来的一种特征；而知识、能力则一般停留在人的认知领域，难以进入人的精神领域。但是知识、能力是素养的基础，可以转化为素养，同时素养也可以展现知识和能力。孟子云：“人之有道也，饱食、暖衣、逸居而无教，则近于禽兽。”马丁·路德·金也曾说过：“一个国家的繁荣，不取决于它的城堡之坚固，也不取决于它的公共设施之华丽；而取决于它的公民的文明素养，即取决于人们所受的教育、人们的远见卓识和品格的高下。这才是真正的厉害所在，真正的力量所在。”

（一）必备品格和关键能力

素养的本质在于人的精神生活，而不在于物质生活。学生的主要学习、活动场所在学校，因此学校、教师对学生的素养形成起着至关重要的作用。那么核心素养又是什么呢？教育部在《关于全面深化课程改革 落实立德树人根本任务的意见》中，明确把核心素养的内涵界定为“学生应具备的适应终身发展和社会发展需要的必备品格和关键能力”。必备品格包括自律（自制）、尊重（公德）和认真（责任），关键能力包括阅读能力、合作能力、创新能力和职业能力。

自制品格是一个人对自己欲望的自我控制、克制和指导，是一个优秀的公民必备的品格。著名作家梁晓声曾说过：“人类有无良心，决定每一个人活得像人还是像兽。有无良心的前提是有无良知，良知其实便是一些人应该秉持的良好的道理、道德。这样的一个人，即使平凡，也是可敬的。即使贫穷，也有愉快。”尊重是在处理人与人关系时要尊重别人、重视别人，是公德的精神意蕴和本质体现。认真则是做事的态度。我们不仅要教会学生做人的道理，还要教会学生做事的态度，所谓的“工匠精神”就是强调以认真负责的精神和态度对待万事万物，对待自己的学习。

关键能力中首当其冲的是阅读能力。不会阅读的学生是潜在的差生，所谓阅读并不仅仅是对图书的浏览，而是真正理解图书的内容，并能够将这些内容与自己的知识链条、生活经验融会贯通，这才是真正意义上的阅读。阅读能力是最基础、最关键的能力，它直接决定着学生的学习效果和学习效率，是学生必备的关键能力。创新能力则是最核心、最根本的能力，会创新的人才是有价值的人。创新能力直接决定了学生的学习水平和质量，要创新首先要思考，不会思考的学生是没有潜力的学生，因为会思考的学生是主动思维，而不是被动思维、复制思维，会思考的学生才能够具有创造力。合作能力是指外化于行的表现，是将自己的习得传递给他人的过程。同时，在高中学习阶段学生要有选择职业倾向的能力。

（二）构建基于学生素养的课程与教学

教育部部长陈宝生在 2017 年全国教育工作会议上明确强调，要建立“以学习者为中心的人才培养模式”。把教学关系变革提高到人才培养模式的高度，对我们的课程体系构建和教学模式转变具有重要的指导意义。基于这个指导精神，核心素养体系下的课程体系应该以培养学生多维能力为目标，而不仅仅局限于知识的学习。核心素养体系下的教学模式不应该仅仅局限于课堂和学校，而应向外延展。

课程体系建设要将学科知识和学科活动进行有机结合。学科知识不是学科各个知识点的简单排列和堆积，而是一个有结构的有机整体，学科知识内容的结构化是实现学科知识向学科核心素养转化的关键。传统教学过程中过于关注“知识点”的教授，难以在学生的知识体系中建立经纬交织、融会贯通的网络，不能帮助学生在头脑中将知识“竖成线，横成片”，或“由点构成线，由线构成面”，从而形成由点、线、面筑成的立体式的整体知识结构网络。因此，核心素养体系下的课程体系建设应该能够帮助学生形成一个具有生命力的、处于运动中的思维网络，帮助他们领悟概念的实质，掌握蕴含在概念关系中的各种思维模式。

学科活动包括实践活动（动手、感知）和认识活动（动脑、理性）两个方面。荷兰数学教育家弗赖登塔尔曾说过，数学学习是一种活动，他认为这种活动与游泳、骑车一样，不经过亲身体验，仅仅靠看书、听讲解、观察他人的演示是学不会的。因此，学科活动的设计一定要具有实践性、思维性、自主性和教育性。实践性主要强调让学生参与到学科活动中，而不仅仅是作为旁观者存在，通过实践活动获得自己的经验和认知。思维性是通过学生自主阅读、独立思考的过程，发现问题、分析问题和解决问题，逐步培养起学生的思维框架。自主性是培养学生的学习主动性和独立性，通过生动、活泼的课程内容设置激发学生的学习主动性，逐步培养起学生的学习自主性。教育性是要依据学科核心素养形成与培养的要求，同时考虑学科特点和学生特点，协调处理好两者的关系，是学科教学过程真正成为学生学科核心素养形成的过程。

教学模式的改变是要求学校建立起新型的课堂，逐步转变教师的教课模式和学生的学习方式。首先，要把学习的权利和责任还给学生，激发学生的学习兴趣，培养学生的学习能力，引导学生学会自主学习和自我教育，这也是教育改革的核心和基础。其次，要创建激发学生潜能的教学文化和教学方式，而且是持之以恒的创建，而非一时心血来潮、流于表面的“创建”。最后，要构建以学生为主体的课堂教学体系和结构。这要求教师在教学设计和教学活动中要以学生的学习为主线，以学生文本阅读和个人解读为活动内容，培养学生提出问题、解决问题的能力，引导学生由浅入深、由表及里、由点到面、由不知到知的思维发展全过程。在课堂教学过程中，尽可能让学生独立自主学习，让这种学习状态占据课堂大部分时间，教师的角色则由传统的教授者转变为引导者，主要扮演激发、引导学生能动、独立学习的辅助者。在课堂教学的组织形式上，可以通过自学（个体学习）、互学（小组学习）和共学（全班学习）三种形式交替结合开展。

第三节 对学科核心素养与课程目标的认识

一、对物理核心素养的理解与认识

（一）对物理核心素养的理解和认识

物理核心素养是指学生通过物理学习内化的带有物理学科特性的品质，逐步形成的适应个人终身发展和社会发展需要的必备品格和关键能力的过程，主要由物理观念、科学思维、科学探究、科学态度与责任四个方面的要素构成。

笔者认为，在义务教育的基础上，高中物理教学应进一步促进学生物理核心素养的养成和发展。学生通过高中物理课程的学习，能掌握终身发展和应对社会挑战必备的基本知识和技能，形成基本的物理观念，了解物理概念、规律等在生产和生活中的应用，关注科学技术的发展现状和趋势；经历科学探究的过程，掌握科学探究和科学思维的方法，发展科学探究能力、自主学习能力、实践能力和创新能力，以及利用科学术语与他人沟通交流合作的能力；保持学习和研究物理的内在动机，形成尊重事实、敢于质疑、善于反思、勇于创新的科学态度；理解科学的本质，遵守道德规范，理解科学·技术·社会·环境的关系，具有保护环境、推动社会可持续发展的责任感。因此，通过高中阶段的学习，学生应具备以下能力：

1. 形成物质观念、运动与相互作用观念、能量观念等，能用其解释自然现象和解决实际问题。

2. 具有建构模型的意识和能力；能运用科学思维方法，从定性和定量两个方面进行科学推理，找出规律，形成结论；具有使用科学证据的意识和评估科学证据的能力，能运用证据对研究的问题进行描述、解释和预测；具有批判性思维的意识，能基于证据大胆质疑，从不同角度思考问题，追求科技创新。

3. 具有科学探究意识，能在学习和日常生活中发现问题，提出合理猜测与假设；具有设计探究方案和获取证据的能力，能正确实施探究方案，使用不同方法和手段分析、处理信息，描述并解释探究结果和变化趋势；具有交流的意愿与能力，能准确表述、评估和反思探究过程与结果。

4. 能正确认识科学的本质；具有学习和研究物理的好奇心与求知欲，能主动与他人合作，尊重他人，能基于证据和逻辑发表自己的见解，实事求是，不迷信权威；关心国内外科技发展现状与趋势，了解物理研究和物理成果的应用应遵循普遍接受的道德规范，理解科学、技术、社会、环境的关系，具有保护环境、节约资源、促进可持续发展的责任感。

二、对物理课程目标的理解与认识

作为一门基础自然科学，物理的研究对象是物质的基本结构、最普遍的相互作用、最一般的运动规律以及所使用的实验手段和思维方法。物理学不但带动了人类科学和技术的发展，同时也推动了文化、经济和社会的发展。全球两次工业革命都是以经典物理学作为基础，而当代的信息技术、新材料技术、新能源技术、航空航天技术、生物技术等的迅速发展也都是以近代物理学为主要推动力，推动了人类社会的变化。

高中物理作为普通高中科学学习领域的一门基础课程，与九年义务教育物理或科学课程相衔接，旨在进一步提高学生的科学素养。高中阶段的物理课程有助于学生进一步熟悉物理知识与技能，体验科学探究过程，了解科学研究方法。通过课程内容的设置提升学生的实践能力和创新能力，逐步认识物理学对科技进步以及文化、经济和社会发展的影响力。结合教改的新目标，高中物理更加注重学生核心素养的培养，尤其是科学素养的培养。

（一）更加注重提升学生的科学素养

高中物理课程的终极目标是培养和提高学生的科学素养。这就要求学校和教师要从知识与技能、过程与方法、情感态度与价值观三个方面同时着手，合理设置课程体系，转变传统的教学模式，培养学生终身发展、应对未来挑战的核心能力。

（二）重视基础课程，提供选择课程

普通高中教育仍属于基础教育，应注重全体学生的共同基础。因此，在课程结构上基础与选择并重。基础课程是课程内容不可缺少的主题，同时要针对学生的兴趣、自身潜能和未来的职业发展规划 / 愿望，设计不同的物理课程模块，满足学生不同的学习需求，激发学生的主观学习能动性，促进学生自主、自愿、个性化学习。

（三）课程内容要体现时代性、基础性、选择性

高中物理课程在内容上应精选学生终身学习必备的基础知识与技能，加强与学生生活、现代社会及科技发展的联系，反映当代科学技术发展的重要成果和新的科学思想，关注物理学的技术应用所带来的社会问题，培养学生的社会参与意识和对社会负责任的态度。

（四）课程实施模式注重自主学习

学校要以开放的心态鼓励教师创新教学方式，鼓励教师不要局限于课本内的知识，而要拓宽、延展，充分利用校内外的各种课程资源丰富教学方式。通过多样化的教学方式让学生乐在其中、积极参与、乐于探究、勇于实验、勤于思考，从而帮助学生学习物理知识与技能，培养其科学探究能力，使其逐步形成科学态度与科学精神。

（五）重构课程评价体系，促进学生发展

新课标要求学生的评价不能再仅仅以结果性评价为唯一标准，也要充分考虑过程性评价。高中物理课程评价体系也需要更加关注过程性评价，应体现评价的内在激励功能和诊断功能，注重学生的个体差异，帮助学生认识自我、建立自信，促进学生在原有水平上发展。通过评价还应促进教师的提高以及教学实践的改进等。

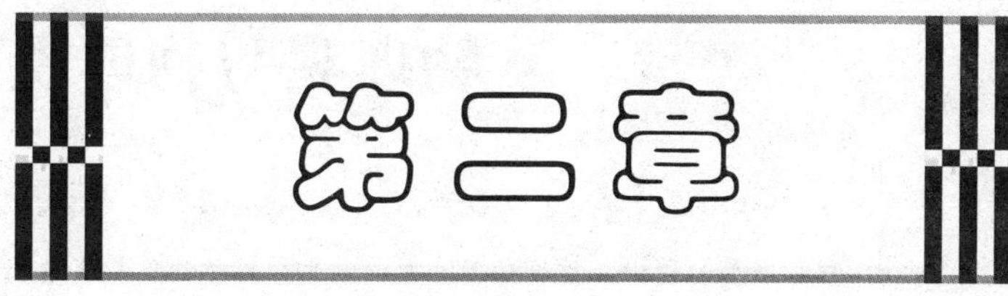

促进学生形成物理观念的教学研究

第一节 物理观与物理观念

2017年版《普通高中物理课程标准(修订版)》(以下简称《课程标准》)指出，物理核心素养是学生在接受物理教育过程中逐步形成的适应个人终身发展和社会发展需要的必备品格和关键能力，是学生通过物理学习内化的带有物理学科特性的品质，是学生科学素养的重要构成。其中“物理观念”是物理核心素养的重要内容之一。

在物理科学发展中，“物理观念”这一词条是近期才在我国教育界提出的一种说法,其物理溯源是“物理观”。为进一步理解“物理观念”，从而在教学中更有效落实学生“物理观念”的形成，本节拟从物理科学中的物理观、物理观与物理观念以及物理观念的培养策略三个方面进行阐述。

一、物理观①

“观”是指对事物的看法或态度②；而“物理观”则是指物理学家对物质世界与物理科学的总体看法，它包括自然观、物质观、时空观、运动与相互作用观、能量观等。

由于权威文献（例如各版物理大百科全书）并未设列“物理观”及某一具体物理观（如“时空观”）的专有词条，本文将“物理观”界定为物理学共同体（特别是物理学家群体）围绕某些核心且基本的问题的特定内容呈现出的默认性（或默认式）共识。

物理学的发展实践表明：一个具体的物理观，产生于物理学家群体对一

①本单元内容为作者参加首都师范大学承担的“北京市中小学特级教师研修工作室”项目成果之一。首都师范大学物理系续佩君教授定稿，周云松教授参与过问题的讨论，特此一并致谢。

②《辞海》（缩印版上海辞书出版社）对“观”的含义有多种描述，这里是指“对事物的看法或态度”。

个带有相关性的具体成果群经过一步又一步深入探索后而达成的共识——用物理学独具的思维方式方法对其相互间的关联、本质、归属、成立前提等问题进行提炼、升华与展望，进而形成阶段性的、具备自洽特征的逻辑相关的一个观点组。当该观点组被物理学共同体自觉或不自觉地用来指导后续的物理学探索时，就成为一种默认式共识。由此形成过程，可知物理观本身天然具有发展属性。

据上述关于物理观的界定和形成的讨论，笔者试图在“中学范畴的物理学科学知识”的框架内，对其所能呈现的几个主要物理观的基本内涵进行讨论。考虑到教师有必要对“基本内涵”有一个基本完整的了解，以减少因“误说”而给学生造成不妥影响，文中在少数几处可能需要涉及中学物理范畴之外的知识。其目的乃是便于教师在正确理解相关观点的基础上，引导学生整体类化地梳理陆续学来的物理知识，并逐步升华出一种稳定性的认识——物理学对自然界的物质、运动、相互作用和能量等一系列基本问题的总体看法。

（一）物质观

1. 粒子与场是物质存在的最基本形态

当前物理学对物质结构的认识尺度已经扩大到1033cm的宇宙，深入到10–17cm的粒子内部。自然界中万物在物质结构上是统一的，即物质最基本的存在形态只有两种：基本粒子与场（包括场产生的准粒子[①]）。宏观上口常感受到的各种物体和各种物质材料都是上述两种形态物质的组合。例如原子是由不同的基本粒子和与其相应的不同场构成的，物质的固、液、气三态则是由实物粒子和相互间引力的不同状态形成的。场与实物粒子并非决然对立的两种物质形态。例如带电导体可以激发电场或磁场；在高能状态，一个粒子可以看成是量子场。以场形态存在的物质与实物粒子一样，也具有质量、能量、动量、角动量，例如电磁场。以粒子存在的物质形态也与场一样具有波动性，例如电子、故粒子和场都具有波粒二象性。

物质宏观上通常呈现为固、液、气三种物态，并且彼此间可在一定条件下发生转化。在特定空间或特定条件下，物质还可呈现为等离子态[②]、超固态、

①在固体多粒子系统中由粒子相互作用所产生的某种集体运动模式的激发单元（元激发）或量子。特别是其中低能量的元激发具有明显的粒子性状，如具有能量、质量和动量。

②等离子态主要存在于宇宙中。在人为条件下，地球表面物质也可呈现为等离子态，如日光灯、霓虹灯灯管内的物质，在受控热核聚变、磁流体发电的过程中的物质，等等。

玻色-爱因斯坦凝聚态。物质的不同物态，本质上都是基本粒子和场在不同条件下的结合形式。

2. 物质都具有惯性质量与引力质量

质量是物质的一个基本属性。任何形态的物质都具有惯性质量和引力质量。

惯性质量是物质惯性大小、物质多少与能量多少的量度。在牛顿的绝对时空观中，不存在惯性质量为零的物质（即没有无能量物体）。在低速运动的条件下，惯性质量会使物体（质点、刚体）受到外力作用时产生加速度，从而改变物体原来的运动速度。但在高速运动（接近光速）的情况下，物质的惯性质量将同时显著变大，这就需要进入相对论的时空观。在爱因斯坦狭义相对论的时空观中，物质的惯性质量表现为物质运动的总质量，又称为相对论质量。物质的总质量与物质在惯性系中静止时的质量之差，为物质运动的动质量。物质的惯性质量由质能方程与其总能量建立联系。

引力质量是引力相互作用的源。在引力质量较小，运动速度较低的弱引力场中，物质的引力质量等于惯性质量。所以说到物质质量时，或是指它的引力质量，或是指它的惯性质量。

3. 质能守恒表明物质不可消失或创生

任何与周围隔绝的孤立体系中，不论发生何种变化或过程，物质的总质量始终保持不变。化学变化只能改变物质的组成，但不能创造物质（或使物质消失），曾被称为物质不灭（质量守恒）定律；质能方程发现后被称为质能守恒定律。此结论表示宇宙中的物质永恒存在，不可消失或创生。

（二）时空观

1. 空间与时间是描述物质运动的两个基本物理量

时间与空间随宇宙诞生，本就与物质的运动相关联，成为描述物质运动的两个基本物理量。空间反映了物质运动的广延性，时间反映了物质运动的持续性与顺序性。在历史上，空间抽象于测量和描述物体及其运动的位置、形状、方向等性质；时间则抽象于描述物体运动的持续状态及事件发生的顺序。空间与时间的性质主要通过它们与物体运动及其相互作用的各种关系和测量表现出来。

物质做某一运动中的瞬间状态与时间坐标上对应的时间叫作时刻。物质在运动中的两个不同状态在时间坐标上对应的时间长度叫作时间。物质在运动中的变化、现象与过程都可借时间与空间来描述。由于时间、空间都总与物质运动相关联，它们结合在一起才能完整地描述物质的运动。因此对时间与空间的不同理解与对两者间结合的不同方式就形成了不同的时空观。

2. 从时空独立到时空相关的时空观

对时间与空间两者是否相关的不同理解，使物理学经历了从时间与空间彼此独立的绝对时空观到时间与空间相互关联的相对论时空观，再到系统论时空观的发展过程。①

由于惯性定律的成立需要惯性系为前提，牛顿为了确定惯性系而提出了三维绝对空间和一维绝对时间且两者互不相干的时空观念：时间具有绝对性，即时间的度量性质与参照系的运动状态无关；空间具有绝对性，即空间的度量性质与参照系的运动状态无关；时间和空间是彼此分离不相关的。②

爱因斯坦在光速不变的基础上建立了狭义相对论。物体做高速运动时，长度与时间间隔将分别变短和变慢，惯性系中的同时性也不再成立，进而建立了相对论的时空观：时间具有相对性，$\Delta t = \Delta t_0 / \sqrt{1 - v^2 / c^2}$；空间具有相对性，$\Delta l = \Delta l_0 \sqrt{1 - v^2 / c^2}$；时间和空间是相互密切联系的，$\Delta x'^2 + \Delta y'^2 + \Delta z'^2 - c^2 \Delta t'^2 - \Delta x^2 + \Delta y^2 + \Delta z^2 - c^2 \Delta t^2$。在广义相对论中，空间和时间的度量特性决定了物质的分布和运动，而物质在引力场中的运动，反过来又由空间和时间的度量特性所决定。物体的运动不再是在一个与时间、空间无关的坐标系里，而是在一个由一维时间和三位空间组成的四维坐标系中。③ 在 $v \ll C$ 的情况下，相对论时空观的结论将回到绝对时空观的结论。

由量子论、量子力学、量子场论和相对论的结合，建立了系统相对论的

---

①物理学和天文学对时空观的认识大体可分为相交织的两条线索。一条是以牛顿力学和麦克斯韦电磁理论为代表的时空观，经狭义相对论与广义相对论发展到现代宇宙论；另一条是与上一线索同时以经典力学经量子论、量子力学和量子场论提出的系统论时空观，进而发展到对量子引力、超弦和 M 理论的研究。

②后来对伽利略变换下的不变性的研究表明，牛顿力学规律的成立并不要求存在一个绝对空间。麦克斯韦曾认为绝对空间里充满光以太，但也被实验观察否定。这些研究使牛顿的绝对空间和以太观念都受到挑战。

③在爱因斯坦的四维时空中，由于认为时间是均匀的以及未认识到空间的量子特性，相对论时空观也存在着一些难以解决的问题。

系统时空观。运动、空间和时间都是量子化且有密度分布的，这意味着时空是不能无限分割的，二者都存在着不可分割的基本结构单元，长度的最小基本单元是普朗克长度，大约是 10^{-33} m，时间的最小基本单元是普朗克时间，大约是 10^{-43} s。低于这两个值的时空是无法达到的，也是没有意义的。在量子时空中，空间、位置和动量，时间和能量无法同时精确测量，它们必须满足测不准关系。

（三）运动观

1. 运动与物质不可分离

运动指物质状态的变化。人造卫星在天空变化着位置，这是运动；在地球上观察同步卫星看似静止，但它随着地球一起变化位置。因此所有物体都在运动。即使假定有个宇宙中心静止不动，相对它位置不变的物体，其内部也包含着粒子与场的运动。这种运动由方面于量子力学的位置—动量不确定关系而不可能停止。以上仅仅是位置变化，就已经说明有物质必有运动；另一方面，状态的变化是广义的，人们熟知的物体温度变化，体积变化，物态变化，相变，原子核的聚变、裂变，化学反应，生物繁衍，大脑思考，信息传递等运动也都是依托物质而发生的。即有运动必有物质。因此物质与运动不可分离。

2. 不同的时空观对运动有不同的描述

物质的存在与运动总是随空间和时间展开，呈现出状态与过程带方向性和量值性的变化。物质运动状态的变化源于物质内部或物质之间的相互作用。对物质的运动状态和运动过程的描述可简单地划分为两种物理量：瞬时量与累积量。瞬时量指这个物理量只与时刻有关，与时间无关。例如位置、瞬时速度、瞬时加速度、温度等。累积量是指与时刻无关而与时间和（或）空间有关的物理量，例如距离、冲量、热量、机械功等。对物质运动过程的实际描述，可以同时涉及这两种物理量，例如质点发生位移是速度对时间和空间的同时累积，但是速度本身又是瞬时量。所以位移既和时间有关也和时刻有关。

在牛顿的绝对时空观中物质做宏观低速运动，物质的运动遵循牛顿运动定律，并通过加速度和形变来改变物体的速度、动量、动能或内能；其中牛顿第三定律也适用于微观粒子和场。

在狭义相对论的时空观中，运动速度的极限是光速。对确定的物体来说，高速运动时的质量比低速时显著变大。物体的速度越大，物体的相对论质量就越大。根据质能方程，其内在的能量也将显著增大。

在系统论时空观中，每个微观粒子都存在一个相应的场，每个场可视为一个无穷维自由度的量子化力学系统。描述场中每个点的场量（包括时间、空间和运动参量）可以看作力学系统的无穷多个广义坐标。在全空间充满的各种不同的场，互相渗透并且相互作用。场的激发态表现为粒子的出现，不同的激发态表现为粒子的数目和状态不同。所有场都处于基态（能量最低状态）时表现为真空。真空并非没有物质①；处于基态的场具有量子力学所特有的零点振动和量子涨落。量子场论本质上是无穷维自由度系统的量子力学；其感兴趣的不仅是基本粒子运动的自由度，更多的是系统中集体运动的自由度，如晶体或量子液体中的波动（即波场）。对高速运动的粒子和场，量子场论仍然保持着相对论协变性。②

3. 不同的物理运动形式对应着不同的能量形式

一种形式的运动转化为另一种形式的运动，无论是物质本身的存在、结构，或结构的变化，还是物质运动形式和运动状态的变化，都对应着相应形式能量的存在、守恒或转化。例如固体的存在对应着分子内能和结合能，永磁体的存在对应着电磁能；又如当运动由机械运动形式转化为热运动形式时，物体的机械能同时转换为热能或内能。宏观地说，机械运动、热运动、电磁运动、光运动、原子运动、天体运动分别对应机械能、内能、电磁能、光能、原子能与核能及引力势能。在诸多的物理运动形式中，波动是不同形态物质（实物粒子与场）和不同物质状态（固、液、气）都具有的运动形式。波动可以对应着多种能量形式。能量这种转化并不意味着运动的消灭或消失。宇宙大爆炸即因运动着的物质在宇宙曲线的一个奇点处聚集了超大的能量，物质在极短时间内以极端剧烈的方式改变了自身的运动形式，与其对应的是粒子的

① 改变外界条件时，可实验观察到真空的物理效应。如物质在外电场作用下可观察到真空中正负电子分布的改变而导致的真空极化现象。现代物理学认为量子场是物质存在的基本形式。真空中的量子场仍在不断运动，且不断有各种虚粒子存在。粒子和真空相互作用，如带正电的粒子吸引真空中的虚电子，排斥虚的正电子，从而改变虚电子云的分布，这种现象叫真空极化。

② 量子场论对运动的描述包括正则量子化与路径积分两种等价形式。为了易于中学生理解，本文主要体现了 R. P. 费因曼建立的路径积分形式。此外，系统时空观在用相对论性量子场论对计算结果进行高次修正时，目前还面临着发散困难。

超高能状态，并在爆炸的同时生成了空间和时间这两个描述物质运动的基本量。

（四）相互作用观

1. 相互作用无处不在

相互作用是物质之间的相互作用，反映出客观存在于物质世界的运动和变化之中的因果关系。[①]物质的结构及其改变，物质的运动及其改变，都源于并存在于相互作用的过程之中。

从尺度最大的宇宙空间，到尺度最小的基本粒子之间，都无时无刻发生着（存在着）相互作用。例如：宇宙星体（包含暗物质）由于星体之间的相互作用而在各自稳定的但又可改变的轨道上运行；原子中的电子与原子核间的、核内的质子、中子间的相互作用使原子稳定存在；电流在磁场中受力，进入电场后的带电粒子运动方向的改变，则都源于场间的相互作用[②]；波与物体之间或波与波之间发生的反射、透射、折射、衍射、干涉与偏振等现象都源于波与实物粒子或场之间的相互作用。

此外，对一个系统而言，系统中要素间的相互作用将决定系统的发展方向。

2. 自然界的相互作用可以归结为四种不同而又统一的力

物质间无处不在的相互作用，可以归结为四类：引力作用、电磁作用、弱作用与强作用。物理学用力来描述物质间的相互作用。物理学的理论体系中的各分支一般也都是以各种“力学”来冠名。

所有物体之间都存在引力；一般物体之间存在的万有引力通常可以忽略不计，但对极大质量的天体，引力决定着天体之间、天体与物质之间的运动。物体宏观接触时产生的各种力（弹力、摩擦力等）实质上都是大量原子、分子之间电磁作用的宏观表现；电磁相互作用包括电场之间、磁场之间、电磁场之间的，各种电场、磁场、电磁场的场源之间的，以及场源与场源所激发的场之间的相互作用。因此物质在宏观上的相互作用只有引力和电磁力。物质在原子及更小尺度上的相互作用也只有两种——弱力和强力。例如原子核

---

① 物理学中的因果关系实质上反映了物质世界各种事物或现象不可能无中生有，也不可能有归于无。

② 不论是带电粒子之间的作用，还是磁性材料之间的作用，抑或是带电粒子在磁场中的运动，其实都归结为电磁作用。

的β衰变呈现出的作用就是弱力，原子核内中子与质子之间呈现出的作用就是强力。

在这四种力中，引力和电磁力都属于长程力，从理论上说它们的作用范围是无限的；但引力的作用强度与电磁力相比要弱得多。弱力和强力都属于短程力，弱力力程约为10^{-17} cm，强力力程为10^{-15} cm。这四种力的作用强度依次为强力、电磁力、弱力、引力。在原子核内，强力的作用强度约为电磁力的100倍。

近代物理学的发展不但认为自然界中各种表面上不同形式的相互作用归根结底就是上述四种力的作用，而且认为存在着能将这四种相互作用统一起来的统一场论。20世纪60年代，现代物理学的发展已经使电磁作用与弱作用的统一得到了实验验证；目前，将强作用统一进来的大统一理论正处于实验验证之中，将引力统一进来的巨统一理论框架也已经完成。

3. 物质间的相互作用还可以用能量或动量来描述

物质与运动的客观存在决定了物质的动量和能量的存在。相互作用的客观存在决定了物质的动量和能量的改变。因此，物质间的相互作用并非只能用力来描述，还可以用动量或能量来描述。动量和能量的改变量分别用冲量和功、热量描述。

对相互作用的两类描述是自洽的。如力在时间和空间的积累效应能使粒子和物体发生动量和能量的改变①；流体分子力在时间和空间的积累所引起的分子动量与内能改变会引发汽化或气体爆炸；在电磁运动中，电场强度E对dl的积分体现出电势的变化；迅变场的电场强度与磁感应强度对时间的偏微分效应则揭示出电磁场（波）的动量与能量变化规律。

在量子场论中，场之间的相互作用可引起场激发态的改变，表现为粒子的各种反应过程，在这些过程中用粒子动量的变化可更方便地描述场间的相互作用。粒子与粒子本身产生的场之间的相互作用，如电子激发了电场，电场对该电子的反作用是增加该电子的电磁质量，② 亦即增加了电子的电磁能量。

① 碰撞中产生动量和能量的交换或叠加乃是源于冲力的积累。

② 带电粒子激发的电磁场分为辐射场与自场。其对粒子产生的反作用分别是：前者使粒子能量衰减，后者增加电子的电磁质量。在粒子为一个点的理想状况下，其电磁质量无穷大。

（五）能量观

1. 能量与物质不可分离

能量是物质具有的基本物理属性之一，可以用来表征物质系统做功的本领。能量成为物质天然属性是由物质的结构和质量决定的。实物粒子构成的物体，含有不间断做无规则运动或在一个小区间做振动而具有动能的原子（分子），这种由内部原子、分子无规则运动产生的动能叫作热能。在做无规则运动的同时，原子（分子）间又同时具有引力势能，实物粒子内部的动能与势能之和叫作内能。物体的内能和物体结构内部蕴含的能量（如结合能）之和称为系统的固有静止能量或总能量。任何形态的物质都有固有能量（静止能量），物体的总能量和惯性质量满足质能方程 $E=mc^2$。以场形态存在的物质本身就携有能量，例如静电场、静磁场本身都具有能量，导线中电流的电能是由电场垂直于导线侧面输入的，正负电子相遇湮没会放出一个光量子的能量。能量可以连续的状态出现，也可以量子化的状态出现。在微观高速运动的领域，或者在系统相对论时空中，量子态是能量的常态。

相对论给出物质固有能量的精确描述：相对于惯性系的惯性质量（静质量 m_0）与相应的相对论系统总能量 E 满足 $E=\sqrt{m_0^2c^4+p^2c^2}=mc^2=m_0c^2/\sqrt{1-\upsilon^2/c^2}$，物体动能 T 等于 E 减去静能量 $E=m_0c^2$，低速近似下 $T=E-E_0=m_0c^2(1/\sqrt{1-\upsilon^2/c^2}-1)\approx m\upsilon^2/2$。

2. 能量的形式取决于物质的运动形式

能量的形式取决于物质做何种形式的运动。按物质运动的不同形式，能量表现为机械能、化学能、电能、磁能、电磁能、光能、辐射能（光能和电磁能的能量）、核能等。不同形式的能量间可以通过物理效应或化学反应而相互转化。例如：电池的放电和充电就分别是化学能转化为电能与电能转化为化学能；电磁波的传播是由电场能与磁场能间的相互作用转化为波动动能。

在一种物理运动形式的维持要依靠相应形式的能量消耗来实现时，若该形式的能量被耗尽，物质原有的运动形式将停止，或者靠另一种能量的支持而改变为另一种运动形式。

3. 孤立系统中的能量是守恒量

任何一个孤立系统的总能量总保持不变。[①]其中总能量的含义指系统的静止能量（固有能量）、动能、势能三者之和。在保持总能量不变的前提下，固有能量、动能、势能之间可以互相转化。例如在原子核裂变过程中部分固有能量转化为动能。

能量转化的过程分为可逆过程和不可逆过程。严格地讲，一切由大量粒子组成的系统中发生的宏观过程都是不可逆的，但其过程中能量仍然守恒。热力学第二定律指出并限定了宏观不可逆过程中能量转化的方向，即孤立系统中发生的过程沿着熵增加方向进行。

热力学第一定律和热力学第二定律分别否定了第一类和第二类永动机的存在。

二、物理观与物理观念

《课程标准》在课程目标中明确指出，通过高中阶段的学习，学生应形成物质观念、运动与相互作用观念、能量观念等，能用其解释自然现象和解决实际问题。但教师群体对物理观和物理观念的理解与教学还存在一些模糊认识，有的物理教师对物理观的理解仅限于一些科学家的物理观，而不是物理科学的、全面的物理观，甚至常常把物理观和物理观念混为一谈，笔者拟从概念辨析角度对一线物理教师给出建议。

（一）物理观念

念是指思考或想法；观念是指客观事物在人脑中留下的概括的形象，是理性思维的结果，属于理性认识。物理观念则是基于物理观的，各物理学分支中最重要的物理概念，以及这些最重要的物理概念形成的过程中所涉及的物理学规律、科学思维、数理逻辑等的总和。物理观念既具有客观性，又具有主观性，因此一个人的物理观念是随着对客观事物的理解程度而不断变化和发展的。物理观念包括物质观念、运动与相互作用观念以及能量观念等。

例如，在物质观的基础上，人们会从密度、颜色、硬度、导电性、导热

① 焦耳热功当量的实验是早期确立能量守恒的实验，在宏观领域确立能量转换和守恒的是热力学第一定律，后来康普顿效应确认能量守恒定律在微观领域仍然正确。

性等各个方面去理解、认识和测量物质，并建立了相应的概念，如质量、密度、电阻、温度等，同时通过等效替代、控制变量、比值定义等物理思想与方法对物质的有关性质进一步定量研究，并学会应用这些观念解释自然现象，解决生产和生活中的实际问题，形成了对物质的理解，有关物质物理问题研究的概念体系、方法体系以及能够应用这些观点、思想、方法解决实际问题的意识，从而形成较为全面的物质观念，即物理观念既涵盖了物理观的概念体系、规律体系和方法体系，同时也涵盖了利用这些规律、方法对客观事物处理的思维过程、思维内容和动机指向。

（二）物理观与物理观念

在物理学科核心素养颁布之前，物理学界很少用到“物理观念”这一词条，更多的表达是“物理观”，权威文献（例如各版物理大百科全书）并未设列“物理观”及某一具体物理观（如“物质观”）的专有词条，也没有“物理观念”这一词条，人们对物理观和物理观念基本通用而不加以区分。由于长期的语言表达习惯，也没有严格的词条界定，在此之前对“物理观”和“物理观念”没有严格的区分，造成对“物理观”与“物理观念”表述的含义与指向常常模糊不清，不加区分，这不利于教师对学生物理观念形成的实际操作。

1. 物理观与物理观念的陈述指向

根据上述对“物理观念”的界定可以看出，“物理观念”是基于“物理观”的理性思维结果，属于“意识”范畴，是基于客观事物、概念、规律方法的意识与思维，所以我们说“物理观念的形成”多指对“个体”而言，一般不对“群体”而言，不能说“物理学”的物理观念，因此从概念指向上来看，物理观念指向“物理观”的接受个体，即是对物理学习者个体而言的，并且在个体发展的不同时期，其“物理观念”也在不断变化。

而“物理观”的表述指向比较宽泛，既有对“个体”而言的物理观（如某物理学家的物理观），也有对“群体”而言的物理观（如物理学的物理观），而且不同的个体和群体，以及个体发展的不同阶段，其物理观也是不同的。

物理学家的物理观，例如亚里士多德的物理观，牛顿的物理观，爱因斯坦的物理观等，属于个体的物理观。这些科学家物理观的形成代表着他们所处时代对客观世界认识和科技发展的水平，虽然他们都对物理科学的发展做出了不同的贡献，但由于人类认知积累和科学发展的限制，他们对客观世界的认识都存在一些片面性或局限性。

物理学的物理观，是泛指的物理观（没有明确指向的物理观一般理解为物理学的物理观），是物理学家在综合了之前科学家认知的基础上，总结和概括的科学而全面的物理观，属于群体物理观。例如对物理学中物质观的理解，现代物理学就上位到物质的基本存在形式（粒子和场），物质质量属性（如惯性质量和引力质量），质能统一（质量和能量本质是一致的）且守恒下的物质不灭等，是科学的全面的物质观，不再是哪一位科学家的片面的物质观。

中学物理中的物理观是基于物理学的物理观基础，限于不同学段（如初中和高中）的中学生的认知水平，国家制定课程标准后，通过教材而赋予的在内容上由浅而深的简易化的物理观。如：在初中阶段的物质观仅限于物质是客观存在的；质量是物质的属性；物质的存在形式有实物粒子和场；相互作用是物体与物体之间的相互作用。而高中阶段在学习万有引力以及爱因斯坦质能方程之后，又引入了惯性质量和引力质量；相互作用不仅是物体与物体之间的相互作用，也可以是能量与能量之间的相互作用；物体的质量和能量本质是一致的，物质是能量存在的一种形式，能量是物质的另一种形式的体现。

2. 物理观与物理观念的内容指向

观是行为的方法，而念是意识形式的内容①，所以，从概念上来讲，物理观是对客观事物和物理科学的总体看法，是研究物理科学的方法基础和理论前提，其内容包括概念、规律和研究方法，具有知识性和方法性。

而物理观念是用物理观对待具体客观事物时在头脑中所形成的行为动机和思维内容，因此，从概念内容的指向性来看，物理观念应包含物理观，既具有物理观的观点、方法，如物理概念、规律及其逻辑推理下形成的方法，又具有应用这些观点方法时的意识、思维和判断，由此可见物理观比较具体，而物理观念比较抽象，物理观念既包含物理观的方法内容，又包含物理观应用时的思维形式、思维内容和动机指向，可以说物理观念是应用物理观分析事物时在头脑中所形成的物理思想方法体系以及思维逻辑体系。

显然，物理观念比物理观更上位、更抽象，包含的内容更丰富而全面，

① 其中的方法为观，观是行为的方法；动机的产生为念，念是形式的内容。

因此今后在教学中应尽量使用“物理观念”而不是“物理观”去表达一个人对待客观事物的态度和意识，例如物理教学的实质是培养学生的“物理观念”，而不是培养学生的“物理观”。

三、促进学生物理观念形成与发展的策略

根据《课程标准》中课程目标的要求，在中学物理教学中，学生应形成物质观念、运动与相互作用观念、能量观念等物理观念，并能用其解释自然现象和解决实际问题。那么，如何促进中学生物理观念的形成与发展？本文拟从以下三个方面对一线物理教师给出建议。

（一）物理教师对物理观要有深刻准确的理解

物理教师在物理教学中要想准确而恰当地引导学生建立物理观念，首先应该对物理观念的形成与发展有深刻准确的理解，并依据教材循序渐进且深入浅出地引导学生在学习与应用物理知识的过程中体会物理观念，做到知识铺垫梯度适当，方法引导循序渐进，观念形成水到渠成。

1. 通晓物理学史，熟知物理观念发展

物理科学的发展经历了由哲学到自然科学，到经典物理学，再到相对论和量子力学等现代物理理论的过程，相应的物理观念的形成，都经历了大量的长期的理论假设与实验探索，物理教师在通晓物理学史的基础上，对物理观念的形成与发展有深入的理解和真实的历史还原，学生物理观念的形成与发展才不至于背离科学本质。

例如，在学习“玻尔的原子模型”时，教材通过卢瑟福的核式结构模型成功解释了 α 粒子散射实验规律，但在解释原子的稳定性以及原子的线状光谱时遇到了困难，玻尔作为卢瑟福的学生，参与了 α 粒子散射实验的工作，因此他对核式结构模型的正确性深信不疑，为此，他在卢瑟福原子核及结构模型的基础上，提出一个根本性的修正方法，即一种新的理论——玻尔的电子轨道量子化和原子能量量子化的核式结构模型。

但是这只是玻尔原子核结构理论建立过程的一方面，事实上玻尔的电子轨道量子化的提出，跟他的另一位导师汤姆逊的多环电子结构的原子模型假设是分不开的，受到汤姆逊多环电子结构的启发，玻尔提出了两条假设：稳

定态假设和辐射频率假设。玻尔的原子结构模型的科学建立这一伟大贡献，实际上与他的两位导师卢瑟福和汤姆逊都是密不可分的，玻尔既坚定了卢瑟福的核式结构模型，也受到了汤姆逊的多环电子结构的启发，绝不是突发奇想，“设法找到”的理论假设。因此，物理教师必须通晓物理史实，备教材，备学生，也要备物理学史，只有通过对物理学史的真实还原，学生的物理观念发展过程才会更接近科学实际，物理观念的形成才会科学而全面。

2. 深度理解物理课程，适时推进物理观念的发展

物理课程是物理教师对学生物理观念形成与发展施加影响的重要载体与实施途径。学生物理观念的形成不是一日之功，也不是一种物理观点的永久性建立。物理教师对学生物理观念的形成与发展的推进应是潜移默化、循序渐进的，是在理解与应用过程中自然而然地完成的，是和学生对物理科学知识的学习、理解相伴而生的，而不是直接灌输，切不可急功近利、一蹴而就。

例如，学生对物质观念的形成与发展中，对物质质量概念的理解，是随着学生的学习过程在不同学段逐步深化和交互螺旋式上升与递进的。

在初中阶段只能通过对各种物质（如气体、固体、液体、新材料等）的感知，体会到质量是物质的一种属性，是物体包含物质多少的一种表征方法，物体的质量不随其物态、温度、位置所改变。

只有到了高中阶段，随着对牛顿定律的深入学习，才能认识到质量是物体惯性大小的量度；再到后来接触现代物理学，了解相对论之后，才慢慢过渡到质量不是一成不变的，是随着物体运动状态的变化而变化的；根据意义与性质不同，质量又有惯性质量和引力质量之分；学习了爱因斯坦质能方程以后，才能进一步理解质量和能量是联系在一起的，质量是能量的一种体现，是能量的一种度量方法，能量和质量都是物质的属性，本质上质量和能量是一致的。

至此，学生历经各个学段以及不同课程内容循序渐进的学习，教师适时对物质质量不同层次的物理含义进行准确阐述，学生对物质观念的形成与发展才会由浅及深、由表及里地递进与提升，才能逐渐达到比较科学而全面的程度。如果物理教师在学生学习物理的起步阶段就让学生学习质量的深刻内涵，学生不仅对知识植入难以理解，违背学生认知发展规律；还容易对物理科学内容死记硬背，违背物理学这一实验科学发展的历史规律。

3. 把握物理观念本质，深入浅出、通俗易懂

物理观念发展到今天，不论是物质观念、运动和相互作用观念，还是能量观念，每一种现代物理观念的内容都是很科学的，也是全面而内容丰富的，甚至是深刻的、抽象的。中学生由于知识掌握和能力发展阶段性的限制，不可能也不需要对物理观念理解得那样全面而深刻。因此教学中如何把握好这个阶段性的度，对物理教师来讲又是极高的要求，因为教师对物理观念的理解深度与讲解程度决定着学生物理观念形成的进度以及科学与否，所以教师对物理观念既要有系统的、全面的、深刻的理解，同时也要深入浅出、通俗易懂地教给学生科学的物理观念。

物理教师应该认识到各种物理观念是相互联系的、统一的，具有一致性。如运动是物质存在的必然形式，运动是不可能停止的，运动停止会导致能量不存在，所以能量是物质的运动，也是运动的物质；变化的质量、能量又都是物质间相互作用的结果，物质间相互作用的本质就是能量的相互作用。运动又是相对的，物质的质量也是相对的，质量是相对运动变化的，能量也是相对的，空间和时间也都是相对的；自然界的所有形式都是量子化的，包括时间、空间、质量、能量都是量子化的，都是不连续的；等等。但面对如此抽象的物理观念，我们在实施教学时既不能不顾观念形成只关注知识的落实，又不能脱离知识的理解和应用的过程不加修饰地照本宣科，而应该化繁为简，化抽象为具体，把系统而庞大的物理观念体系的教学做到深入浅出，分而习之。

例如，牛顿第一定律作为运动与相互作用关系的第一个动力学规律，其内涵无疑是很丰富的，但对于质量是决定惯性大小的因素、力不是产生速度的原因，以及牛顿定律只适用于惯性参考系，牛顿第一定律还不能完全解释，而在学习牛顿第二定律时，如果教师稍作引导：$F=ma=m\dfrac{\Delta v}{\Delta t}=\dfrac{\Delta mv}{\Delta t}$，学生就会很容易理解：力是产生加速度的原因，而不是产生速度的原因；改变运动状态的难易程度是由质量决定的，即决定惯性大小的是物体的质量，质量是惯性大小的量度，是惯性的源，并由此提出惯性质量的概念；速度是相对的，没有加速度的参考系，即静止或匀速运动的参考系叫惯性参考系，只有在惯性参考系里牛顿定律才是适用的。一个定量推导的过程就可以把牛顿

第一定律引申不到的几个抽象问题，在教师的适当引导下学生会轻而易举地理解，实现物理观念的发展和提升。

（二）物理教师要准确诠释物理知识本质，促进学生物理观念的形成

学生物理观念的形成是基于知识基础的，没有知识的积淀，谈物理观念的建立与形成只能是空中楼阁，是一句空话。所以，物理观念的形成前提是物理教师要帮助学生对知识进行内化，只有学生深刻理解知识的内涵，才能使学生逐步建立正确的、科学的物理观念。

例如，学生对惯性的理解和学习在物质观念的形成中是至关重要的。而学生对于惯性的学习最初是在初中阶段，在该学段学生对物质本质的理解是肤浅的，所以对惯性的教学只能更多地从一些具体问题的表象去理解，只能感受惯性的存在，只能认识到惯性是物体的一种属性，而不能深入地理解惯性为什么不是一种力，为什么惯性虽有大小但不是一个物理量。

到了高中学段，当我们进行牛顿第二定律的教学以后，才能比较深入地接触到惯性的本质。由牛顿第二定律可知，在一定力 F 的作用下，物体的质量 m 越大，在相同的时间内物体运动状态的改变量 Δv 就越小，即物体运动状态的改变就越困难，也就是表示物体的惯性就越大，所以质量是惯性大小的量度。虽然惯性有大小，但它描述的只是物体的一种性质，所以它不是物理量。由于物体的质量决定着惯性的大小，质量是惯性产生的源，因此牛顿第二定律中的质量也定义为惯性质量。

等学过万有引力、相对论以及爱因斯坦质能方程的相关知识后，我们对惯性的理解才能更接近其本质：惯性质量是惯性的源，引力质量是引力的源，惯性质量和引力质量所揭示的本源不同，意义当然不同，只不过在物体速度不太大时，它们的数值几乎没有差别，中学物理一般不再区分表述；因为物体的质量是随着物体运动的变化而变化的，所以物体的惯性也是变化的；由于质量和能量具有一致性，因此质量并不是惯性大小的唯一量度，能量也可表示惯性大小的量度，而且更本质。至此，对惯性的理解才追溯到其物理本质，才能为物质观念的全面形成奠定科学基础。

（三）物理教师要引导学生理念指导实践，推升物理观念的形成与发展

观念的形成与发展离不开对物理概念、规律、方法的认知与理解，更离不开在物理概念、规律、方法指导下与生活生产实际相结合，而且在物理概念、规律、方法指导下的应用更为重要。学生的物理观念的形成，最重要的体现是能够以稳定成熟的物理观点和物理方法来看待周围事物，并能依据物理观念来解决实际问题。

1. 培养物理观念一定要与实验教学相结合

强化实验教学有助于学生对物理概念、规律、方法的进一步理解，更能培养学生应用物理概念、规律、方法独立分析问题、解决问题的逻辑思维和能动意识，以及实事求是的科学态度、创新意识。笔者认为加强实验教学可以从以下几个方面入手：

（1）改革课堂演示实验教学。把部分演示实验改成学生上台演示或边讲边实验的形式，给学生提供更多的亲自动手操作的机会，在操作中体验物理概念的形成过程和物理本质。

（2）注重学生实验教学。对学生实验的教学，教师要求学生按“预习—实验—观察记录—分析讨论—总结报告”的形式进行，对实验中出现的问题组织学生认真讨论，分析原因，并找出解决问题的方法，根据实验的实际情况实事求是地写出实验报告，从而培养学生严肃认真、实事求是的科学态度和应用物理规律和方法独立分析问题、解决问题的能力。

（3）加强实验习题的教学。对实验习题的教学，主要按“自设方案—讨论方案—选择方案—实验验证—总结报告”的程序进行教学，让学生亲自参与实验设计并通过实验验证。这样能较好地培养学生的科研意识、创新意识和创造能力。

2. 培养物理观念一定要与课外活动相结合

物理课外活动也是促进学生物理观念形成与发展的重要方式，与课堂教学相比，课外活动具有更大的灵活性和选择性，学生更易于接受，更有助于促进物理观念形成。

（1）课外趣味实验。根据学生的知识基础，精心设计趣味物理实验，让学生完成“飞机投弹”“喷气火箭”“纸锅烧水”等实验。通过这些实验，

既能较好地激发学生的学习兴趣，锻炼学生的动手操作能力，又能帮助学生破除迷信，解放思想，树立科学的物理观念。

（2）科技小制作。根据学校的实际情况，积极组织学生利用课外活动时间开展科技制作活动，如自制电铃、自制平行光源、制作针孔照相机、制作潜望镜、自制量筒、设计楼梯电灯开关电路等，并组织展评交流。通过科技活动的开展，既能锻炼学生的科技制作能力，又能为学生将来工作后利用物理观念指导实践运用打下良好的基础。

（3）指导学生阅读科普读物。根据学生的知识基础，教师要指导学生阅读有关的科普读物，使学生更多地了解科学知识和科技发展的新动向，增加学生的科技知识，并定期组织“应用物理知识竞赛”等活动，以调动学生学习、读书的积极性，使学生掌握更多的科学文化知识，培养学生的科技阅读能力和理解运用能力。

（4）举办科普知识讲座。科技知识与社会发展、生产、生活紧密联系在一起，在举办科技讲座时，要认真选择材料，或根据有关资料撰写讲稿，根据平时收集的材料，利用活动课分班级或集中学习。可以收集军事科学、航天技术、通信技术、空间技术、科学家的事例与贡献等材料，对学生进行思想品德和科学素质教育；可以联系社会生活中的物理，让学生自己收集资料在班上进行专题介绍；还可以利用板报介绍科普知识及物理知识的应用，在丰富学生的物理知识的同时，还能去除学生前观念中的主观性、片面性问题，为学生形成科学的物理观念起到积极的推动作用。

（5）组织社会调查活动。在社会调查活动中，学生可以利用教材中的知识，结合实际解决生活和生产中的实际问题，如学习“水能风能的利用”后，可调查当地能源使用情况、环境污染情况，并提出改进意见，还可以结合教材中的内容，调查噪声污染、热机的使用、农村用电等情况，为物质观念、运动与相互作用观念以及能量观念的发展开创空间。

3. 培养物理观念一定要在具体问题中综合运用协调发展

物理观念的内容丰富，不仅包含物质观念、运动与相互作用观念、能量观念等，还有时空观念、物理价值观念等。学生物理观念的形成，最重要的体现是能够以稳定成熟的物理观点和物理方法来看待周围事物，并能依据物理观念来分析解决实际问题。物理教师在引导学生解决实际问题时，应让学生逐步养成从物理观念出发来研究物理问题的习惯。一般来说，研究物理问题不外乎物理观念三个主要内容的体现：研究谁——物质观念；在什么情况下受什么力做什么运动——运动与相互作用观念；选用什么规律和方法，其中最本质的规律和方法就是能量守恒——能量观念。

例如：对磁流体发电的分析可从以下几个方面体现物理观念。如图 2–1 所示为磁流体发电机的简易模型图，其发电通道是一个长方体空腔，长、高分别为 l、a，前后两个侧面是绝缘体，上下两个侧面是电阻可忽略的导体电极，这两个电极通过开关与阻值为 R 的某种金属直导体 MN 连成闭合电路，整个发电通道处于匀强磁场中，磁感应强度的大小为 B，方向垂直于纸面向里。高温等离子体以不变的速率 v 自左向右水平喷入发电通道内，忽略等离子体的重力及其相互作用力。求该磁流体发电机的电动势大小 E。

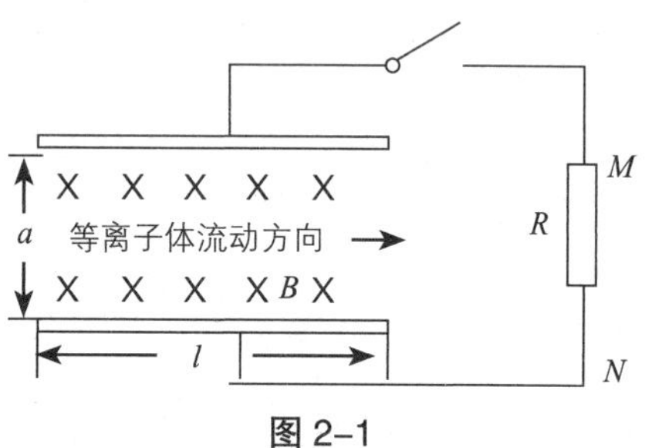

图 2–1

解析：

方法一：由电动势的定义分析，$E=\dfrac{W_{非}}{q}$

而 $W_{非}=f_{洛竖直}\cdot a=q\upsilon Ba$（$f_{洛竖直}$是离子所受洛伦兹力在竖直方向上的分量，为离子水平向右匀速运动而使离子在竖直方向受到的洛伦兹力）

可得：$E=B\upsilon a$

此方法是把空腔、磁场、等离子体等视作一个整体，此整体为等效电源（物质观念的一种体现——研究对象是谁），而电源的本质是非静电力（运动和相互作用观念的体现）做功，把其他形式的能转变为电能，利用电动势的定义（能量观念的体现——遵循什么规律）来解决问题。

方法二：当外电路断开时，极板间的电压大小等于电动势。稳定时离子以不变的速率 υ 水平向右通过发电通道，则发电通道内电荷量为 q 的离子受力平衡，有 $q\upsilon B=q\dfrac{E}{a}$。

可得：$E=B\upsilon a$

此方法是把恒速率通过发电通道的离子作为研究对象（物质观念的体现），

该离子在竖直方向上受到洛伦兹力和电场力平衡（运动和相互作用观念的体现），其实质是洛伦兹力充当电源的非静电力，从而实现把其他形式的能转变成电能（能量观念的体现）。

方法三：从宏观角度分析微观离子的运动，可将等离子束看成一根导体棒在磁场中做切割磁感线的运动。由法拉第电磁感应定律：

$E=Ba\upsilon$

此方法是把等离子束等效地看成一根导体棒（物质观念的体现），该导体棒在磁场中做切割磁感线的运动（运动和相互作用观念的体现），把其他形式的能转变成内能，再利用法拉第电磁感应定律的推论来解决问题。

方法四：将等离子束看成一整体，外力（压力）克服水平方向的安培力（此安培力是离子由于在竖直方向的运动而在水平方向受到的洛伦兹力的合力）对等离子束做的功全部转化为电能。

$W_{电}=W_{安}$ 而 $W_{电}=qE$；$W_{安}=BIa\cdot x=BIa\cdot x=BIa\cdot vt=Ba\upsilon\cdot q$

所以有：$E=B\upsilon a$

此方法是将等离子束等效地看成一个整体（物质观念的一种体现），外力（压力）克服水平方向的安培力（运动和相互作用观念的体现）对等离子束做的功，利用功能关系和能量守恒（能量观念的体现）来分析解决问题。

教师可通过类似的应用物理观念的教学，在潜移默化之中使学生形成对客观事物的研究观点和研究方法，从而实现促进学生物理观念的发展。

总之，物理教师在促进学生物理观念形成的过程中，要把握物理观念的历史性、发展性和科学性的原则，通过物理史实引导、内化知识本质、理念指导实践来促进学生物理观念的形成与发展。

第二节 形成物质观念的教学

对于物质观念的发展，在科学发展史上曾出现激烈的观念斗争，主要体现在哲学中唯物主义的物质观与唯心主义的物质观的争论，以及自然科学中关于时空观和光的波粒性的争论。因此，物理教师在引导学生形成科学的物质观念时，必须对物质观的发展以及中学物理中的物质观做好全面的理解。

一、对中学物理中的物质观的一般讨论

人类对“物质”的探索，从哲学物质观念的萌生、发展和深化，到辩证唯物主文的哲学物质观的形成，以及自然科学的物质概念的诞生，经历了漫长的历史过程。在这个过程中，认识的深度和广度总是同一定的社会实践和科学技术发展水平相联系的。人类对物质的认识，就是在特定的历史条件的限制下，又不断地突破这个限制，由片面到全面、由肤浅到深入地发展着。本单元拟从哲学观点中的物质观、物理学中的物质观以及中学物理中的物质观来阐述物质观念的发展过程与中学物理中物质观的内容。

（一）哲学观点中的物质观

在哲学物质观念的历史发展中，主要是唯物主义和唯心主义两种物质观的尖锐斗争。历来唯心主义者都竭力虚构世界的本原，对物质进行歪曲的解释。他们把主观精神（感觉、经验、思想）或客观精神（“理”“理念”“绝对精神”）说成是世界的本原，断言精神是唯一的实在，是世界的基础，而物质和一切物质现象，只不过是精神的产物和表现。唯物主义的物质观是在同唯心主义这种歪曲和虚构的斗争中前进的；科学的哲学物质观，即辩证唯物主义的物质现，就是唯物主义和唯心主义长期斗争的结晶。

辩证唯物主义的物质观对物质概念的理解有三个方面的含义。一是物质

的唯一特性是“客观实在性”。物质概念是从物质和意识的关系中，指出了物质的本质属性或“唯一”特性是客观实在性。“唯一特性”是相对于意识来说的。相对于意识而言，物质只有一个特性，就是客观实在性。运动虽然是物质的固有属性，但它并不是从物质和意识关系的层面上讲的。二是物质作为不依赖于意识的客观实在，能够被人们感觉、认识、反映，简言之，物质是可认识的。三是客观实在是一切物质形态、物质现象的共同本质。一切物质形态的这一共同的本质属性，在任何时候都是不变的、绝对的。而具体的物质形态、结构、属性，却随着科学和实践的进步而经常变化，是可变的、相对的，不能把物质的客观实在性同具体的物质形态及其结构、属性混为一谈。

哲学中的物质观显然具有高度的概括性，因此比较抽象、笼统，但哲学中的物质观建立在自然科学（后来发展成多种学科分支）以及后来的物理学对物质的探究与发现之上，所以有高度的概括性，而物理学的物质观相比而言就具有明显的具体性。

（二）物理学中的物质观

客观世界以物质性为第一性，世界万物全为物质体，这是人类对自然界认识的最基本内容。随着自然科学，特别是物理学的发展，人们对世界物质性的认识不断发生着明显的转变。

1. 物理学发展中最具代表性的物理学家的物质观

亚里士多德的物质观　欧洲中世纪占绝对统治地位的自然观，是经过神学改装的亚里士多德的自然观，它成为封建神权统治者统治民众思想的工具。亚里士多德认为：地球和地上万物都由气、火、水、土四种元素组成，都是丑陋的、不洁的、不完美的，是有变化和有生灭的。火和气组成向上流动的轻物，水和土组成向下掉落的重物，而天体则是由“以太”组成的纯洁、完美、永恒的物体，又因为上帝厌恶真空，所以真空不可能存在。

伽利略的物质观　伽利略认为所有物体都是重物，没有绝对的轻物。天体和地球以及地上万物在物质结构上是统一的。真空也可能存在和产生，而且只有在真空中才能研究物体运动的真正性质，这就彻底推翻了亚里士多德凭借主观臆测的物质观，从而也根本动摇了封建神权的思想统治。

牛顿的物质观　牛顿的物质观是原子论，牛顿认为组成物质的最小单元是原子，提出同种最小粒子——原子靠引力而结成不同层次的粒子和颗粒的学说，多达七层次以上，直到可见物体。原子论在科学上的应用就是原子—粒子—质点—质点系—重心—质心的概念，并首次定义了质量的概念。牛顿还提出“光”也是一种“原子”。

牛顿基于其统一的物质观对物质结构做出的科学预见，为近代物理学的研究奠定了基础，被后人称为经典物理学的物质观。但是，牛顿认为质量是物体的一种属性，不随物体运动速度的变化而变化，具有一定的局限性。

不同科学家的物质观都具有时代特征，而且对当时的自然科学研究都做出了一定的贡献。但是由于科学发展水平的限制，他们的观点又具有必然的片面性和局限性。随着科学的进步与发展，这些科学家的物质观逐渐被科学共同体（科学家群体或科学界）优化、丰富、完善，形成不同阶段的物质观。

2. 近代物理的物质观

近代物理的物质观有四层含义：

第一，以实物物质和物质之间的相互作用场——电磁辐射场和引力场——为两类物质形态。相互作用场是连续场，其运动变化呈现波动性；物质的最小组元是原子，但已预料物质无限可分。

第二，表示实物物质和作用场的运动状态的种种物理量都可连续变化，其运动满足严格的因果律，符合纯粹的决定论原则。例如，空间长度和时间长度可以无限分割，物体如何运动决定于物体的质量和物体受到其他物体的作用力。

第三，物质在时空中运动，但物质运动与时空彼此并无影响。

第四，物质客体不依赖于认识主体而独立存在，物质客体等同于物理实在，实在概念并不受制于认识主体的观察测量对客体性状的干扰。

3. 物理学发展中现代物理的物质观

量子理论和相对论的诞生和发展赋予物质观新的含义，尤其是量子概念的建立和深化使现代物质观伴随相对论时空观。现代物质观的要义简述如下：

第一，大质量的宏观、宇观物质系统激发的引力场导致时空弯曲，物质与时空结合为统一体，物质运动与时空结构相互关联。

第二，高速运动的物质系统，其基本动力学性质和时空量度均受到运动的显著影响，从而体现唯物辩证法关于物质与其运动的统一性。

第三，物质微观层面显示事物粒子与其相互作用场的统一性，粒子或作用场的任何系统都呈现波粒二象性的共同性状；集波动性和粒子性、连续性和分立性于一体的量子场是物质存在的基本形式。

第四，微观物质系统运动与宏观物质系统运动、宇宙整体运动相比较，前者以非连续性取代了后者的连续性；作用量子使微观物质系统显露出种种量子化效应。

第五，物质结构层次渐趋深入，但似乎出现难以继续分割的“基底”粒子，各“基底”粒子与强相互作用、弱相互作用、电磁相互作用、引力相互作用等作用场，随着能量尺度的提高，表现出最终趋于同一物质形态的可能性。

第六，微观物质系统的运动不满足严格的因果律，不符合纯粹的决定论原则，其固有的统计性规律亦起因于作用量子的存在。

第七，物质客体当然不依赖于认识主体而独立存在，但认识主体的观察测量会对微观物质系统的性状产生不可忽略、不可控制的干扰，从而使主体认识到的微观物理实在不同于，也不可能同于微观客体的自然状态。

（三）中学物理学中的物质观

由于中学生对世界的认知基础和能力发展基础的限制，中学物理中的物质观不可能包括近、现代物质观的全部内容，中学生也不可能都能透彻理解所有内容，更不能形成科学的、全面的物质观念，因此对于中学阶段（初中学段和高中学段），物质观念的形成有一个逐步发展和逐步过渡的特点，在内容上要横跨经典物质观、近代物质观和现代物质观，在理解近代物质观的同时还要接纳部分现代物质观的观念。因此，中学物理中的物质观，其内容是经过近代物质观修正的牛顿经典物质观，还要跨越部分现代物质观。中学物理中物质观的内涵在前文第一节中已经清晰描述，这里不再赘述，其在中学物理中的具体内容如下：

1. 初中学段物质观念的内容

（1）质量是物体本身的一种属性，它不随物体状态的改变而改变。

（2）整个宇宙是由物质组成的。

（3）分子运动论：物质是由分子组成的。

（4）原子结构：分子是由原子构成的，原子是由居于中心的带正电的原子核和核外高速运动的带负电的电子构成的，原子核是由带正电的质子和不带电的中子构成的。原子、电子、质子、中子都是微粒。

（5）电荷既不能被创造，也不能被消灭。

（6）磁体和电流的周围存在磁场，磁体或电流间的相互作用是通过磁场产生的。

（7）对半导体、超导体、纳米材料的初步了解。

2. 高中学段物质观念的内容

（1）质量是物体惯性大小的量度。

（2）两种电荷，电荷是守恒的——电荷守恒定律。

（3）电荷的周围存在电场，电荷之间的相互作用是以电场作为媒介产生的，电场是一种物质。

（4）电阻、电阻率、导体和超导体。

（5）磁场也是一种物质，磁体的磁场和电流的磁场都是由运动的电荷产生的。

（6）变化的磁场产生电场，变化的电场产生磁场，其统一体就是电磁场。

（7）晶体和非晶体。

（8）光是一种电磁波。

（9）光是由光子组成的粒子波。

（10）光具有波粒二象性。

（11）电子、质子、中子的发现；原子结构；原子轨道的量子化。

（12）天然放射和人工转变能使原子核发生变化，从一种元素转变为另一种元素。

物理教师要在此知识范围内对学生进行科学引导，正确阐述其内容含义，并让学生通过亲身体验和过程参与，形成科学的物质观念。

二、基于发展物质观念的教学依据

（一）基于发展物质观念的一般教学过程

物质观念的形成应建立在物质观的基础上。但物质观念的形成不是对物质观内容的机械接纳和掌握，而是从认识与感知物质世界，到理解与探究物质世界的过程中逐渐形成对物质世界的科学认知与判断，在头脑中形成“新的认知”和看法，即对物质世界的认识必须在头脑中进行升华才是真正形成了物质观念。因此，物质观念的逐步建立和形成，实际是对物质世界的认知在头脑中不断螺旋式提高的过程，即从感官的感知，到内涵的理解，到观念的内化与生成，再到观念的运用与输出、对新的领域的猜想和验证等，这一系列的认知心理活动都必须在头脑中多次受到激发才可形成科学的物质观念。不同学段的知识基础和能力基础也会影响观念的形成进度，只能依据课程实施进度和能力形成状态循序而为。

1. 感知和探究物质世界是物质观念形成的方法基础

因为物质就是意识之外的客观实在，所以认识物质世界首要的是感知，感知是心理认知活动的基础。列宁对物质的定义明确指出：“物质是标志客观实在的哲学范畴，这种客观实在是人通过感觉感知的，它不依赖于我们的感觉而存在，为我们的感觉所复写、摄影、反映。”①根据列宁对物质概念的定义，所谓物质就是存在于意识之外的客观实在，要认知物质的本质，先要经过感知，然后才能对物质本质进行抽象，对认知进行重构提升。

例如，在初中阶段对物质世界的认识是物质观念形成的初级阶段，对物质世界的认识主要是感知，在感知的基础上进行抽象形成概念和模型，如对物质的属性的认知：物质与物质之间总是有一些区别的，一种物质与其他物质的明显不同之处称为物质的属性。如果这种区别是物理的，我们就称之为物质的物理属性。物质的物理性质包括颜色、气味、形态，是否易升华、挥发等，都可以利用人们的耳、鼻、舌、身等感官感知，熔点、沸点、硬度、导电性、导热性、延展性等性质，可以利用仪器测知。还有些性质，需通过实验室获得数据，计算得知，如溶解性、密度、防腐性等。在实验前后物质都没有发生改变。

通常用观察法和测量（实验）法来研究物质的物理性质，如可以观察物质的颜色、状态、熔点和溶解性；可以闻气味（实验室里的药品多数有毒，未经教师允许绝不能用鼻子闻和口尝）；也可以用仪器测量物质的熔点、沸点、密度、硬度、导电性、导热性、延展性等，从而为建立客观的、科学的物质观念打下基础。

---

①《列宁选集》第2卷，人民出版社，2012年版，第128页。

初中课程标准根据学情针对性地对物质的属性提出了具体的感知要求：

（1）通过实验，了解物质的一些物理属性，如弹性、磁性、导电性和导热性等，用语言、文字或图表描述物质的这些物理属性。

例1. 通过实验，了解金属或塑料的弹性。列举弹性在生活中应用的实例。

例2. 通过实验，了解物质的磁性和磁化现象，调查磁性材料在生活中的用途。

例3. 通过实验，了解物质的导电性，比较导体、半导体、绝缘体导电性能的不同。

（2）知道质量的含义。会测量固体和液体的质量。

例4. 分别说出质量为几克、几十克、几百克、几千克的一些物品，能估测常见物体的质量。

（3）通过实验，理解密度。能解释生活中一些与密度有关的物理现象。

（4）了解人类关于物质属性的研究对日常生活和科技进步的影响。

例5. 从学校数据库或互联网上收集有关物质属性研究的信息。

活动建议：

（1）利用一块磁铁和几根缝衣针制作指南针，并验证同极相斥、异极相吸的现象。

（2）测量一些固体和液体的密度。如可让学生自己设计一种方案，测量酱油、食用油、醋、盐、塑料制品、肥皂或牛奶等日用品的密度。

（3）调查生活中的一些日常用品，了解它们应用了物质的哪些物理属性。

感知物质世界的方法有多种，如观察、实验、调查、体验等，它们为促进物质观念的形成打下了基础。进入高中学段，观察与实验的感知教学不是可有可无的，而是必不可少的。例如，对电场的认知，不是立即给出电场的存在和性质，通过观察与实验感知电荷的存在，观察到电荷对靠近它的电荷有相互作用，说明两个电荷之间通过某种“媒介”产生作用，这种媒介定义为“电场”；进而再从力的角度和能量的角度研究电场的性质。由此可见，没有感知的过程（观察、实验、调查、体验）就不会有物质的“客观实在”在头脑中的“影射”，建立物质观念当然就会变得抽象，甚至似是而非、模糊不清。

除了感知和探究之外，认识物质世界还要借助多种物理研究思想与方法，如理想模型法（如研究固体、液体、气体分子时分别用球形分子模型和正方体占有空间模型等）、比值法（如定义物质或物体属性特征的物理量：电场强度 E、磁感应强度 B、电容 C、电阻 R 等）、等效替代法（如等效电路、等效电阻、电压表等效为电流表、电流表等效为电压表、测电阻中的替代法等）。此部分内容将在下一章做更详尽的介绍，在此不再一一赘述。

2. 系统、全面理解是物质观念形成的知识基础

物质世界的存在不是孤立静止的，而是运动变化的；运动变化又受相互作用的制约，其内在本质是能量的转移与转化。因此，要深入认识物质世界，建立全面的物质观念，不仅要感知物质的存在，还要探究物质的运动与相互作用，理解和运用物质的能量属性等各种属性。物质观念的建立不是单一的、片面的，而应该和运动与相互作用观念以及能量观念相呼应，因为物质世界本身就是运动的、相互作用的。

如对电场的认知，不仅要通过电荷间的相互作用感知电荷的存在，还要感知相互作用是依托看不见的“场”实现的；而进一步认知电场，还要从力的角度和能量的角度对电场进行深入的探究和理解，从而通过对比、抽象建立电场中的相关的概念（电场强度、电场力、电势、电势能等），逐步形成有关电场的物质观念。

从高中课程标准对电场的学习要求也能感受到系统学习的必要性和重要性，如：

（1）通过实验，了解静电现象。能用原子结构模型和电荷守恒的观念分析静电现象。

例 1. 通过多种方式使物体带电，观察静电现象。

例 2. 演示并分析静电感应现象。

（2）知道点电荷模型，体会科学研究中的理想模型方法。知道两个点电荷间相互作用的规律。体会库仑定律探究过程中的科学思想和方法。

例 3. 与质点模型类比，体会在什么情境下可将带电体抽象为点电荷。

例 4. 体会库仑扭秤实验设计的巧妙之处。

（3）知道电场是一种物质。了解电场强度，体会用比值定义物理量的方法。会用电场线描述电场。

例 5. 用电场线描绘两个等量异种电荷周围的电场。

（4）了解生产生活中对静电的利用与防护。

例 6. 分析讨论静电在激光打印、静电喷雾和静电除尘等技术中的应用。知道在有可燃气体、粉尘的环境中如何防止静电。

（5）知道静电场中的电荷具有电势能。了解电势能、电势的含义。

例 7. 与重力势能的引入对比，分析物理学中引入电势能的依据。

（6）知道匀强电场中电势差及其与电场强度的关系。

（7）能分析带电粒子在电场中的运动情况，能解决简单的实际问题。

（8）观察常见电容器的构造，了解电容器的电容，观察电容器的充放电现象。能举例说明电容器的应用。

例 8. 查阅资料，了解电容器在照相机闪光灯电路中的作用。

由此可见，只有将物质观念建立在系统、全面的知识基础之上，才能对物质的各种属性有一个深刻的理解，为物质观念的建立打下坚实的知识基础。

3. 准确理解物质属性内涵是物质观念形成的关键

1）物质的质量属性

物质的质量概念最初是由牛顿提出来的，牛顿把质量说成是物质的数量，即物质“多少”的量度。质量是物理学中的一个基本概念，它的含义和内容随着科学的发展而不断清晰和充实。质量是物体所具有的一种物理属性，是物质的“量”的量度，它是一个正的标量，而不单纯是牛顿提出的质量是物质“多少”（“数”）的量度。质量分为惯性质量和引力质量。自然界中的任何物质既有惯性质量又有引力质量。这里所说的“物质”是自然界中的宏观物体和电磁场、天体和星系、微观世界的基本粒子等的总称。

（1）惯性质量

在牛顿第二定律 $F=ma$ 中，质量的概念是作为物体惯性的量度提出的。实验表明，同样大小的力作用到不同的物体上时，一般来说它们所获得的加速度是不同的；用同样大小的力推动一辆空车和一辆载重车时，空车获得的加速度比载重车获得的加速度大。这就说明，在外加力的作用下，物体所获得的加速度不仅与力有关，还与物体本身的某种特性有关，这个特性就是惯性。在同样大小的力的作用下，空车获得的加速度大，就表明它维持原有运动状态的能力小，即惯性小；载重车获得的加速度小，就表明它维持原有运动状态的能力大，即惯性大。在物理学中，引入惯性质量这样一个物理量来表示物体惯性的大小。当然，这里所说的“物体”仍应理解为质点。惯性质量是物体被当作质点时，其惯性大小的量度。一个实际物体只有仅做平动时可被当作质点，也可以说，惯性质量是物体平动时惯性大小的量度。由于物体的平动惯性是物体的固有属性，故不论物体是否在做平动，对它谈及惯性质量都是有意义的，在通常的情况下，就把“惯性质量”简称为“质量”。

物体除了平动惯性外，还具有转动惯性。例如，对于绕某固定轴线转动的物体，其转动惯性是用什么来量度的呢？由表示刚体绕固定轴转动的转动定律 $M=I\beta$ 可知，两个转动惯量 I 不同的物体，所受力矩 M 相同，则所得的角加速度 β 是不同的：转动惯量越大的物体获得的角加速度越小，说明物体保持原来的转动状态的特性越强，即转动惯性越强；相反，转动惯量越小的物体获得的角加速度越大，说明物体保持原来的转动状态的特性越弱，即转动惯性越弱。由此可见，转动惯量是物体转动惯性大小的量度，与“转动惯量”的叫法对比可知，应把“惯性质量”改称“平动惯量”方才贴切。

惯性质量是物体平动惯性大小的量度，转动惯量是物体转动惯性大小的量度，所以它们是不同意义的物理量。

（2）引力质量

我们知道，一切物体都具有一种重要的物理属性：物体都是“引力场”的源泉，都能产生引力场，也都受引力场的作用。物体的这一属性通过万有引力定律表现出来，所以万有引力定律中的质量被定义为“物体产生引力场和受引力场作用的能力的量度”，即引力质量。

已知万有引力定律公式：

$$F = G\frac{m_1 m_2}{r^2}$$

其中 m_1 和 m_2 代表两个物体各自产生引力场和受引力场作用的本领，也叫作两物体各自的“引力质量”；r 代表两物体间的距离；F 是作用于两个物体间的万有引力；G 是一个常数，其大小由如何选择 F、r、m_1 和 m_2 的单位而定。在国际单位制中，$G=6.67\times10^{-11}$ 牛顿·米 ^{2}/ 千克 ^{2}。由万有引力定律公式可知，物体 A 和 B 的引力质量 m_A 和 m_B 之比，为它们各自与另一物体的万有引力 F_A

和 F_B 之比，即 $m_A : m_B=F_A : F_B$。

所以可以借助把一待测物体的引力质量与一标准体的引力质量加以比较的途径来测量引力质量。这就是通常用天平来测物体质量的办法。严格地说，天平测出的是引力质量的大小。

（3）惯性质量与引力质量的联系

日常经验表明，物体愈重，要改变它的运动状态就愈难。这就是说，物体的引力质量愈大，它的惯性质量也就愈大。非常精密的实验证明，任何物体的惯性质量同它的引力质量严格地成正比例。假如我们选择适当的单位，就可以使物体的引力质量的数值等于它的惯性质量的数值，即 $m_{引}=m_{惯}$。

但这不能表明物体的引力质量就是它的惯性质量，惯性并不是引力场的源泉。惯性是物体抵抗外力改变其机械运动状态的本领，引力场的源泉是物体产生引力场的本领，这是物体两种完全不同的属性，绝不能混为一谈。只是由于它们之间存在着严格的正比关系，我们可以将物体的引力质量作为它的惯性的量度，反之亦然。在实际生活中，我们经常运用这种方法。例如，天平称出的是物体的引力质量，但是通过称量的结果，我们立刻就知道物体的惯性多大。爱因斯坦曾非常生动地以地球和石头间的引力为例，说明引力和惯性是完全不同的两种物理属性。他说："地球以重力吸引石头而对其惯性质量毫无所知。地球的'召唤'力与引力质量有关，而石头所'回答'的运动则与惯性质量有关。"

最典型的例子，就是光子具有引力质量而没有惯性质量。光与其他实体物质具有引力效应，所以光具有引力质量，但不存在惯性质量。

不过，这里引出了一个值得思索的问题：惯性和引力是完全不同的两种物理属性，但是它们之间既然存在着普遍的、严格的正比关系，它们是否有可能是物体的同一本质在不同方面的表现呢？这一问题的回答是肯定的。爱因斯坦建立的广义相对论指出，物体的惯性和引力性质产生于同一来源。在广义相对论里，有一些参量一方面表现为物体的惯性，另一方面又自然而然地表现为引力场的源泉。这个结论成功地经受了十分精确的实验检验。这类实验经历了三百年的历史，直到目前仍在继续进行。

（4）静止质量与运动质量

对任一状态的物体，取一个惯性系 K，使此物体相对此惯性系 K 静止，

则在惯性系 K 中测量得到的物体质量被称为“静止质量”。同一物体的静止质量是洛伦兹不变量。而在物体相对其运动的其他惯性系中观察到的物体质量被称为“运动质量”。

静止质量是指取一个特定的惯性参考系，相对此惯性参考系，物体静止，在此状态下测得的物体质量。运动物体的质量随着其运动速度增加而增大。速度的平方除以光速的平方，就是将速度与质量关联起来的因子（见下面公式）。所以如果物体做低速运动，那么其质量的增加就非常小；然而如果物体运动的速度接近光速，那么其质量的增加就非常大。从公式可以看出，任何速度增加接近于光速运动的物体的质量都趋近于无穷大，因此，实体物体不可能达到或超过光速。物体质量和运动速度的关系式如下：如果一个物体的静止质量是 m_0，那么当它的运动速度是 v 时，其质量 m 为：

$$m=\frac{m_0}{\sqrt{1-\frac{v^2}{c^2}}}$$

由此可见，静止质量和运动质量都是相对的，都是相对惯性参考系而言的。

2）物质的空间与时间属性

所有物质都会占有空间。所谓“占有空间”具有两层含义：其一，是指物质的广延性。由于物质具有质量，所以所有的物质粒子以及物质组合物都具有空间上的三向维度，这就是物质的广延性。其二，是指物质在空间中所处的位置以及与其他物质的空间关系。由于物质具有广延性，假如我们把宇宙看作一个巨大的四维坐标系，那么所有的物质粒子或组合物在这个坐标系中都有自己的位置，并且与其他物质粒子或组合物形成一定的空间关系，例如距离、排列顺序等。从物质的角度看，可以把“空间”定义为：空间是物质广延和位置的度量。

物质为什么会占有空间？物质的空间性来自于它的质量，正是由于物质具有质量，所以它才具有广延性，而具有广延的物质就必然会在空间中占据一定的位置。在这个世界上，只有物质和物质组合物能够占有空间，而一个虚无缥缈的非物质的东西绝不可能占有空间，所以“占有空间”或具有广延性是物质的一个非常重要的属性，也是我们识别物质和非物质的一个重要根据。

不仅如此，物质的空间性还是可感性的前提，只有占有空间的东西才是可感的，才能够被人类的感官所感知。正是由于这个原因，笛卡儿才把广延视为物质的唯一特性。笛卡儿敏锐地把握住了物质的广延性，但遗憾的是，他并没有发现广延与质量的关系。

运动是物质的存在方式，而运动着的物质又离不开时间，所以时间也是物质的一个重要属性。现代科学已经证明，没有时间以外的物质运动。如果一个东西，不曾有过去，也没有现在和将来，那就是说根本没有这个东西。假如我们把时间看作四维坐标系中的一条有方向的轴线，那么运动着的物质必然会在这条轴线上留下自己的轨迹，所以可以尝试这样定义时间：时间是物质运动过程的一种度量。

之所以说时间是物质运动过程的“一种”度量，是因为物质运动过程还存在着多种度量方式，而时间仅仅是其中的一种。物质的时间属性也是一个重要的属性，因为时间也是我们观察、认识物质和物质运动的一个重要根据和指标。

人类对物质的时间和空间属性的认识即时空观，是人类认识自然的重要观点之一，时空观的发展是随着物理科学的发展同步发展和深化的。

（1）原始的时空观——亚里士多德的时空观

亚里士多德将空间严格定义为：

①空间乃是一事物的直接包围者，而又不是该事物的部分；

②直接空间既不大于也不小于内容物；

③空间可以在内容事物离开以后留下来，因而是可分离的；

④此外，整个空间有上和下之分，每一种元素按本性都趋向它们各自特有的空间并在那里留下来，空间就是根据这个分上下的。

时间是否存在？时间的本性是什么？亚里士多德认为：“时间的一部分已经存在过，现在已不再存在，它的另一部分有待产生，现在尚未存在。并且，无论是无限的时间，还是随便挑取的其中任何一段，都是由这两部分合成的。”

另外，亚里士多德认为时间与运动是联系着的，但“时间既不是运动，也不能脱离运动”。

“时间不是运动，而是使运动成为可以计数的东西。”他证明，我们以数判断多或少，以时间判断运动的多或少，因此时间是一种数。“时间是通过运动体现的，运动完成了多少，总是被认为说明时间已过去了多少。”“在任何地方，同时的时间是同一的，随后的时间就是不同一的。”“我们不仅用时间计量运动，也用运动计量时间，因为它们是相互确定的。”“既然时间是运动和运动存在的尺度，而时间计量运动是通过确定一个用以计量整个运动的运动来实现的。”“时间是关于前和后的运动的数。”运动的连续性表现为先后，而先后正是时间流逝的本质特征。

在物理学史上，亚里士多德是在古希腊乃至整个人类历史上第一个比较全面深入地讨论时间、空间和运动的基本属性的人，他关于时间和空间的论述，为其本人和后人提供了描述物体运动的基本时空概念，奠定了近代时空认识和经典力学的理论基础。

（2）经典力学的时空观——牛顿的绝对时空观

绝对时空观是牛顿力学的时空观，从惯性系的伽利略变换式出发，牛顿提出了以下时空观念：

①时间具有绝对性，即时间的度量性质与参照系的运动状态无关；

②空间具有绝对性，即空间的度量性质与参照系的运动状态无关；

③时间和空间是彼此分离不相关的。

牛顿认为，自然界中存在着脱离物质及其运动的绝对时间和空间，伽利略变换是这种绝对时空观的数学体现，它在解决宏观、低速现象的问题中，取得了辉煌的成就，直到 1905 年狭义相对论的建立，才实现了人类时空认识的又一次重大飞跃。

（3）近代物理时空观——爱因斯坦的相对时空观

相对时空观是爱因斯坦相对论的时空观，即认为时间和空间彼此联系又都与运动有关；时空是弯曲的，宇宙在空间上是均匀各向同性的。

在狭义相对论中，从惯性系的洛伦兹变换公式出发，可以得出以下时空观：

①时间具有相对性，就是说时间的度量与参照系的运动状态有关：

$$\Delta t=\frac{\Delta t_0}{\sqrt{1-\frac{\upsilon^2}{c^2}}}$$

②空间具有相对性，就是说空间的度量与参照系的运动状态有关：

$$\Delta l=\Delta l_0\sqrt{1-\frac{\upsilon^2}{c^2}}$$

③时间和空间是相互密切联系的：

$\Delta x'^2+\Delta y'^2+\Delta z'^2-c^2\Delta t'^2=\Delta x^2+\Delta y^2\Delta z^2-c^2\Delta t^2$

在爱因斯坦广义相对论中，空间和时间的度量特性决定于物质的分布和运动；而物质在引力场中的运动，反过来又由空间和时间的度量特性所决定。把空间曲率和物质运动的能量动量张量联系起来，可得到爱因斯坦的引力场方程式：

$$R_{\mu\nu}-\frac{1}{2}g_{\mu\upsilon}R=-\frac{8\pi G}{C^4}T_{\mu\upsilon}$$

上式中，$R_{\mu\nu}$是黎曼曲率张量，R是标量曲率，$T_{\mu\nu}$是物质的能量动量张量。这个方程反映了引力场的状态和变化，是由物质的分布及其运动决定的。

爱因斯坦引力场方程是相对时空观的数学体现，它正确预言了质点和光子在弯曲时空中的运动，把人类的观测范围延伸到100多亿光年。

但是广义相对论认为空间和时间都是均匀的，通过空间弯曲理论，建立了与空间密度分布的等价关系，进而导出时间弯曲及时钟佯谬，这极大地推动了人类对宇宙的认识。但因未承认空间的量子化，导致进入奇点误区；同时因认为时间是均匀的（光速恒定），导出了因果关系颠倒的错误。

（4）现代物理时空观——系统时空观

由于光的波粒二象性问题没有从根本上得到解决，使建立在这个不稳固的基础之上的相对论和量子论，随着实践的不断深入而暴露出越来越大的局限性。这就是系统时空观产生的背景。系统相对论认为，空间和时间都是量子化且有密度分布的。

现代物理认为，时空是不能无限分割的，时空也存在着不可分割的基本结构单元，长度的最小基本单元大约是10^{-35} m（普朗克长度的精确值是1.61624×10^{-35}m）；时间的最小基本单元大约是10^{-43} s（普朗克时间的精确值是5.39121×10^{-44}s）。低于这两个值的时空是无法达到的，也是没有意义的。

由此看来，时空也是不连续的、量子化的，时空流逝就像放电影一样，一帧一帧地叠加起来，看上去是连续的，实际上是以我们人类察觉不到的微小单元在前进。

因此，我们当前的物理学是有条件的（空间密度均匀）、局部适用的（地球系），称为地球物理学；与之相对的无条件的、普遍适用的物理学称作系统物理学。当然，物理量的测定是与科技水平相对应的，科技水平的有限性决定了我们几乎无法建立真正的系统物理量。对于我们有限的空间观察来讲，建立相对物理量就足够了，但必须通过系统时空观确定它的适用范围和看清事物的本质，这就是系统时空观的意义所在。因此，基于系统时空观的物理理论体系统称系统相对论。

3）物质的运动与相互作用属性

世界是物质的，物质是运动的，整个世界就是永恒运动着的物质世界。大到天体，小到微观粒子，一切事物都在运动。有些事物的运动是明显的，人们可以直接感觉到，如奔驰的汽车，流动的河水，划破夜空的流星等。有些事物变化是缓慢的，人们不容易觉察到，如高山的生长，世界第一高峰珠穆朗玛峰每年要增高约 1.27 厘米。

自然界中一切物体都在运动，因为地球本身在自转，所以绝对静止的物体是不存在的。通常所描述的物体的运动或静止都是相对于某一个参照物而言的。同一个物体是运动还是静止，取决于所选的参照物，这就是运动和静止的相对性。

物质不仅时刻在运动着，而且物质和物质之间（或物质内部之间）存在着相互作用，决定物质的结构和变化过程的就是物质之间基本的相互作用。近代物理确认各种物质之间的基本的相互作用可归结为四种：引力相互作用、电磁相互作用、弱相互作用和强相互作用。近代物理的观点倾向于认为四种基本相互作用是统一的，物理学家正在为建立大统一理论、超统一理论而努力。四种基本相互作用力同样也是宇宙自然界星系星云物质凝聚在一起的一种核能势力能效，发现四种基本相互作用力有效地结合在一起是物理学家探索粒子量子化的主要目的之一。

人类对物质的运动与相互作用属性的认识即运动与相互作用观，将在后面的篇章中集中讨论。

4）物质的能量属性

任何物质都具有能量。物质为什么会具有能量？物质的能量来自于它的运动，具有质量的物质并不是静止不动的，它时时刻刻都处于运动之中，而物质的运动就产生了能量。科学已经对能量进行了定义：能量是物质运动的度量。

能量具有多种形式，例如机械能、热能、电能、声能、化学能等。那么，物质的运动为什么会产生能量呢？通过爱因斯坦的质能关系公式 $E = mc^2$ 就可以看出，能量等于质量乘以光速的平方，这就是说，质量的运动产生了能量。通过爱因斯坦的质能关系公式，我们不仅可以看出质量的主体性，而且可以看出质量与能量的密切关系。如果说质量是物质成为物质的先决条件，那么运动就是物质的存在方式。物质的运动产生了能量，而能量就是物质运动的度量，所以能量也是物质的一个重要属性。 科学家们通过核裂变和链式反应发现，质量可以转化成能量，这说明物质的属性之间存在着密切的联系和相互作用。

人类对物质的能量属性的认识即能量观，也将在后面的篇章中集中讨论。

（二）课程标准中物质观念的水平划分

水平一：能从物理学的视角观察自然现象，具有将物理学与实际相联系的意识。

水平二：能从物理学的视角解释一些自然现象，能应用物理知识解决一些实际问题，形成初步的物理观念。

水平三：能从物理学的视角描述和解释自然现象，能应用物理知识解决实际问题，具有物理观念。

水平四：能从物理学的视角正确描述和解释自然现象，能综合应用物理知识解决实际问题，能指导工作和生活实践；具有清晰的物理观念。

水平五：能从物理学的视角正确描述和解释自然现象，能灵活应用所学的物理知识解决实际问题，能有效指导工作和生活实践；具有清晰、系统的物理观念。

三、促进物质观念形成的教学案例评析

【教学案例：电子的发现】

授课教师：北京市八一学校 杨清源[①]

一、新课引入

教师：显示器的显像管中电子在磁场中偏转（PPT 展示图片）。

学生：观察图片，感知电子的应用。

图 2–2

教师：示波器的示波管中电子在电场中偏转（PPT 展示图片）。

学生：观察图片，感知电子的应用。

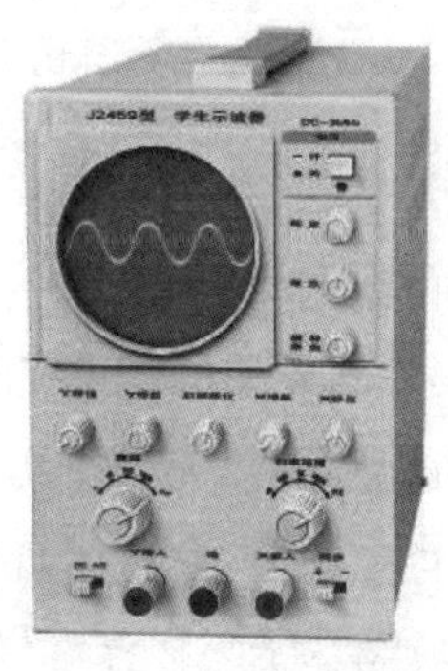

图 2–3

教师：化学中也经常提到电子，如电子的得失和转移。

学生：感知、理解电子的存在。

提问：那么电子到底是被谁最先发现的？他是怎么发现电子的？引出本节课的研究课题“电子的发现”（板书标题：第一节 电子的发现）。

［案例评析：教师通过身边的生活中具体的实例，以展示图片（或实物）的形式引导学生从生活走向物理，使学生对“电子”产生感性认识，不仅激

①本案例获首届“全国中学物理新课程高效课堂教学设计群英大赛”一等奖。

发了学生兴趣，而且使学生对“电子”有了具体的感知，同时也为后面探究阴极射线粒子的比荷做了铺垫。]

二、物质结构的早期探究

教师：大千世界（宇宙）是由什么构成的？我国：西周时期，五行说——金、木、水、火、土；战国时期的思想家墨子认为，物体是由不可分割的最小单元“端”构成的。

图 2–4

德谟克利特，古希腊哲学家

图 2–5

道尔顿，英国化学家

教师：西方人同样也在思考这个问题。

提问：知道“Ατομικής”这个单词是什么意思吗？

教师：大家不知道很正常，这是希腊文，是由古希腊的德谟克利特（PPT出示肖像图片）提出的，它的含义是“不可分割的东西”，是原子的最初含义。

2000多年后，英国化学家道尔顿（PPT给出肖像图片）创立了现代原子论。他提到：Ατομικής，就像我们小时候玩的透明玻璃珠子一样；翻译成英文就是“atom”，是最微小的不可分割的实心球体；再后来，翻译成中文就成了“原子”。

[案例评析：本环节教师分别从古代的中国和西方国家的科学家对世界物质构成的认识，引出原子是最微小的不可分割的实心球体，即给出了电子发现的背景，让学生从物理学史的角度了解“原子”概念的产生和发展过程，为物质结构的科学建立奠定基础，同时为“电子”的发现埋下伏笔。]

三、阴极射线

教师：原子真的不可再分了吗？也许这样的观点会随着科学的发展而改变。请大家看一个演示实验（学生观察）。

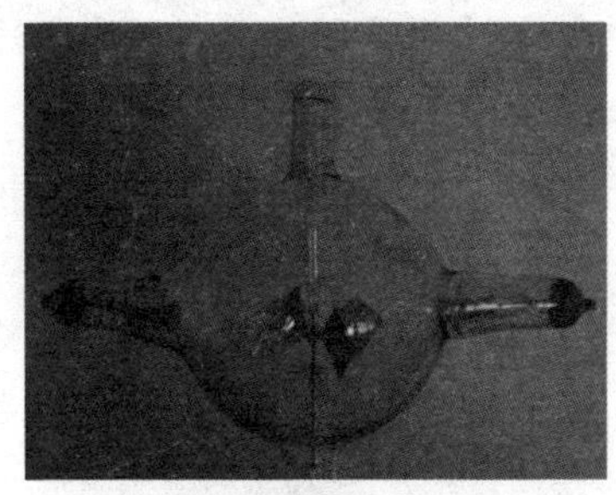

图 2–6

图 2–7 俯视图

教师：这是一个真空玻璃管，侧边有两个可以接高压的电极。中间有四片涂了荧光粉的扇叶，它可以绕中心竖直轴水平转动，如图 2–6 所示（PPT 展示图片）。

演示：接高压后，扇叶五彩缤纷，绕轴转动。

提问：为什么会发生这种现象呢？（学生思考，尝试回答）

教师：可以肯定扇叶受到某种“神奇”的作用，其实这是一种我们肉眼看不见的射线作用。

1858 年，德国物理学家普吕克尔，在研究低压气体放电时发现了这种未知的射线。1876 年，德国物理学家戈德斯坦研究后将其命名为阴极射线。

板书：二、阴极射线

板书：1. 实验——存在

那么，阴极射线究竟是什么呢？这在当时引起了很多科学家的关注和讨论。当时，对阴极射线的本质猜想，主要存在两种不同的观点：

板书：2. 猜想（有某种力量在推它。有动量，有能量。）

［案例评析：本环节教师通过演示实验的形式让学生感知阴极射线是存在的，体会物质“客观存在”的属性，为物质观念的建立奠定实验事实基础，并且能起到激发学生兴趣，调动学生学习积极性的作用。］

四、探究阴极射线的本质

教师：对于阴极射线的本质，有大量的科学家通过大量的科学研究，主要形成了两种观点。

（1）电磁波说：代表人物赫兹（PPT 给出肖像图片），认为这种射线的本质是一种电磁波。

（2）粒子说：代表人物汤姆逊（PPT 给出肖像图片），认为这种射线的本质是一种带电粒子流。

图 2–8

汤姆逊

图 2–9

赫兹

教师安排学生分别简单介绍汤姆逊及赫兹的观点。

学生：赫兹当时的主要证据有两点：

①他做过实验，看到阴极射线在电场中不偏转，由此判定不带电。

②他发现阴极射线能穿透薄铝片，当时认为没有比原子更小的粒子了，所以粒子是做不到的，只有波才可以。

然而，汤姆逊却有另外一种观点，他认为阴极射线是一种带电粒子，因为他和其他科学家发现阴极射线会在磁场中发生偏转。

教师设疑提问：如果你是汤姆逊的支持者，你觉得你必须证明哪些事实，才能说服赫兹，在这场科学辩论中获胜?

学生：带不带电，带什么样的电，带多少电荷量，质量有多大，速度有多大，动量、动能等。

今天，让我们一起重温 100 多年前，汤姆逊走过的艰难的、充满挑战却又充满乐趣的科学探索之路。

教师提示一：粒子的基本属性有电量和质量。包括带不带电，带什么电，带多少电，以及质量。然而，直接测量带电微粒的质量和电量是比较困难的，而比荷$\frac{q}{m}$则比较容易得到。

教师提示二：教师课前做好各种预案（电场中加速、匀强电场偏转、匀强磁场偏转、速度选择器、质谱仪等），涉及的方法有牛顿运动定律和运动学公式、动能定理、动量定理，涉及的粒子运动种类有匀变速直线运动、匀变速曲线运动、匀速圆周运动等，并在 PPT 文件中做好链接。

学生思考的同时，教师板书：三、探究阴极射线的本质。

教师：安排一名学生讲解磁偏转模型的原理。

带电粒子在匀强磁场中偏转

——匀速圆周运动

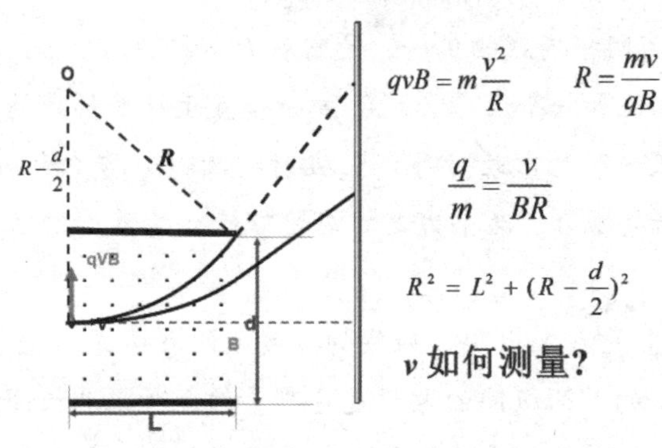

图 2–10

学生：讲解磁偏转模型的原理。

①只存在磁场的情况下，偏转圆弧为圆周运动的一部分，出磁场后成匀速直线运动。

根据有关几何知识，我们一定可以求出带电粒子圆周运动的半径 r。

②假如将磁感应强度 $B\uparrow$，则 $r\downarrow$，直到粒子束恰好消失。

③勾股定理即可得结果。

< 总结转换 >

我们刚才通过研究带电粒子在磁场中的偏转，测得了阴极射线带电粒子的比荷。那么，我们能不能换个思路，换个方法，研究带电粒子在电场中的偏转，从而得到关于带电粒子的比荷呢？

教师：引导学生对各种方法的优劣进行分析，得出合理的方案（比如微观量的测量、高速的测量，注意可行性原则）。

教师：汤姆逊对阴极射线的深入研究。

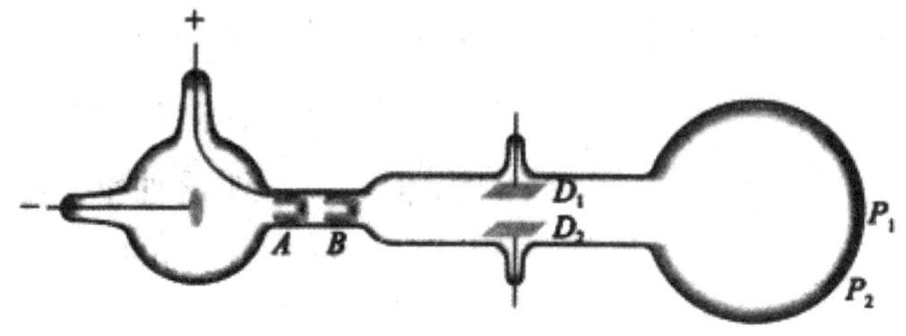

图 2–11

（1）当金属板 D_1、D_2 之间未加电场时，射线不偏转，射在屏上 P_1 点。按图示方向施加电场 E 之后，射线发生偏转并射到屏上 P_2 点。

由此推断，阴极射线带有什么性质的电荷？（负电荷）

（2）为了抵消阴极射线的偏转，使它从 P_2 点回到 P_1 点，需要在两块金属板之间的区域再施加一个大小合适、方向垂直于纸面的磁场。这个磁场 B 应该向纸外还是纸内？写出此时每个阴极射线微粒（质量为 m，速度为 v）受到的洛伦兹力和电场力。两个力之间应该有什么关系？（磁场 B 向纸外，$Bqv=qE$)

（3）根据以上关系求出阴极射线的速度 v 的表达式。由于金属板 D_1、D_2 间的距离是已知的，两板间的电压是可测量的，所以两板间的电场强度 E 是已知量。磁场由电流产生，磁感应强度 B 可以由电流大小算出，因此也按已知量处理。（$v=E/B$)

（4）去掉 D_1、D_2 间的电场 E，只保留磁场 B。由于磁场方向与射线运动方向垂直，阴极射线在 D_1、D_2 之间有磁场的区域会形成一个半径为 r 的圆弧，使得阴极射线落在屏的 P_3 点。此时，组成阴极射线的粒子做圆周运动的向心力是洛伦兹力。半径 r 可以通过 P_3 点的位置算出，同样按已知量处理。写出组成阴极射线的粒子比荷 q/m 的表达式。（$Bqv=mv^2/r$，$q/m=v/Br=E/B^2r$)

说明：有了前述学生各种方法的探究和铺垫，教师可对汤姆逊测量比荷的实验过进行简述，但要板书其研究过程中的关键词。

发现 1：阴极射线的本质是带负电的粒子流。用不同材料的阴极做实验，所得比荷的数值相同。说明不同物质都能发射这种带电粒子，它是构成各种物质的共有成分。实验测得它的比荷约为氢离子比荷的两千倍。

发现 2：阴极射线粒子的电荷量大小与氢离子大致相同，它的质量约为氢离子质量的两千分之一。

发现3：不论是由于正离子的轰击、紫外光的照射、金属受热还是放射性物质的自发辐射，都能发射同样的带电粒子——电子。

由此可见，电子是原子的组成部分，是比原子更基本的物质单元。

结论：1897年，汤姆逊宣布发现电子，阴极射线的本质是电子流。

教师：汤姆逊发现电子的历史意义。电子的发现，结束了关于阴极射线本质的争论：电子是人类发现的第一个基本粒子，它的发现使人们对物质世界的认识向前迈出了一大步，因此发现电子的汤姆逊被后人誉为“最先打开通向基本粒子物理学大门的科学家”。由于汤姆逊的杰出贡献，1906年，他获得诺贝尔物理学奖。

[案例评析：阴极射线的本质是电子发现的关键，当然也是本节课的重点和难点。教师用了很多时间，设计了多个设问进行讨论，让学生充分在猜想、问题提出、方法设计论证、方案确定等环节展开想象的翅膀，这既是学生探究科学问题必须经历的思维步骤，也是物质观念形成的重要途径，建立物质观念，学生不仅要有清晰的物质属性意识，还要有探究物质属性的科学方法和逻辑推理体验，并且把这种方法和体验形成观念去指导自己的社会实践，这才是完整的物质观念建立的过程。在这节课中，杨老师清晰地把科学思维过程展现在学生的脑海之中。]

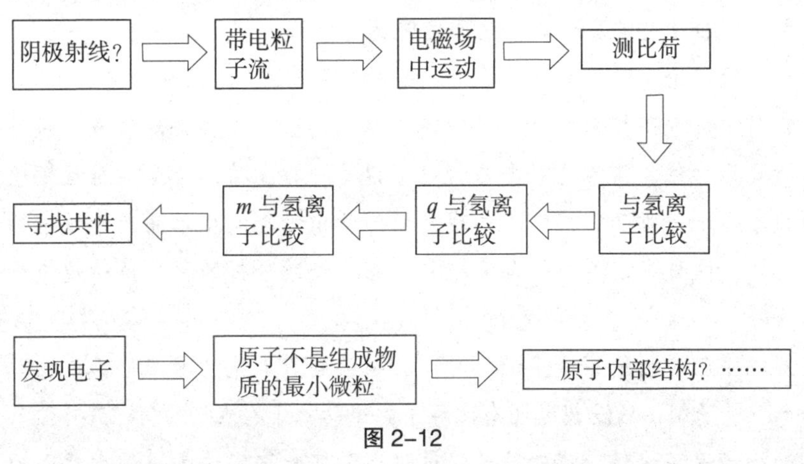

图2–12

五、对电子的再认识

电子电荷的精确测定是在1910年由密立根通过著名的“油滴实验”做出的。

电子的电荷量 $e = 1.60217733 \times 10^{-19}$ C

密立根实验更重要的发现是：电荷是量子化的，即任何带电体的电荷只能是 e 的整数倍。从实验测到的比荷及 e 的数值，可以确定：

电子的质量 $m_e = 9.1093897 \times 10^{-31}$ kg

质子质量与电子质量的比值为 m_p/m_e=1836

说明：总结对电子的认识，并且板书。

小结：

从三个方面总结研究过程与研究方法：

回顾 1：实验事实——全面的认识

实验事实一：汤姆逊测量带电粒子的比荷。

实验事实二：不同物质都能发射带电粒子，且带电粒子的比荷相同——共性。

实验事实三：密立根的油滴实验测出元电荷，证实阴极射线粒子的质量比氢离子小得多——支持。

回顾 2：相互作用——科学的方法

探究带电粒子的方法——在电磁场中的偏转

思考 1：如何发现中子？

思考 2：如何研究宏观宇宙的情况？

阅读材料《科学足迹——电子发现的前夜》

看书后讨论，让学生从科学的得失中获得知识、方法和智慧。

1. 赫兹发现阴极射线在电场中不偏转的实验，事实上汤姆逊也做过。但是赫兹就此打住，认为这对自己的电磁说是一种支持，于是不再往下追究。而汤姆逊则进一步研究，终于发现是因为管中的真空度不高，气体不够稀薄而引起的。这种穷追不舍的探索精神和深入细致分析的科学精神是值得我们学习的。

2. 对于阴极射线穿透了薄铝片，赫兹被固有成见“原子是物质世界最小的粒子”所限制，从没想过还有比原子更小的粒子存在。

而汤姆逊不迷信已有的结论，通过大量实验证实这是一种比最小的原子还小很多的微粒，从而发现了原子中电子的存在。

说明：此部分作为课堂的弹性资料，依实际时间安排。

教师：科学家在对阴极射线的研究中发现了电子，使人们对微观世界的认识进入了一个新的时代，电子的发现是19世纪末物理学史上的三大发现之一，这在物理学的发展中具有重要的作用。希望大家不仅了解科学家是如何发现电子的，更要了解这个过程应用了哪些研究方法，希望这些方法能对我们有更多的启示。

[案例评析：本节课学生着重在认识物质世界的同时学习物理学家解决物理问题的方法。课堂主线是汤姆逊研究阴极射线本质的过程与方法；课堂辅线是物理学史，让学生了解物理学家们孜孜不倦地追求真理的精神。以学生探究为主，教师讲解为辅，课堂最后，在教师引导下，学生将研究方法提升归纳为物质的相互作用，继而将思维发散，由研究带电粒子的方法扩展到研究不带电的粒子，由研究微观粒子扩展到研究宏观宇宙，通过课堂学习，学生自然而然地将这些客观认识与科学研究方法内化到自己的头脑中，是一节非常典型的物质观念培养的优秀案例。]

四、促进学生物质观念形成的教学策略

学生形成准确而丰富的物质观念，是一个比较艰难的过程，涉及教学的全过程。在课堂上要充分设置好问题，进行思维引领；同时，也要设计好实验，利用好实验事实，使实验事实和学生已有经验发生认知冲突，从而展开深层次的思考。在认识过程中，也要让学生以不同的教学形式来了解以往物理学家是如何认识这一问题的，体会相关部分物质观念的形成和完善过程。这既有助于学生物质观念的形成，也是科学研究方法的形成过程。通过不断的实践体验，学生能够从物理学视角来描述和解释自然现象，从而利用物理知识解决一些实际问题。学生的物质观念的形成要有一个渐进的过程，在教学过程中不能急于求成，要充分考虑到学生已有的认知水平和物理知识，在此基础上层层递进，这是在教学设计过程中首先要考虑的。这样，学生才能形成全面而牢固的物质观念。

第三节 形成运动与相互作用观念的教学

一、中学物理中运动与相互作用观的一般讨论

运动和相互作用观念的萌芽最早起始于公元前 7 世纪到公元前 6 世纪。亚里士多德认为力是物体运动的原因，伽利略以系统的实验和观察推翻了以亚里士多德为代表的、纯属思辨的、传统的自然观，开创了以实验事实为根据并具有严密逻辑体系的近代科学，伽利略对运动的研究为牛顿运动和相互作用的理论体系建立奠定了基础。

（一）物理学中的运动观

运动是物质的固有属性和存在方式，从广义上讲包括一切事物的变化和发展过程，从物质的机械运动到人脑中的思维活动，都可以称为广义运动；而狭义的运动就指物质的机械运动。一切物质都处于相对运动或相对静止中，没有绝对的静止。运动是不灭的，动量守恒、能量守恒是运动不灭的表达方式。物质运动有机械运动、物理运动、化学运动、生物运动和社会运动，每一种运动又包含许多具体的运动形式，如机械运动包括直线运动、曲线运动、平动、转动等。而运动观的发展经历了漫长的历史洗礼与积淀。

1. 亚里士多德的运动观

亚里士多德的运动观可以概括为：第一，物体必须有外界作用才能运动，没有外界作用物体的运动潜能就不能实现；第二，运动可概括为实体方面（如有和无）的变化、性质方面（如黑和白、冷和暖）的变化、数量方面的变化（增加或减少）和位置方面的变化（变换地点）四种形式；第三，物体的运动又分为直线运动和曲线运动；第四，没有位置和时间就没有物体的运动，只有有了位置和时间物体才可能运动，一个物体如何运动与另外一个运动（自身内部原因或外部物体）有关。

亚里士多德初步提出以物质独立的自然学科，重视对近身事物的具体观察，强调思维逻辑的作用，首先引入运动及其与时间、空间、周围物体的关系及物质本原为研究对象，用数学方法考察具体物理定律，从而引起众多的讨论与研究等。这些都在一定程度上为欧洲文艺复兴以后物理科学在实验基础上的奠定起了某些先导的作用。

亚里士多德尽管一生成就卓越，开拓了科学研究的新时代，但是由于只凭观察、推理，过分夸大了形式逻辑的作用，忽视了实验验证这一重要手段，导致了一些错误观点。在学习时，我们必须要坚持“实践是检验真理的唯一标准”，培养科学的世界观。

2. 伽利略的运动观

伽利略的运动观可以概括为以下四点。第一，提出了惯性概念：运动的物体在不受外力（一般为摩擦力）作用的情况下总保留原来的速度。他提出惯性原理，即“一个沿水平方向运动的物体会沿相同方向和速度继续运动，除非受到外力的干扰”。第二，把外力和“引起加速或减速的外部原因”（即运动的改变）联系起来：伽利略把物体速度的大小和方向的改变或加速度的产生归为力的作用。第三，提出了运动独立性原理和运动的合成、分解定律。在弹道的研究中，伽利略发现水平与垂直两方向的运动各具有独立性，互不干涉，但通过平行四边形法则又可合成实际的运动径迹。第四，提出了相对性原理（称为伽利略相对性原理）：一个对于惯性系做匀速直线运动的其他参考系，其内部所发生的一切力学过程都不受系统作为整体的匀速直线运动的影响。或者说，不可能在惯性系内部进行任何力学实验来确定该系统做匀速直线运动的速度。

伽利略的运动观点为经典物理学奠定了基础。惯性原理的发现破除了力是运动原因的旧概念，而认为力是改变运动状态的原因，牛顿后来把伽利略的惯性原理称为他的第一定律；伽利略把物体速度的大小和方向的改变或加速度的产生归为力的作用，这是对力的性质的客观认识，也是牛顿第二定律的雏形；他从垂直于地面的匀加速运动和水平方向的匀速运动，完整地解释了弹道的抛物线性质，这是运动的合成研究的重大收获，并具有实用意义。伽利略对运动基本概念，包括重心、速度、加速度等都做了详尽研究并给出了严格的数学表达式。但是，他的惯性观点还具有瑕疵。伽利略认为做匀速圆周运动的物体具有做匀速圆周运动的惯性，如果没有外力作用，物体将永远做匀速圆周运动。他相信“圆惯性”的存在，因此未能将惯性运动概念推广到一切物体运动上。

3. 牛顿的运动观

牛顿自然哲学的运动观主要就是力学三定律、万有引力定律以及牛顿相对性原理。从科学内容来说，牛顿的运动观是伽利略、开普勒、胡克等许多人科学工作成果的总结提高。

牛顿在关于运动研究的主要贡献是：第一，他明确定义了动力学理论所必需的一套完整的辅助概念，即关于质量、惯性、动量、力、质点等概念，特别是时空的概念，使理论在逻辑上得到了完善；第二，他认为运动不再是一种过程，而是一种状态；第三，在牛顿以前，许多人往往只是研究一些具体的力学规律，如伽利略主要研究了落体运动，惠更斯主要研究了单摆运动。牛顿的运动三定律则把它提高到普遍公理的地位，把许多互不相关的力学现象纳入了统一的理论框架。特别是万有引力的发现，使天体运动和地面物体的运动服从相同的规律，最终彻底打破了亚里士多德的天体运动和地上物体运动有别的神话式的论断。

4. 近代物理的运动观——相对论下的运动观

近代物理的运动观主要包括狭义相对论和广义相对论。狭义相对论给出了物体在高速运动下的运动规律，并提示了质量与能量相当，给出了质能关系式。广义相对论建立了完善的引力理论，而引力理论主要涉及天体。

相对论从逻辑思想上统一了经典物理学，使经典物理学成为一个完美的科学体系。狭义相对论在狭义相对性原理的基础上统一了牛顿力学和麦克斯韦电动力学两个体系，指出它们都服从狭义相对性原理，都是对洛伦兹变换的，牛顿力学只不过是物体在低速运动下很好的近似规律。广义相对论又在广义协变的基础上，通过等效原理，建立了局域惯性长与普遍参照系数之间的关系，得到了所有物理规律的广义协变形式，并建立了广义协变的引力理论，而牛顿引力理论只是它的一级近似。这就从根本上解决了以前物理学只限于惯性系数的问题，使其从逻辑上得到了合理的安排。相对论严格地考察了时间、空间、物质和运动这些物理学的基本概念，从而使物理学在逻辑上成为完美的科学体系。

狭义相对论给出了物体在高速运动下的运动规律，并提示了质量与能量相当，给出了质能关系式。这两项成果对低速运动的宏观物体并不明显，但在研究微观粒子时却显示了极端的重要性。因为微观粒子的运动速度一般都比较快，有的接近甚至达到光速，所以粒子的物理学离不开相对论。质能关系式不仅为量子理论的建立和发展创造了必要的条件，而且为原子核物理学的发展和应用提供了根据。

广义相对论建立了完善的引力理论，而引力理论主要涉及天体。到现在，相对论宇宙学进一步发展，而引力波物理、致密天体物理和黑洞物理这些属于相对论天体物理学的分支学科都有一定的进展，吸引了许多科学家进行研究。

5. 现代物理的运动观——量子理论下的运动观

现代物理的运动观的主要内容是量子理论和测不准原理。

量子理论认为物质永远不会静止，而是一直处于运动状态，所有粒子都是波。量子力学描述了亚原子基本粒子不断相互转换的理论框架。亚原子粒子可以以粒子 / 反粒子偶形式从能量中创造出来(现发现的粒子有 300 多种，时间不到百万分之一秒)，只是动态过程暂时形式。

根据海森堡测不准原理，每个核子的位置“弥散”到整个原子核区域，事实上无法看到独立存在的基本粒子。观察者参与是量子理论最重要的特点，在亚原子世界里，无法把“我”与世界分割开来，即现代物理认为，物质的运动与观察者有关。

另外，根据量子理论，时间和空间都是不连续的，分别存在最小单元长度(普朗克长度 1.61624×10^{-35} m）和最小单元时间（普朗克时间 5.39121×10^{-44}s），因而运动也是不连续的，存在着“量子跳跃和量子停止”①。

（二）相互作用观

物质运动的变化与物质所受的相互作用有关，相互作用的实质是物质之间进行了动量和能量的转化或转移，即相互作用是动量和能量的相互作用，但“相互作用力”是宏观物理学中采用的观念，是物体之间相互作用的形象

① 把某一粒子运动的宏观轨迹无限细分，细分后的每一段只能是由两种状态组成：一是“量子跳跃”，指粒子由空间的一点运动到另一点，而时间在这一过程中是停止的；二是“量子停止”，指粒子停止在空间内的某一点，而时间是流逝的。

化描述。

1. 亚里士多德的相互作用观

亚里士多德认为，相互作用力是从一个物体发射到另一物体中去的。这种发射的力本身不是物质，而是一种“形式”，是依赖于物质而存在的，其相互作用只限于相互接触的物体，只有通过推或拉，才能相互影响作用；相互作用力是物体运动的原因。

亚里士多德的这种相互作用观完全否定了彼此不接触而通过远距离作用的力的存在。于是只能假设行星自我发力驱使自己运动；恒星自己也是有生命的。

2. 牛顿的相互作用观

牛顿在伽利略研究的基础上，认为相互作用力是物体运动变化的原因，并把力定义为动量的时间变率(动量等于质量乘速度)。通过牛顿第一定律(惯性定律)给出作用力在什么条件下存在和不存在的定性条件，所以牛顿第一定律是相互作用力定性定义；牛顿第二定律给出了力定量的定义，即力等于动量的时间变率；牛顿第三定律指出，对于每一个力而言，必有一大小相等、方向相反的反作用力存在，而且所有的力都是成对的，只在两个物体相互作用时才能实现。万有引力的发现，使牛顿发现超距作用力也是存在的。

牛顿提出的力的概念对科学进展的贡献很大：没有这种概念，物理就会失掉理论的连贯一致性。但是牛顿并没有从物理上说明作用力的实质，只是为力学研究提供了一种方法论性质的工具。

3. 近代物理的相互作用观

近代物理确认各种物质之间基本的相互作用可归结为四种：引力相互作用、电磁相互作用、弱相互作用和强相互作用。

引力是所有物体之间都存在的一种相互作用，电磁相互作用包括静止电荷之间以及运动电荷之间的相互作用，引力、电磁力能在宏观世界里显示其作用。这两种力是长程力，从理论上说，它们的作用范围是无限的，但是电磁力与引力相比要弱得多。宏观物体之间的相互作用，除引力外，所有接触力（弹力、摩擦力等）都是大量原子、分子之间电磁相互作用的宏观表现。

弱相互作用和强相互作用是短程力，短程力的相互作用范围在原子核尺度内。强作用力只在 10^{-15} m 范围内有显著作用，弱作用力的作用范围不超过

10^{-16} m。这两种力只有在原子核内部核基本离子的相互作用中才显示出来，在宏观世界里察觉不出它们的存在。

4. 现代物理的相互作用观

现代物理的相互作用观是大统一场理论，即弱相互作用、强相互作用和电磁相互作用的理论实质是一样的，都是通过光量子（光子、玻色子、胶子）的传递而产生的，并已经通过理论证明了大统一场理论的正确性。

（三）中学物理中的运动与相互作用观的内容体现

中学物理中的运动与相互作用观横跨了牛顿的经典运动与相互作用观、近现代物理的运动与相互作用观，其内涵在第一节中已有清晰描述，这里主要给出中学物理中运动与相互作用观的主要内容。

1. 初中课程中的运动与相互作用观的具体内容

（1）整个宇宙是由运动的物质组成的，绝对不动的物体是没有的。

（2）运动和静止都是相对的。

（3）力的作用效果不是使物体运动，而是使物体的运动状态发生改变。

（4）分子运动论——分子永不停息地做无规则运动，这种运动叫作热运动。

（5）惯性。

（6）重力、弹力、摩擦力，力的作用效果。

2. 高中课程中的运动与相互作用观的具体内容

（1）在忽略空气阻力的情况下，物体下落的快慢与质量无关。

（2）力是使物体产生加速度的原因。

（3）动量守恒定律；火箭发射、反冲运动。

（4）静电力、库仑力、库仑定律。

（5）带电粒子在电场中的运动。

（6）电路；电荷在电路中的运动；电流。

（7）简谐运动；机械波是机械振动在媒介中的传播过程。

（8）电磁场由发生区域向远处的传播就是电磁波，它在真空中的传播速度是 $c=3.00\times10^{8}$m/s。

（9）宇宙中任何有质量的物体之间存在着相互吸引的万有引力；天体运动。

（10）带电粒子在磁场中的运动。

（11）安培力、洛伦兹力。

（12）电磁感应；感应电流的产生。

（13）自感现象与涡流现象。

（14）交变电流；电磁振荡、电磁波。

（15）分子动理论；热运动、布朗运动、扩散。

（16）三种放射线；核力。

（17）光电效应和康普顿效应。

二、基于运动与相互作用观念形成的教学依据

运动与相互作用观念的形成应建立在对运动与相互作用的掌握和理解的基础上，通过概念辨析、规律探究、方法运用，最后形成较稳定的思维习惯，难度较大。首先要正确理解运动与相互作用观在中学物理中的体现。既要理解经典物理运动与相互作用观的局限性和非科学性，又要正确理解经典物理运动与相互作用观的科学发展性和重要作用性，同时还要正确掌握和理解近、现代物理运动与相互作用观在中学物理中所体现的科学性与发展性。其次要注意运动与相互作用涉及的概念性强，而且又比较抽象，迷思概念较多，所以概念教学是运动与相互作用观念形成的重要基础。另外，物理学是研究物体在空间中运动与相互作用规律的科学，所以，运动与相互作用观念所涉及的内容又有很强的规律性和方法性，同时由于学习主体的观察习惯、思维习惯以及前观念形成的基础都存在很大差异，对运动与相互作用观念中的概念、规律理解与应用存在一些困难，因此在中学阶段，要使学生形成科学的、全面的、客观的运动与相互作用观念，除了注重对运动与相互作用观的准确理解之外，还要特别重视概念辨析、规律理解、方法运用的教学，所以建议物理教师在以下几个方面促进运动与相互作用观念的形成。

（一）重视迷思概念的教学

迷思概念是指在学习过程中，学生因为已有经验或知识的不同，或所接受的信息的来源和方式不同而形成对同一概念的不同理解，甚至是不正确或者错误的理解。迷思概念对学生在运动与相互作用观念形成与发展过程中的阻碍作用是非常大的，且在学生中间普遍存在，通过研究迷思概念所导致的错误，

剖析这些迷思概念的成因，寻找应对方案，探求消除迷思概念的方法，对改进我们的教学，促进物理观念的形成与发展是非常有意义的。

1. 重视前概念影响

前概念影响是指学习者由于在前期物理学习时在头脑中所形成的概念的影响，以后再遇到类似概念的描述时，就不容易接受新的概念的重新定义。比如，学生在初中阶段已初步接触了某些概念，使得这些概念在头脑中有了一定的表象，在高中再次学习这些概念的时候，由于先入为主的思维定式，学生容易固守已有的旧概念，难以在初中概念的基础上形成新的突破、发展，导致对高中课程中的这些概念缺乏更系统、更深入的理解和认识，错把已有认知当成正确的理解而形成物理迷思概念。

例如，初中学段将速度的概念定义为单位时间内通过的路程，在初中学习的基础上，学生到高中再学习速度概念就很容易忽略速度概念的矢量性，造成继续深化学习运动问题时矢量意识缺失而出现理解困难和应用困难。建议在进行类似概念教学时要注重概念建立的情境教学，让学生明白概念描述情境的实际价值。初中阶段由于学习的知识单一，不涉及复杂的运动（如曲线运动等变加速运动），只是研究一维情况的简单运动，只描述匀速运动快慢，用单位时间内的路程来定义就可以满足研究需要了。但是到了高中，研究的不仅是简单的匀速直线运动，速度定义描述的运动情境更宽泛，为了使速度概念更具普适性，当然需要在更普适的物理情境下进行重新描述，所以才有了高中阶段“单位时间内的位移”的速度概念，而更本质一些，速度的定义应该是“位矢（即位置矢量）的变化率”。因此在物理教学中，物理教师要通过重视物理情境的教学，降低前概念对物理教学的影响。

2. 纠正片面理解

片面理解本意是指用片面的观点看待所研究的整体问题，在这里我们是指学生在学习某些物理概念时，没有准确地理解物理概念的本质，错把对物理概念的片面理解当成正确的科学认知，从而导致物理迷思概念的产生。

例如，在描述放在固定斜面体上静止的小物块受力时（如图 2-13 所示），静止在斜面上的小物块受到竖直向下的重力，垂直于斜面向上的弹力，以及沿斜面向上的摩擦力。但是当问到小物块受到斜面体的作用力方向

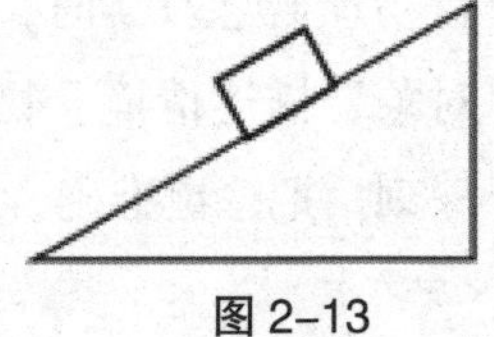
图 2-13

时，绝大多数学生都认为斜面体对小物块的作用力方向是垂直斜面向上。之所以出现这样的错误，主要是因为学生没有准确理解“力是物体与物体之间的相互作用”这个概念，片面地理解斜面体对小物块的弹力就是斜面体对小物块的作用力，没有接受摩擦力也是斜面体对小物块的作用，没有把弹力与摩擦力看作本质相同的相互作用，而是片面地把它们理解为两种完全不同的相互作用，潜意识里认为它们是相互孤立的，不能把弹力和摩擦力联系在一起作为斜面体对小物块的作用力。所以，正确的理解应是：斜面体对小物块的作用力是斜面体对小物块的弹力与摩擦力的共同作用力，其方向应该是竖直向上的。所以物理老师要特别重视对物理概念内涵的辨析，使学生从概念本质上深刻理解，而不能片面地断章取义。

3. 防止顾名思义

顾名思义是指人们看到一个事物的名称就能想到它所包含的意义，这里是指学生在学习物理概念时，往往只从字义上去理解物理概念，而不能准确理解物理概念的丰富内涵，只是简单地望文生义，从而造成物理迷思概念的形成。

例如，学生对物体的加速度是正值，往往理解成物体的速度在增加，物体在做加速运动；反之，当物体的加速度是负值时，学生往往理解成物体的速度在减小，物体在做减速运动。之所以造成这种错误，是因为学生对加速度的概念“单位时间内的速度变化量”，往往容易理解成“单位时间内的速度的增加”，所以当加速度是“正值”时，就理解成速度增加了，当加速度是“负值”时，就理解成速度减少了，而没有从“单位时间内的速度变化量”的矢量性上去理解矢量变化量的含义。速度变化量方向与速度方向是两个不同的概念，其方向性当然也是不同意义的方向，前者代表物理量变化的方向，与物体运动的方向是两回事，而速度才是描述物体运动的矢量，其方向代表物体运动的方向。所以学生没有从概念描述的对象、情境和意义上去理解物理概念，只是顾名思义或望文生义，当然会出现错误。因此，物理教师在进行物理概念教学时，要特别重视学生对物理概念内涵理解的教学，要从描述对象、描述情境、物理本质含义等多个方面加强教学，使学生对概念理解更深刻，把握更准确，从而更容易促进学生形成科学全面的物理观念。

4. 消除生活化概念的影响

生活化概念的影响是指在新物理概念形成之前，学生通过日常活动中已经形成的生活概念而非物理概念来描述客观事物。而这些生活化的概念往往是浅层的、片面的，甚至是非科学的。因此生活化概念往往影响着新物理概念的准确生成，导致对物理概念的理解产生偏差或错误，从而形成物理迷思概念。

例如，对平均速度这个概念的理解，学生由于在平时受到生活经验的影响，往往把物体运动的路程与所用时间的比值称为平均速度，如小汽车从上海到北京的平均速度是 90km/h，之所以产生这样的错误，是受到生活语言的影响而形成了错误的概念，因为生活中没有科学的速度、速率、平均速度、平均速率的概念之分，而是把这些概念群都统一用速度来表示，不论什么情境下比较快慢，都用速度一词来描述，久而久之，生活化的概念与科学的物理概念就形成了很大的差异。物理教师在进行类似概念的教学时，要让学生通过学习物理概念，从而与生活化的概念加以甄别，并严格区分不同概念的内涵与外延，最终促进学生科学的物理观念的形成。

（二）强化对物理规律内涵的理解

在运动与相互作用观念形成的过程中，要涉及很多物理规律的学习与理解，而这些规律往往内涵丰富且深刻，对这些规律的理解是否全面准确，直接影响着物理观念的形成与发展的进程。

一般来说，对物理规律的理解要从规律的内容含义、表达式意义、规律内涵、适用范围等进行多角度、多层级的全面理解，从而帮助学生正确形成科学的物理观念。例如，对牛顿第二定律的教学，可以从以下几个方面实施，以便推动学生物理观念的形成与发展。

牛顿第二定律的内容： 物体的加速度跟物体所受的合外力成正比，跟物体的质量成反比，加速度的方向跟合外力的方向相同。

牛顿第二定律的数学表达式： $a=\frac{F_{合}}{m}$或$F_{合}=ma$（为了方便常常写成$F_{合}=ma$）。

牛顿第二定律的物理意义： 牛顿第二定律反映了物体的加速度与所受外力的合力及物体的质量间的关系。说明物体的加速度由合力和物体的质量决定：决定加速度的外因是物体受到的外力，内因是物体的质量。

牛顿第二定律的内涵：

（1）牛顿第二定律是实验定律：牛顿第二定律是通过实验研究总结出的物理规律，也可以通过实验的方法进行验证。

（2）牛顿第二定律的矢量性：$F_{合}=ma$ 是一个矢量关系式，它不仅说明物体加速度的大小由它所受合外力的大小和它的质量决定，同时也反映了加速度的方向是由合外力的方向决定的，加速度的方向总是跟合外力的方向相同，力和加速度是因果关系。

（3）牛顿第二定律的瞬时性：$F_{合}=ma$ 反映了物体的加速度 a 跟它所受合外力的瞬时对应关系。物体受到外力作用，同时产生了相应的加速度，外力恒定不变，物体的加速度也恒定不变；外力随着时间改变时，加速度也随着时间改变；某一时刻，外力停止作用，其加速度也同时消失。

（4）牛顿第二定律的独立性：牛顿第二定律的独立性包含两种含义。

①根据力的独立作用原理和运动的独立性原理，牛顿第二定律的分量形式为：

$$\begin{cases} F_{合x}=ma_x \\ F_{合y}=ma_y \end{cases}$$

②根据力的独立作用原理和运动的独立性原理，作用于物体上的每个力都产生自己的加速度，并都遵循牛顿第二定律，物体的实际加速度是每个力产生加速度的矢量和，或者说是所受合外力产生的加速度：

$$F_1=ma_1$$

$$F_2=ma_2$$

以上两种情况统称为牛顿第二定律的独立性。

（5）牛顿第二定律的同体性：$F_{合}$、m、a 三者必须是对同一物体而言，三者具有同体对应关系。

（6）根据牛顿第二定律可以定义力的单位：使质量为 1kg 的物体产生 1 m/s^2 加速度的力的大小就是 1N。

（7）根据牛顿第二定律可以进一步理解“质量是物体惯性大小的量度”：根据牛顿第二定律 $a=\frac{F_{合}}{m}$ 可知，在物体受到的合外力一定的情况下，质量大

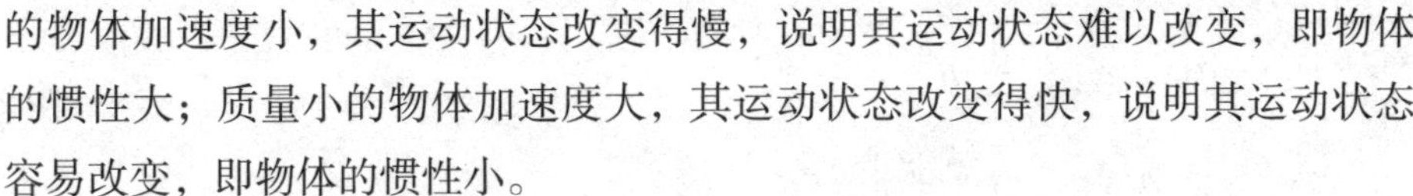

的物体加速度小，其运动状态改变得慢，说明其运动状态难以改变，即物体的惯性大；质量小的物体加速度大，其运动状态改变得快，说明其运动状态容易改变，即物体的惯性小。

牛顿第二定律的局限性：

（1）应用牛顿第二定律时要求被研究的对象必须是能被看成质点的低速宏观运动的物体。

（2）牛顿第二定律所用的参考系只能是惯性参考系，或者是相对于地面静止或做匀速直线运动的参考系。

如果对牛顿第二定律的教学能做到类似全面的理解与辨析，相信对学生的运动与相互作用观念的形成与发展会有进一步的提升。

（三）重视物理方法的理解与应用

对于运动与相互作用观念来说，不仅所涉及的物理规律较多，而且由规律的演变和研究角度的不同所带来的研究方法也具有多样性和灵活性。其实研究方法本身就是物理观念形成的重要内容之一，因此对运动与相互作用问题的研究方法的正确理解与灵活应用，会加深对概念和规律的理解，并且在用物理观念解决实际问题的观念上更具有重要意义，因此，对运动与相互作用观念中的方法理解与应用，在学生的运动与相互作用观念形成过程中必然会起到积极的推动作用。

【例】在一段平直水平马路上，A 车从静止开始以 a=1m/s^2 的加速度前进，在 A 车后方相距 x_0=25 m 处，某人 B 同时开始以 v_0=6m/s 的速度追赶 A 车。该人能否追上 A 车？若初始时车与人相距 x_0=5.5m, 则人能否追上 A 车？如能追上，追上时 A 车的速度多大？

这是教师在学生学过运动学规律之后的一次习题课教学中设计的一道例题。在问题提出后，留给学生足够的时间探究、交流，结果解决方法之多大大出乎教师的预料，学生所展现出的研究问题的角度和方法体现出了学生物理观念的深刻变化。

方法一：物理临界状态分析法。$v_1=v_2$ 是恰好相遇的临界条件，

比较两物体速度相同时位移的关系

当 $v_{人}=v_{车}$ 时，即 $6=1\times t$，解得 t=6s

而 $x_{人}=vt \quad x_{车}=\frac{1}{2}at^2$

若 $v_{人} \geq x_0+x_{车}$　人就能追上车

若 $x_{人}<x_0+x_{车}$　人不能追上车

方法二：物理速度—时间（v–t）图像法

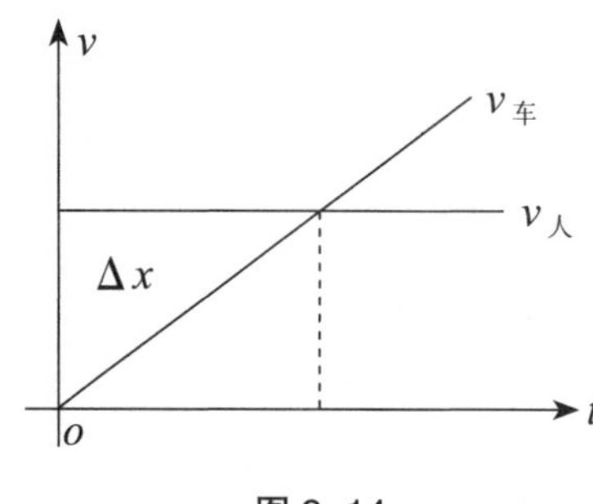

图 2–14

若 $\Delta x \geq x_0$=25 m，人就能追上车

若 $\Delta x<x_0$=25m，人不能追上车

方法三：物理参照物法

若取汽车为参照物，则人做初速度为 6m/s，加速度为 1m/s^2 的匀减速运动，在速度减为 0 时位移为：$x=\frac{v^2}{2a}$=18m

比较该位移 x 与初始距离 x_0 的关系即可：

若 $x \geq x_0$, 则人能追上汽车；

若 $x < x_0$, 则人不能追上汽车。

方法四：数学公式法。要使两物体位移相同，应满足的数学关系为

$x_{人}=x_0+x_{车}$，即 $v_0t = x_0 + \frac{1}{2}at^2$

代入数据：$6t = 25 + \frac{1}{2} \times 1 \times t^2$

若此方程有实数解，则人能追上车

若此方程没有实数解，则人不能追上车

方法五：数学公式法。要使两物体位移相同，应满足的数学关系为

$x_{人}=x_0+x_{车}$，即 $v_Bt = x_0 + \frac{1}{2}at^2$

代入数据：$v_B t = 25 + \frac{1}{2} \times 1 \times t^2$

即 $0.5t^2 - v_B t + 25 = 0$

由 $\varDelta = b^2 - 4ac = v_B - 50 = 0$

解得 $v_B = 7.07$ m/s

若 $v_人 \geqslant v_B = 7.07$ m/s，人能追上车

若 $v_人 < v_B = 7.07$ m/s，人不能追上车

方法六：数学判别式讨论法。若要使两物体位移相同，汽车的加速度应满足的关系为

$x_人 = x_0 + x_车$，即 $v_0 t = x_0 + \frac{1}{2} a t^2$

代入数据：$6t = 25 + \frac{1}{2} a t^2$

即 $0.5at^2 - 6t + 25 = 0$

由 $\varDelta = b^2 - 4ac = 36 - 50a = 0$

解得 $a = 0.72$ m/s^2

若 $a_车 \geqslant a = 0.72$ m/s^2, 人不能追上车

若 $a_车 \leqslant a = 0.72$ m/s^2，人能追上车

方法七：物理位置—时间（x–t）图像法，用代入数据和描点法作图

（1）若是如图 2–15 所示图像，则人追不上 A 车

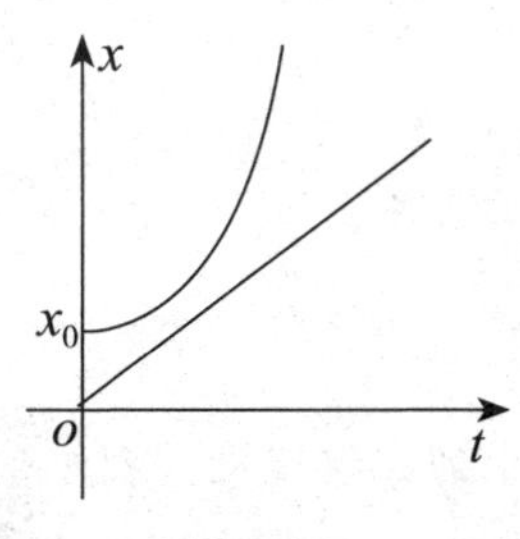

图 2–15

（2）若是如图 2–16 所示图像，则人能够追上 A 车，并且是恰好追上，只能相遇一次

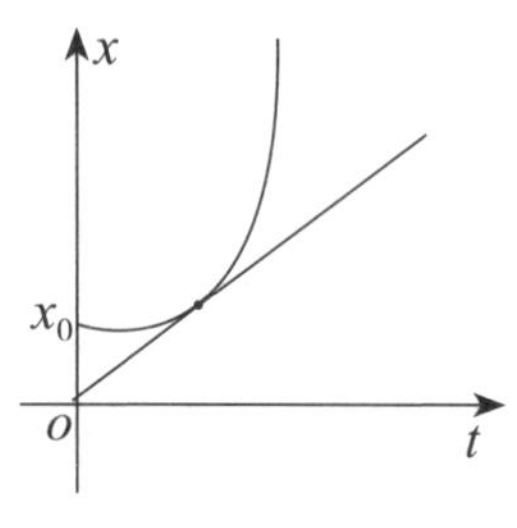

图 2–16

（3）若是如图 2–17 所示图像，则人能够追上 *A* 车，并且是能够相遇两次

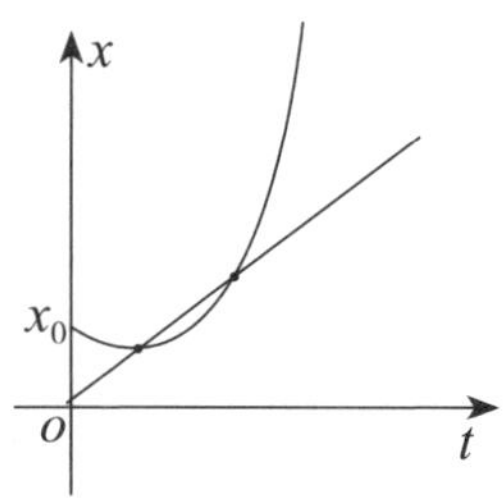

图 2–17

通过此例，学生会体验到解决问题的方法性：提出问题、研究问题，解决问题正是物理学发展的重要途径；方法的建立和完善，以及用方法解决客观实际问题正是物理观念的主要内容之一。因此，这种物理方法的应用习题课，物理教师在教学中不可缺少。

三、促进运动与相互作用观念形成的教学案例评析

【教学案例：摩擦力】

授课教师：一〇一中学 郭金宁

一、新课引入

小魔术：学生分享生活中的摩擦现象，利用皮筋、钥匙扣演示钥匙扣静止、钥匙扣向下滑动，以及通过下方手指之间的压力控制，使橡皮筋缓慢从手指间滑动，造成钥匙链上升的假象。

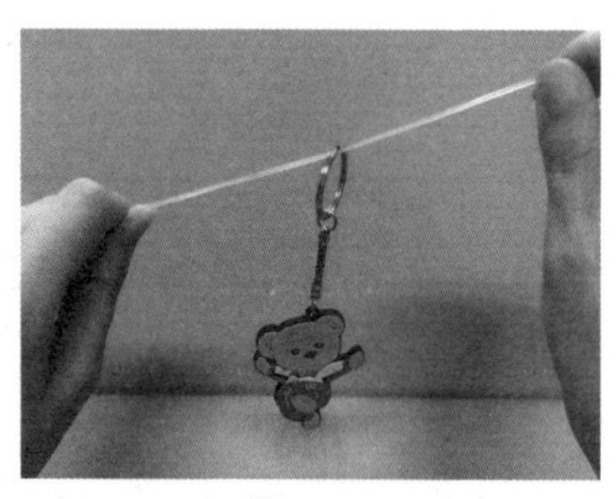

图 2–18

教师演示并提问：

（1）同学们看到了什么？

（2）我的手动没动？

（3）环为什么上升了？

学生：观看、思考、回答教师提出的问题。

教师在学生兴奋、诧异、质疑的目光中引入新课。

［案例评析：小魔术可以很好地提高学生的学习兴趣和好奇心，使学生对这堂课的知识充满期待。通过分享生活中的摩擦现象让学生对初中学过的有关摩擦力的知识有了一定的回顾，为接下来的学习奠定了基础。这不仅提升了学生的学习兴趣，更加集中学生的注意力，培养学生从生活中发现物理现象的能力，同时，利用身边的生活资源提供低成本的实验器材，并通过物体之间的相对静止、相对滑动来强化物质观念、运动与相互作用观念。］

二、静摩擦力的产生条件

教师列举身边的例子：用力推水平地面上的桌子而没有推动；手握装有半瓶水的水杯没有滑落；放在倾斜木板上相对静止的木块等。边演示边提问受力情况，并把抽象出来的物体模型用PPT以图片的形式展示在屏幕上。

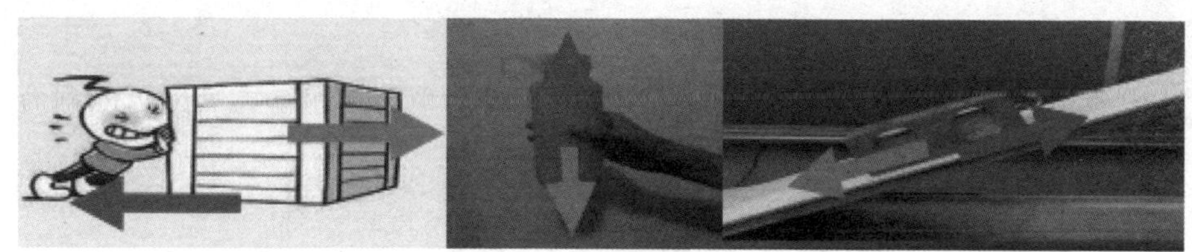

图 2–19

教师在展示三幅图片之后提问：静摩擦力产生的条件是什么？阅读教材，根据教材对静摩擦力的定义，讨论产生静摩擦力的条件是什么。

学生：一边动手操作、实践，一边在教师引导下总结归纳、思考，并做短时间的小组讨论，完成学案中的问题，总结摩擦力产生的条件。

① 两物体直接接触；② 相互接触的两物体间有压力；③ 有相对运动的趋势；④ 接触面不光滑。

案例评析：本环节的目标是通过几个简单的实例分析，总结出静摩擦力产生的条件。教师采用生活中最简单的物理情境，让学生找到产生静摩擦力的方法，从而归纳出产生摩擦力的条件，这种方式更加符合学生的认知规律，思维过程更加流畅。同时让学生体验静摩擦力的产生与物体间有无运动趋势有关，这是运动与相互作用观念的实验基础，也是物理观念形成的重要途径。让学生真正体会到运动与相互作用是相互联系的，不能孤立存在。

三、静摩擦力的方向

教师先对学生进行引导，物体间的相对运动趋势，不仅影响着静摩擦力的有无，还决定着静摩擦力的方向，以上三个实例中：

教师问：①它们相对运动的趋势方向是向哪儿的？②它们受到的静摩擦力的方向又是向哪儿的？③它们受到的静摩擦力的方向与它们相对运动趋势的方向有什么关系？

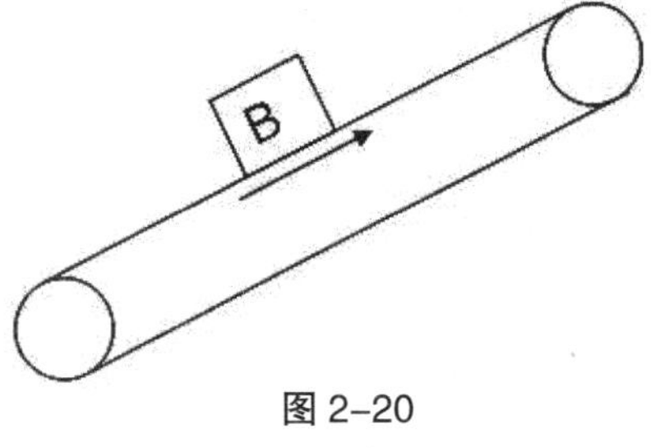

图 2–20

学生：观察、思考、回答问题，并得出结论。

物体受到的静摩擦力的方向与它们相对运动的趋势的方向是相反的。

教师：那么，静摩擦力的方向和物体运动的方向是什么关系？

学生：也是相反的。

教师：同学们可以观察一个实验。用力沿水平桌面推动毛刷，但毛刷的毛尖没有移动，毛尖受静摩擦力吗？方向向哪儿？

学生：操作、体验毛刷实验，“感受”静摩擦力的方向。

教师：可见静摩擦力的方向和相对运动的趋势相反。

教师：同学们看课本中的例子，木箱随着传送带一起沿斜面向上运动，物体 B 的运动方向向哪儿？物体受到的静摩擦力向哪儿？物体与传送带相对运动的方向向哪儿？

学生：物体 B 的运动方向沿斜面向上；物体受到的静摩擦力方向沿斜面向上；物体与传送带相对运动的方向沿斜面向下。

教师：传送带的运动方向向哪儿？传送带受到的静摩擦力向哪儿？传送带与物体相对运动的方向向哪儿？

学生：传送带的运动方向沿斜面向上；传送带受到的静摩擦力方向沿斜面向下；传送带与物体相对运动的方向沿斜面向上。

教师：由此可见，大量的实验事实可以说明物体受到的静摩擦力的方向与它们相对运动趋势的方向是相反的，物体受到的静摩擦力的方向与它们运动的方向可能相同，也可能相反，是不确定的。所以用相对运动趋势的方向来判断或描述静摩擦力的方向更恰当，而不用物体的运动方向来判断静摩擦力的方向。

［案例评析：本环节通过实例分析让学生掌握“假设光滑法”、判断“相对运动趋势”方向的方法，判断物体所受静摩擦力的方向，认识静摩擦力的方向规律。教师通过实例分析，以及问题追问的策略，把判断静摩擦力方向的思维过程顺利地转移给学生。本环节通过举证、归纳总结和思维推理等思维活动，让学生对静摩擦力的方向与物体间相对运动的方向形成一定的关联，使学生在运动与相互作用的观念形成与发展中逐步提升。］

四、静摩擦力的大小

教师：观察课本上的几幅图片，这几幅图片描述的物理情境中，物体受到的静摩擦力的大小有什么变化？

图 2–21

学生：静摩擦力增大了。

教师：怎样测出静摩擦力的大小？同学们可以用教师提供的实验器材通过实验来测量一下。

教师提供实验资源：金属导轨、细线、木块、钩码、弹簧测力计、力学传感器、小车、长玻璃板、计算机、电源、电动机等。

学生：

（1）操作演示实验：水平细线拉木块，不断增大拉力直到木块移动，引导学生观察讨论，得出结论。

（2）学生分组实验：测量最大静摩擦力，指导学生完成实验报告。

教师：实验结论是怎样的？静摩擦力是通过什么方法测量出来的？随着拉力不断增大，静摩擦力变化吗？最大静摩擦力是多少？最大静摩擦力等于滑动摩擦力吗?

学生：静摩擦力是根据二力平衡通过测量拉力测量出来的。随着拉力的增大，静摩擦力也在增大，但最大静摩擦力不太好测量，来不及读数就变化了。从实验来看，最大静摩擦力不等于滑动摩擦力。

教师：很好，通过这种实验我们可以测出静摩擦力，但最大静摩擦力不容易测量，最大静摩擦力的大小与滑动摩擦力的大小关系不好测量。我们可以通过更换实验器材，改进实验方法，用更科学的方法来测量。物理学就是在更先进的实验方法的更迭过程中发展起来的。

教师：把弹簧测力计换成力的传感器再进行实验，可以实时记录实验数据，放大实验数据图像。

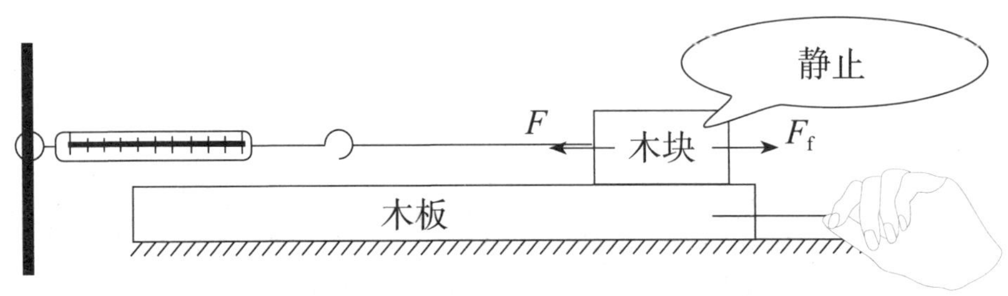

图 2–22

学生：根据如图 2–22 所示实验结果，讨论并总结实验结论，同时理解传感器的作用和优势。

结论：静摩擦力的大小随着引起相对运动趋势的外力的变化而变化，没有确定的数值，但存在一个最大值，并且最大静摩擦力要略大于滑动摩擦力即 $0 \leqslant f \leqslant f_{静\,max}$。

［案例评析：本环节通过实验探究来确立静摩擦力的大小存在的规律，让学生理解、掌握静摩擦力是变化的，并存在最大静摩擦力，最大静摩擦力大于滑动摩擦力。教师通过让学生观察实验，思考测量原理并总结实验规律；通过分组实验明确操作目的是测量最大静摩擦力，使学生明确实验目的 ，提高课堂效率，并在这个过程中，使学生体验到影响最大静摩擦力的条件是什么，观察到静摩擦力的变化过程，并对最大静摩擦力大于滑动摩擦力有了初步的

认识。最后利用传感器的图像功能，使学生对静摩擦力大小的规律认识得更加深刻。此环节很好地运用了实验方法突破教学难点——摩擦力是变化的，存在最大静摩擦力，并能够结合与滑动摩擦力的对比，使学生对静摩擦力有了更深的理解，同时也对物体在相对静止时受到静摩擦力，在相对滑动时受到滑动摩擦力有了更深的直观印象，很好地促进了运动与相互作用观念的形成。]

五、滑动摩擦力的方向

通过对比静摩擦力的产生条件得到滑动摩擦力的产生条件之后，教师紧接着引导学生研究滑动摩擦力的方向。教师在课前进行前测：

前测题统计分析：

前测 1~8 题错误统计：

题号	1	2	3	4	5	6	7	8
错误率（%）	31	4	2	42	22	53	31	9

前测 9~10 题各选项选中率统计：

	A 选项	B 选项	C 选项	D 选项	E 选项
9 题选中百分比（%）	98	84	64	100	91
10 题选中百分比（%）	2	100	100	0	2

了解到一些学生存在着前概念错误和前观念错误问题，在课堂中，教师有针对性地对已有的前概念和前观念错误现象的教学进行精准施策。

首先通过调查试卷，提问存在前观念错误的同学。

教师：××同学，你认为滑动摩擦力的方向与物体运动方向是什么关系？

学生：滑动摩擦力的方向与物体运动方向相反。

教师：为什么？

学生：因为摩擦力阻碍物体的运动。

教师没有直接回答。

然后教师举例：在匀速向左运动的传送带上，轻轻地放上一个初速度为零的物块，小物块会静止吗？

学生：不会，会发生相对滑动。

教师：物块将向哪个方向运动？

学生：向左。

教师：相对传送带向哪儿运动？

学生：相对传送带向后，即相对传送带向右运动。

教师：物块受到的摩擦力方向向哪儿？

学生：向左。

教师：物块受到的滑动摩擦力的方向与物块的运动方向相同，而与物块与传送带相对运动的方向相反。

教师：同学们来做一个小实验。把手放在桌面上，用力压桌面的同时，让手在桌面上滑动，让学生分析手的运动方向、手受到的滑动摩擦力的方向，以及手与桌面的相对运动方向；同时再分析桌面受到的滑动摩擦力的方向，以及桌面与手的相对运动方向。

教师：手受到的滑动摩擦力的方向与手的运动方向是什么关系？和手相对桌面运动的方向是什么关系？

学生：手受到的滑动摩擦力的方向与手的运动方向相同，和手相对桌面运动的方向相反。

教师：桌面受到的滑动摩擦力的方向与桌子相对手的运动方向是什么关系？桌子有运动吗？有运动方向吗？

学生：桌面受到的滑动摩擦力的方向与桌子相对手的运动方向，桌子没有运动，也没有运动方向。

教师：由此可见，滑动摩擦力的方向用什么方向描述更好？

学生：用相对运动的方向描述更好，总是与物体间相对运动的方向相反。

至此，学生的前观念得到修正，运动与相互作用的观念得到很好的加强。

案例评析：本环节通过实例分析和思维辨析，采用“认知冲突”策略，先把错误认知“滑动摩擦力的方向与运动方向相反”通过课前前测引出，再让学生通过实验体验感受滑动摩擦力方向特点，并分析“相对”的含义，通过桌面的分析发现问题，进而找到错误产生的根源，彻底消除错误。由此可见，课前前测是了解学情的一种很好的途径，只有真正了解学生，才能真正实现对学生的尊重，从而真正落实以学生为主体的教学理念。同时，实验体验仍是物理观念形成的有效方法、途径，只有在学生有了深刻的体验之后，思维的逻辑推理才能让学生更信服，即通过设计低成本高效益的实验，在实验基础上进行的体验和思维推理是形成物理观念的有效方法。

六、滑动摩擦力的大小

教师给出实验器材：传感器、小车、平直轨道、计算机、木块、长木板、细线、弹簧测力计等。让学生设计实验方案，引导学生讨论探究实验的原理、步骤、注意事项等问题，完成测量滑动摩擦力大小数据的采集，并讨论数据的处理办法，学生亲自完成最后的数据处理，总结得出结论。

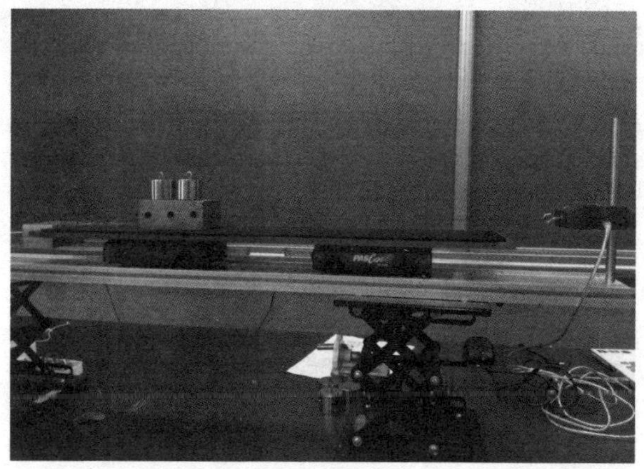

图 2–23

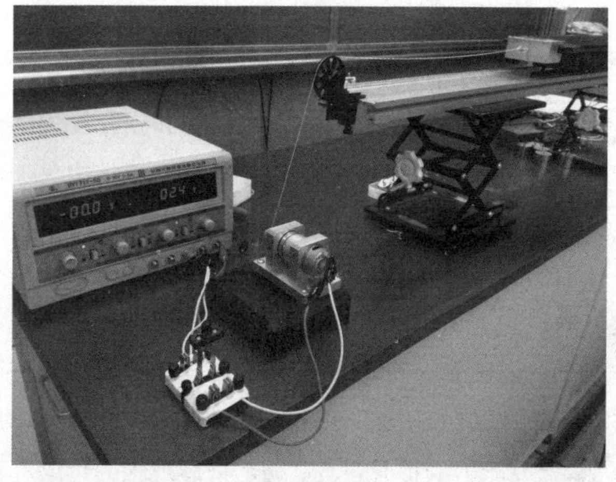

图 2–24

学生：通过完整的体验探究实验过程，得到滑动摩擦力与正压力的定量关系式，$F=\mu F_N$，明确动摩擦因数的物理意义。

［案例评析：本环节通过实验探究，体会测量滑动摩擦力大小及其规律研究可以通过学生实验探究来完成，学生亲自动手体验完整的探究过程，不但可以帮助学生深刻地认识规律，还可以在实验中体会科学探究的完整步骤，提高学生的科学素养，为运动与相互作用观念的建立提供方法基础。］

七、学以致用，总结提升

教师：如何测量水平面上运动物体和接触面间的动摩擦因数？

学生：利用 $F=\mu F_N$ 分别测出摩擦力 F 和压力 F_N 即可测出动摩擦因数。

学生：小组活动设计实验，课下完成实验报告。

教师：实际中的摩擦问题是非常复杂的，摩擦力的起因至今还是物理学和工程学上的一个研究课题。摩擦问题已经发展成为一门独立的学科，称为“摩擦学”。

［案例评析：此环节通过解决实际问题，不但使学生再次熟悉了规律本身，还可以提高解决问题的能力和意识，动手操作，体会深刻。另外，通过明确摩擦问题的复杂性、摩擦力起因等物理发展史实，以及摩擦学的发展，体会物理学的博大精深，也能体会物理课堂解决的问题是非常有限的，要努力让学生有更开阔的眼界，更多地理解运动与相互作用观念发展的历程，更好地为物理观念的形成奠定基础。］

四、促进学生运动与相互作用观念形成的教学策略

通过课前检测，了解学生已有认知中对运动和相互作用的错误认识是必要的。在此基础上的教学设计，将更有针对性，能使学生更加准确地理解物理概念。在教学过程中，要用身边的生活现象和大量的学生实验和演示实验归纳出概念，总结出规律，这是学生的体验过程，必不可少。在学生体验和教师问题引领下的讨论、思考过程中，有多次认知冲突和问题的不断解决，运动和相互作用观念才能真正形成。在教学设计中，要设计好引领学生思维发展的问题链。学生在问题引领下的深入思考过程，就是科学思维能力发展的过程，也是科学探究能力的提升过程，更是物理观念的形成过程。在课堂上，

当学生的思维受阻或用现有的知识无法解决一些问题时，用实验（包括用传感器做的一些实验）突破，是一个很好的方法。所以，课堂上好的实验设计，将会使学生更好地归纳、抽象，从而得出概念，总结出规律。学生对一些观念真正认识清楚了，才能形成牢固的运动和相互作用观念。只有这样，学生获得的知识才是牢固和持久的。

不是要在课堂上解决所有的问题。若能通过在课堂上的学习过程，引发出更多值得思考的问题，才是关注了学生的可持续发展，并且能够提升学生进一步学习物理的兴趣和动力。有些问题，可能暂时解决不了，若在学生的内心埋下一颗种子，在以后的学习中，学生就会关注，从而在思维上建立关联，因为物理观念的形成是一个长期的、渐进的过程。

第四节 形成能量观念的教学

一、中学物理中能量观的一般讨论

能量是物理学的基本概念之一，从经典力学到相对论量子力学，能量都是一个核心概念。能量一词的英文“energy”源于希腊语，首次出现在亚里士多德的作品中。能量概念出自17世纪莱布尼兹提出的“活力”一词，即物体的真正运动量度。现代意义的能量概念是1807年由英国的托马斯·杨提出的，它还用来表示物体运动的“活力”。他将能量与物体所做的功相联系，把力和能量区别开来。1905年，爱因斯坦提出的质量与能量的关系表明了质量和能量的同一性。

虽然能量是一个常用而且重要的物理概念，但它较为抽象，且难以简明地下定义。在国内外高中课程标准中，美国国家科学教育新标准概念框架给出的能量的定义为“能量是系统的一个定量的性质，取决于系统内物质的运动和相互作用及辐射”，其他课程标准未要求能量的定义。我国人教版的高中物理教材中由“某个量是守恒的，并且把这个量叫作能量或能”引出能量的概念，粤教版高中物教材中则是以“功”来引入能量概念的，“一个物体能够对其他物体做功，我们就说这个物体具有能量”。实际上能量不只可以用来做功，还会以热量的形式表现出来。能量可以表现为多种形式，按照物体运动的形式，能量可以分为机械能、热能、电能、化学能、核能等，不同形式的能量之间可以相互转换，同时也遵循能量守恒定律。

物理能量观念是物理观念的组成部分之一，同样包含了丰富的内涵。目前人对能量的认识大体可以归纳为对能量本质的认识、对能量形式及其分类的认识、对能量转换的认识、对能量耗散的认识以及对能量守恒的认识等。因此，物理能量观念包含了个体在物理学领域对能量本质、能量形式、能量转

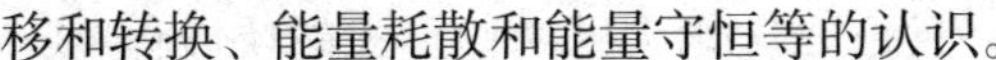
移和转换、能量耗散和能量守恒等的认识。

（一）能量观念的构成

能量观念指的是学生对物理学能量相关问题的基本认识，对物理学能量相关概念和规律的概括性认识，是学生从物理学角度应用能量相关知识解决问题的基础。能量观念的内涵由五部分构成：能量本质观、能量形式观、能量转化观、能量耗散观和能量守恒观。

1. 能量本质观

能量本质观是对能量的定义和本质的理解和看法，回答能量是什么的问题。高中阶段能量本质观所涵盖的知识有：能量是系统的一个定量的性质，取决于系统内物质的运动和相互作用及辐射；能量是不连续的，由一个个能量子组成，在宏观领域能量可以看作连续的。

2. 能量形式观

能量形式观是对能量的形式种类以及各种形式的能量的理解和看法。高中阶段能量形式观所涵盖的知识有：能量有多种形式，比如机械能、内能、电势能、电磁能、核能和化学能等；机械能是做机械运动的物体所具有的动能和势能的总和，内能是物体中所有分子做热运动的动能和分子势能的总和，电势能是电场中的电荷所具有的势能，电磁能是以电磁波形式传播的能量，核能是储存在原子核内部的能量，原子核发生核反应（聚变或裂变）时会释放出巨大的能量，化学能是储存在化合物的化学键里的能量；各种形式的能量本质上都包含动能和势能；动能是物体由于运动而具有的能量，物体的动能与其质量成正比，与其速度大小的二次方成正比；势能是由物体所处位置的高度决定的能量，物体的势能与其质量和所处的高度成正比。

3. 能量转化观

能量转化观是对各种形式的能量之间相互转化和不同物体之间能量转移的总体性认识。高中阶段能量转化观所涵盖的知识有：能量可以从一个物体转移到另一个物体，可以从一种形式转化成另一种形式；做功可以实现能量的转化；功是能量变化的量度。

力对物体所做的功等于力的大小、位移的大小以及力和位移的夹角的余弦的乘积；合外力对物体所做的功等于物体动能的变化；功率可以描述能量从一个物体转移到另一个物体或由一种形式转化为另一种形式的快慢程度；能量转化和转移是具有方向性的，热量不能自动地从低温物体传递到高温物体，也不可能从单一热源吸收热量并把它全部用来做功。

4. 能量耗散观

能量耗散观是对能量的消耗和热量散失的认识和看法。高中阶段能量耗散观所涵盖的知识有：我们每时每刻都在利用和消耗各种形式的能量；能量转化的过程伴随热量的散失；能量的可利用程度是逐渐降低的，即能量降退。

5. 能量守恒观

能量守恒观是对能量守恒的相关问题的认识。高中阶段能量守恒观所涵盖的知识有：能量不会凭空产生和消失，只能从一种形式转化成另一种形式，或从一个物体转移到另一个物体，在转化或转移的过程中能量的总量保持不变；在只有重力或弹力做功的系统内，系统的机械能（动能势能之和）保持不变，机械能守恒定律是能量守恒定律在力学中的表现形式。

（二）中学物理中的能量观的内容体现

1. 初中课程能量观的具体内容

（1）能量及其存在的不同形式，描述各种能量和生产、生活的联系。

（2）能量可以从一个物体转移到另一个物体，不同形式的能量可以相互转化。

（3）知道做功的过程是能量的转化和转移的过程。

（4）电流通过电炉丝，电流做了功，将电能转化为内能。

（5）知道动能、势能、机械能。

（6）机械功和功率的含义。

（7）内能和热量，从能量的角度认识燃料的热值。

（8）了解比热容。

（9）热机的工作原理。

（10）从能量转化的角度认识电源和用电器的作用。

（11）焦耳定律，用焦耳定律说明生产、生活中的现象。

（12）了解家庭电路。

（13）知道能量守恒定律。

（14）能从能量的转化和转移的角度认识效率。

（15）知道能量的转化和转移有一定的方向性。

（16）能量和人类生存和社会发展的关系。

（17）了解能源问题。

（18）了解核能的利用情况。

2. 高中课程中的能量观的具体内容

（1）动能和动能定理。能用动能定理解释生产生活中的现象。

（2）重力势能，知道重力势能的变化与重力做功的关系。定性了解弹性势能。

（3）理解机械能守恒定律，体会守恒观念对认识物理规律的重要性。能用机械能守恒定律分析生产生活中的有关问题。

（4）静电场中的电荷具有电势能，以及电势和电势差的含义。

（5）电容器的充、放电及其能量变化。

（6）理解闭合电路中的能量转化过程。

（7）理解电功、电功率及焦耳定律，能用焦耳定律解释生产生活中的电热现象。

（8）了解电磁波，知道电磁场的物质性。

（9）光是一种电磁波。知道光的能量是不连续的。

（10）了解利用水能、风能、太阳能和核能的方式。初步了解核裂变与核聚变。

（11）知道不同形式的能量可互相转化，在转化过程中能量总量保持不变，能量转化是有方向性的。

（12）了解可再生能源和不可再生能源的分类，认识能源的过度开发和利用对环境的影响。

（13）弹性碰撞和非弹性碰撞中的能量转化。

（14）从能的转化和守恒角度认识简谐运动和受迫振动。

（15）波的传播过程中能量传递规律。

（16）机械波反射和折射、干涉、衍射现象中的能量问题。

（17）光的全反射现象中的能量问题。

（18）光的干涉、衍射和偏振现象中的能量问题。

（19）质谱仪和回旋加速器中涉及的能量问题。

（20）用能量的观点解释楞次定律。

（21）从能量的观点解释自感现象和涡流现象。

（22）变压器中的能量转化规律。

（23）远距离输电中的能量转化规律与特点。

（24）发电机和电动机工作过程中的能量转化。

（25）电磁波的发射、传播和接收中的能量问题。

（26）从能量角度认识电磁波谱和典型应用。

（27）传感器在生产生活中的应用所涉及的能量问题。

（28）热力学第一定律和能量守恒定律。

（29）通过自然界中宏观过程的方向性，了解热力学第二定律。

（30）原子核的结合能，了解核裂变反应和核聚变反应。关注核技术应用对人类生活和社会发展的影响。

（31）光电效应现象的能量问题。

二、基于能量观念形成的教学依据

通过高中物理教学，应帮助学生形成能量的观念等，并能够从经典物理到近代物理体会物理观念的发展与变化；能够从物理学的视角正确描述和解释自然现象，综合运用所学的物理知识解决实际问题；能有效地指导工作和生活实践。

（一）能量观形成过程的递进性

学生在初中阶段就对机械能、内能等概念有了初步的认识，对能量的转化和守恒定律有了初步的认识，已形成初步的能量观。但认识是感性的，只是对自然现象的初步抽象。随着高中物理课程的进一步学习，从感性思维逐步向理性思维过渡，从定性分析向定量计算、分析，更加注重对物理本质的理解。高中物理课程对物理学的基础知识有着较为系统的学习，这有利于学生较为全面、深刻的能量观的形成。学生对事物的认识需要在思维上不断抽象、概括、比较，不断纠正自己已有的不太全面的认知，这样才能形成正确的能量观。这是一个渐进的过程。所以，我们在教学中应该对高中三年的课程做整体的规划，无论从课程结构、课时安排还是思维整合上，都应做系统的规划。

比如，能量的转化需要做功来实现，这一认识就需要一个渐进过程。认识顺序是这样的：重力做功引起重力势能的变化，弹力做功引起弹性势能的变化，合力做功引起动能的变化，系统所受外力的总功与非保守内力的总功的代数和引起机械能的变化，静电力做功引起电势能的变化，安培力做功有时会把机械能转化为电能，分子力做功引起分子势能的变化，核力做功引起核能的变化……我们看到：这一能量观的建立过程是从简单的力学、热学到较为抽象的电磁学和近代物理，从宏观到微观，从直观易懂到抽象深入。所以说，随着知识储备的增加，就会形成更加全面的能量观。虽说这一能量观是学生在不同时期体会逐步丰富的，但具有本质上的共同特征，在教学中应一脉相承。

随着学生能量观的不断形成，教师应引导学生进一步思考。比如，在学完安培力后，可以让学生思考这样的问题：安培力做功一定会转化为焦耳热吗？请你创设物理情境，找出论据，经推理得出结论。这一问题对学生能够深入认识能量的转化和守恒及功与能量变化的关系将会起到很好的作用。再如，讲到弹性势能时，提问：弹性势能为零的位置一定规定在原长的位置吗？规定在别的地方是否可以？经过讨论，学生就会真正明白弹性势能的本质特性，以及物理学的一些研究方法，这样的讨论就会使学生形成更加牢固的能量观。

所以说，能量观的形成不是一蹴而就的，是需要在丰富的教学实践中不断体验、逐步形成的。

（二）在核心概念和规律的形成和建立过程中不断强化能量观

核心概念和主要的物理规律的形成和建立过程，是能量观不断形成的最重要的教学过程。物理学本质上是基本的物理概念和规律、物理模型，并不是复杂的数学公式及其计算，因为物理概念和规律是人们对自然长时间观察、认识后，科学抽象、高度概括的成果，能够很好地描述自然，解释自然现象和运行规律，能够改变人们的思维观念，指导人们的实践活动。至于复杂的数学描述和推导，只不过是一种表述、推导的手段而已。所以，在教学中应抓住本质的、重要的东西。

“能量”这一核心概念，教科书里其实并没有给出一个具体的定义。需要教师引导学生在不同的物理情境中不断体会，逐步内化为学生的准确认知。学生在学习和体会科学史上人们对“能量”这一概念的形成和发展过程中，对“能量”这一概念的内涵和外延都逐渐有了准确的理解。用发展的眼光来看待这一发展过程，培养学生持续发展的思维方式，是培养学生创造力的必由之路。从伽利略斜面实验探究“守恒量”开始，到机械能及其相关的动能、势能等概念的建立，再到电磁现象的能量体现，最后到微观世界所满足的“能量子”的概念，这对学生的思维及认知是有不断的冲突的。在矛盾中发展，是能量观不断全面和深化的过程。要想使学生有一个准确的能量观，具体的每一个概念的建立过程尤为重要，这是物理学的本质。下文将用两个具体的案例阐述。

再如，在研究机械能时我们学习过“能量转化和守恒定律”，在随后的热力学、电磁学、近代物理中都有深入学习的过程。最后才能对能量守恒的本质——能量守恒定律的时空平移对称性——有深刻的认识，认识到科学的本质。关键是要注重规律的建立过程，要让学生明白为什么建立这个规律？是怎样建立的？规律能够解决什么问题？有什么成立条件和局限性？物理学家对这一规律是如何发展的？在发展过程中在理论上有哪些突破？只有注重知识的获得过程，得到的能量观才是持久的。

（三）在描述、解释自然现象和解决实际问题中发展能量观

应用核心概念和规律描述、解释自然现象和解决实际问题，是知识的深化理解过程，是物理观念在学习者认识上体会、重组、逐步形成的过程，最终会内化为牢固的物理观念。能量观的形成过程也是这样，这也是中学物理课程标准的要求。自然界物体的一切运动总是伴随着能量的变化，学生在纷繁复杂的物体运动的世界里，能用自己学过的物理知识解释、分析，这会获得一种持续学习的动力，也是学生发展能量观的重要途径。

比如，在高中物理教学中，楞次定律向来是一个难点，需要做大量实验以及必要的习题加以巩固理解，从能量的角度来认识楞次定律及相关的实际问题，就是一个很好的方法；同时，在理解的过程中，又会进一步强化能量观。

深入理解光电效应的实验原理时，尝试着用量子化的观点来解释实验现象，并充分认识到经典电磁理论在这里遇到的前所未有的困难，就能够对相关自然规律有很清晰的认识。对自己已有的能量观的发展又是一次提升和发展，对学生整个物理观念的形成也起到很重要的作用。所以，要用好这一段教学素材，精心进行教学设计，在做好课堂演示实验的基础上，以问题引领的形式让学生充分展开讨论，尝试着用已有的知识解释实验现象，体会物理学理论的突破可以很好地指导人们解决实际问题，更加丰富和开拓人们的认知。

三、促进能量观念形成的教学案例与评析

【教学案例：电势能 电势】

授课教师：北京市第二十中学 王玉春

一、教材分析

1. 教学内容分析

本章研究静电场的性质，是从力和能量两个角度出发，有效地描述电场的基本特性。上节内容是从力的角度出发研究描述电场性质的物理量——电场强度，本节从功和能的角度出发继续研究电场的性质。

在前三节静电场相关知识的基础上，通过本节内容的学习进一步深化学生对电场这种物质存在形式的认识；更加深入地研究电场与电荷之间的相互作用，并通过做功和能量的视角来研究电场的性质，培养学生的物理观念。本节内容充分利用类比的科学思维方法，在学生前概念的基础上通过科学类比建构新的概念；在教师创设的情境和提出的驱动性问题的引导下，通过科学推理、分析论证、抽象概括等学习过程培养学生的科学思维能力。

通过对电势能和电势相关知识的学习，使学生对静电场的认识更加全面，进一步增强学生的物质观念和能量观念，这对以后磁场及电磁波等知识的理解和掌握，都将带来影响。所以本节课在物理教学中的地位和作用是非常重要的。

2. 学情分析

学生知识基础角度：学生通过前三节内容的学习，对静电场有了一定的认识，知道静电场是一种物质，它对位于其中的电荷有力的作用，并在电场强

度概念的建立过程中，对如何建立物理概念在方法上有了更深的认识；在必修 1 的学习中，学生已经学习了重力做功和重力势能的相关知识，对功和能的关系有了一定的认识和理解。这些为学习电势能和电势的概念打下基础。由于建立电势能和电势的概念对学生的抽象概括能力、类比迁移能为和综合应用能力要求都比较高，故在本节的学习过程中学生会遇到一定的困难。

学生发展需求角度：学习者为实验班的学生，具有较好的知识基础和学习能力。在研究力学问题时往往是从力和能量两个方面进行研究，通过前三节的学习学生已经从力的角度对电场的性质有了一定的认识。那么从功和能量的角度看，电场又具有什么性质呢？学生对此有着浓厚的兴趣和饱满的学习热情。通过本节课的学习，在建立概念过程中，学生将会形成更加丰富的物理观念，科学研究问题的方法和科学思维能力、科学探究能力将会得以进一步提升。

3. 教学目标

（1）认识静电力做功的特点，以及静电力做功与电势能变化的关系，掌握电势能的概念；通过概念、规律的学习，进一步促进学生对电场的物质性，电场对电荷的作用和能量等基本认识的掌握，培养学生的物理观念。

（2）理解电势的概念，知道电势是从能量角度描述电场性质的物理量；通过科学类比和有意义的建构学习过程，培养学生分析综合、推理论证和抽象概括的能力，进而提升学生的科学思维能力。

（3）通过电势能、电势概念的建立过程，经历建模、类比、推理、论证、质疑等科学思维过程，进一步增强学生的物质观念和能量观念，让学生体会到在建立概念的过程中运用的科学研究问题的方法和科学概念的建立对我们形成正确的物理观念的重要性。

4. 教学重、难点

重点：电势能和电势概念的理解以及建立过程中的科学方法。

难点：电势概念的建立和理解。

二、教学过程

1. 创设情境 引入新课

师：上节课，我们从力的角度认识了静电场，知道将一个带试探电荷的质点放入电场中，它一定会受到静电力的作用。那么如果将一个带试探电荷的质点无初速度地放入电场中，只在静电力的作用下它将加速运动。在运动过程中，静电力就会对带试探电荷的质点做功，它的动能将增大。今天，我们就从功和能量的角度来继续认识静电场的性质。我们将一起学习新课——第 4 节 电势能 电势。

案例评析：通过设置恰当的情境，从学生已有的认知来解决新情境中的问题，激发其求知欲，引出本节课要解决的主要问题。尝试用已有的能量观发展新的能量观。

2. 新课教学

环节 1：研究静电力做功的特点

情境创设 1：在电场强度为 E 的匀强电场中，将试探电荷 $+q$ 沿几条不同的路径从 A 点移动到 B 点，请计算这几种情况下静电力对电荷做的功，看看你能得到什么结论？

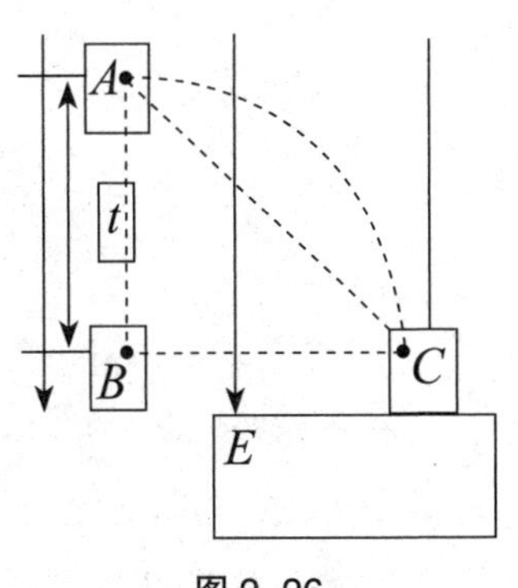

图 2–26

学生：思考、分析、讨论、交流，得出结论。通过刚才的分析可和，无论 $+q$ 沿什么路径从 A 点移动到 B 点，静电力做的功都是一样的。因此，在匀强电场中移动电荷时，静电力做的功只与电荷的初、末位置有关，与电荷经过的路径无关。

问题 1：上述结论是在匀强电场中推导出来的，那么在非匀强电场中是否也成立呢？

情境创设 2：如图 2–27（1）所示，在正点电荷的电场中，如果要把试探电荷 $+q$ 从 A 点移到 B 点，可以有多种不同的路径。那么沿圆弧 AD 及直线 DB 到达 B 点，与沿直线 AC 及圆弧 CB 到达 B 点，这两种情况中静电力做功有什么关系呢？

学生：思考、分析，得出结论。沿圆弧 AD 及径向直线 DB 到达 B 点，与沿径向直线 AC 及圆弧 CB 到达 B 点，静电力所做功相等，这是因为沿圆弧运动，静电力总是与运动方向垂直，不做功，而沿径向直线 A—D 和 A—C（电场线方向）运动，根据点电荷电场的特性可知，静电力做的功相等。

请同学们思考：如果沿直线 AB 运动呢？

引导学生分析：如图 2–27（2）所示，沿圆弧 AE 和 FG 运动静电力不做功，

而沿径向直线 EF 和 GB 运动做功，数值也与沿径向直线运动 $A—C$ 所做的功相等。更进一步，把直线 AB 分成更多小段，每一小段都由一段圆弧和一段径向直线代替，如图 2-27（3）所示，从 A 沿一系列圆弧和径向直线运动到 B 的过程中静电力所做的功，也等于沿径向直线 AC 运动所做的功。分得越细，则运动路径就越接近直线 AB，可以想到，当我们分割得非常细的时候（无限逼近），其路径就是直线 AB。对于更复杂的路径，也可以如此处理。

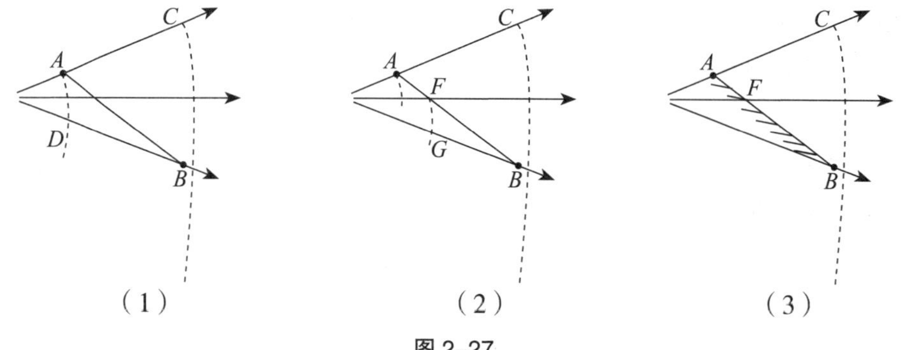

图 2-27

得出结论：从而可以确定，在点电荷的电场中静电力移动电荷所做的功，与路径无关，而只与电荷在电场中的始末位置有关。

上述结论可以推广到一般的非匀强电场，得出静电力移动电荷做功与路径无关，而只与电荷在电场中的初末位置有关。

请同学们根据刚才的分析，在笔记本上总结静电力做功的特点。

板书：

一、静电力移动电荷做功的特点

（1）与路径无关

（2）只与电荷在电场中的初、末位置有关

环节 2：建立电势能的概念

学生活动：

思考与讨论一：回顾重力做功的特点，重力做功与重力势能变化的关系，讨论得出静电力做功与电势能变化的关系。

情境创设 3：在电场强度为 E 的匀强电场中，将试探电荷 $+q$ 从 A 点移动到 B 点，静电力做功与电势能变化的关系是怎样的？

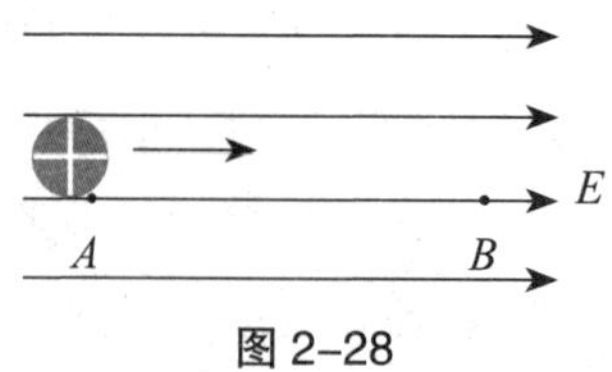

图 2-28

我们可以像引入重力势能那样，引入电势能。通过刚才的分析可知，在电场中移动电荷时，静电力做功与路径无关，只与电荷的初、末位置有关，这和重力做功的特点相同，因此可以引入电势能的概念，$W_{AB}=E_{PA}-E_{PB}$。E_{PA}、E_{PB}这种由位置决定的量定义为电荷在电场中具有的势能，我们称之为电势能。电场力做正功，电势能减小。

问题 2：如果将试探电荷改为 $-q$，上述关系还成立吗？

也就是说，在电场中移动电荷时，静电力做正功，电荷的电势能减少；克服静电力做功，或者说静电力做负功，电荷的电势能增加。可以归纳为：静电力做功等于电势能的减少量。

板书：

（1）静电力移动电荷做功等于电荷的电势能的减少量 $W_{\mathrm{AB}}=E_{\mathrm{pA}}-E_{\mathrm{pB}}$

可以看出，静电力做功只能决定电势能的变化量，而不能决定电荷在某点的电势能的数值。那么，如何确定电荷在某点的电势能的数值呢？

问题 3：我们是如何确定物体在某一点的重力势能的数值的？比如，如何确定粉笔在此位置时的重力势能的数值？相比之下，如何确定电荷在电场中某一点的电势能的数值？

学生：回顾重力势能具有相对性，要确定质点在某处的重力势能的值，要先选定重力势能的零点。物体在某一点的重力势能的数值等于把物体从该点移动到零势能点重力做的功。思考电场中的情况：电荷在电场中某点的电势能的数值等于将电荷从该点移到零势能点静电力所做的功。

板书：

（2）电荷在电场中某点的电势能等于将电荷从该点移到零势能位置静电力做的功

思考：在电场中，零势能的位置如何选取？

原则上可以任意选取，但在静电问题中，如果某处离场源电荷已经很远，以至于试探电荷已经不能探测到电场了，该点就被认为是无穷远处，我们就把电荷在离场源电荷无穷远处的电势能规定为零。通常我们认为大地的电势能为零，也就是说把电荷放在大地表面时电势能为零。（这是由于地球是一个体积巨大的导体，无论有电荷流入还是流出，都对地球的电学状态几乎没有影响）。

思考：选取 B 点为零势能位置，将电荷 $+q$ 从 A 点移动到 B 点，静电力做正功，电势能减少，所以电荷在 A 点的电势能应该大于零，是正值。如果是 $-q$，它在 A 点的电势能如何？

电势能也有正值和负值，这里正、负号的含义是什么？

电势能是标量，这里的正、负号表示与零势能位置相比，电荷所在位置的电势能的大小。

板书：

（3）电势能是标量

学生活动：

思考与讨论二：如果静电力对电荷做的功与路径有关，还能建立电势能的概念吗？你觉得满足什么条件的场可以建立对应的势能概念？

学生：思考、分析、讨论、交流。电势能的大小是由电荷在电场中的位置决定的，确定零势能点之后，同一电荷在电场中同一点的电势能应该有确定的值。如果电荷从零势能点沿不同的路径移动到某点，静电力做功不同，那么同一电荷在同一点的电势能就不同，也就是该点的电势能没有确定的值，不能建立电势能的概念。只有场力做的功与路径无关，只与初末位置有关的场才能定义势能的概念。

［案例评析：在电势能概念的建立过程中充分运用了类比的科学思维方法。］（1）类比重力做功，静电力做功与其特点相同，重力做功引起重力势能的变化，那么，电场力做功也必然引起一种势能的变化，从而引入电势能的概念。这是已有的能量观的应用，也是得出新概念的过程。（2）类比重力做功与重力势能的关系，建立静电力做功与电势能的关系。（3）类比重力势能的概念，通过确定粉笔在某一位置的重力势能，理解电势能的相对性。（4）通过分析不同种电荷在同一位置电势能的正负，得到电势能和重力势能具有共性，但也存在差异，理解电势能的正负的物理含义，进一步理解电势能，形成对前后概念的统一认识，形成统一的能量观，有助于学生全面准确地理解物理概念。

通过思考与讨论二，让学生进一步理解势能概念建立的本质，也是让学生树立严谨的科学态度的过程，体现了在概念建立的过程中不断强化能量观的意识。

本环节通过将静电场和重力场进行多方面类比，运用已有知识解决新情境中的问题，是对科学研究问题的方法、概念和知识的整合，是一个大概念的建立过程，让学生体会到功、势能在不同物理情境中的呈现特点，有助于进一步深化科学的能量观。

环节3：建立电势的概念

思考：电荷在电场中某点电势能的大小是由什么决定的？（由电场和电荷的性质决定的。）

我们知道，电荷在电场中受到静电力，静电力的大小和方向决定于电荷和电场的性质，而电荷受到的静电力与电荷无关，只与电场有关，我们引入了电场强度的概念来描述电场的性质。同样，电荷在电场中具有电势能，这引发了我们一种类似的思考：电势能与电荷量的比值是不是也与试探电荷无关？那么我们是否能从能量的角度定义一个物理量来描述电场呢？

学生活动：

思考与讨论三：电荷在电场中受到静电力，我们从力的角度定义了一个描述电场的物理量——电场强度，即$E=F/q$。同样，电荷在电场中具有电势能，那么我们是否能从能量的角度定义一个物理量来描述电场呢？回顾电场强度概念的建立过程，思考如何定义这个物理量。

情境创设4：在电场强度为E的匀强电场中，A点与B点之间的距离为L，取B点为零势能位置，那么试探电荷$+q$在A点的电势能E_{pA}为多少？

电荷量为$+2q$的试探电荷在A点的电势能为多少？$+3q$呢？

如果将试探电荷$+q$放在A点左侧距离A为L的C点，其电势能为多少？

如果将试探电荷改为$-q$，则它在A点的电势能为多少？此时其电势能与电荷量的比值又是多少？

通过刚才在电场中的同一点放置不同的电荷，同一电荷放置在不同点的电势能的计算，你有什么发现？能否定义一个物理量来描述电场的能量性质？

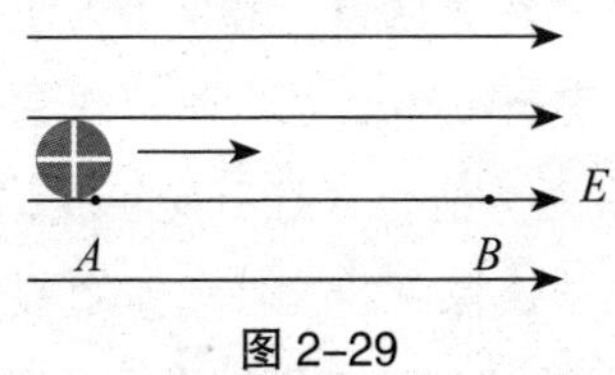

图2–29

在刚才的情境中我们发现电荷在某点的电势能与其电荷量的比值是不变

的，那么该比值的大小是由什么决定的呢？

在同一点该比值是不变的，不同点该比值则不同，说明该比值能够从能量角度反映电场的性质，我们将它定义为电势。

板书：二、电势 φ

（1）定义：电荷在电场中某一点的电势能与其电荷量的比值，$\varphi_A=\dfrac{E_{PA}}{q}$，它是描述电场性质的物理量。

（2）单位：伏特 V　1V=1J/C

电势是否具有相对性？电势是标量还是矢量？

（3）具有相对性

（4）标量

学生活动：

思考与讨论四：讨论下面两种情况下，沿电场线方向，电势是如何变化的？请加以证明。

（1）沿电场线方向将电荷 $+q$ 从 A 点移动到 B 点

（2）沿电场线方向将电荷 $-q$ 从 A 点移动到 B 点

板书：（4）沿电场方向电势降低

总结：本节课我们从能量的角度研究了静电场的性质，建立了电势能和电势的概念。在分析的过程中，我们体会到静电力做功与重力做功、电势能与重力势能都有很多相似之处。我们可以认为在地球表面附近的物体处在重力场中，那么，你能否类比电势的建立过程，建立重力势的概念呢？

学生：思考、分析。类比电势的定义建立重力势的概念：E_p/m.

［案例评析：这是本节课的难点。本环节要解决为什么要建立一个概念，概念引入的物理意义是什么，如何建立新概念几个问题。通过思考与讨论三，引导学生回顾电荷在电场中受到静电力。静电力与电荷量的比值与试探电荷无关，我们从力的角度定义了一个描述电场的物理量——电场强度，即 $E=F/q$。同样，电荷在电场中具有电势能，这就引发了我们一种类似的思考：电势能与电荷量的比值是不是也与试探电荷无关？那么我们是否能从能量的角度定义一个物理量来描述电场呢？在这里有目的地引导学生提出猜想：电势能与电荷量的比值与试探电荷无关，可以描述电场的性质。要验证猜想，就要

从具体的情境中寻找证据，进行科学论证。这一论证过程具有思维的开放性，需要通过创设情境使学生形成有序、规范的思维过程。通过比较同一电荷在电场中不同位置，不同电荷在电场中同一位置的电势能，使学生在讨论、交流、总结中概括出电势能与电荷量的比值与试探电荷无关，仅与电场有关，从而抽象出电势的概念来描述电场的性质。猜想得到了验证，学生享受到成功的喜悦。在经历比较—概括—抽象的体验过程中，发展了学生的科学思维能力，同时就突破了难点。通过类比电场强度的定义方法建立电势的概念，进一步让学生体会到用科学类比引入物理量的研究方法，从不同侧面认识事物，探索其物理本质规律。]

为了进一步理解电势的概念，教师设置了思考与讨论四，学生需要依据问题建立模型，运用已有知识分析解决问题，得出新的结论，这对学生的能力有较高要求，所以以小组为单位，通过合作与交流共同解决问题，有助于培养学生的合作意识和创新能力。同时，通过问题—证据—解释—交流这一完整的科学探究活动，有助于培养学生的科学探究能力。这也体现了在解决具体的实际问题中发展能量观。

重力势概念的建立有助于学生形成统一的能量观，培养学生的科学思维能力。

环节 4：知识应用

通过几节课的学习，我们分别从力的角度和能的角度建立了几个重要概念来描述电场的性质，我们对电场有了一定的认识，下面我们通过实验来具体感受一下。

演示实验：

器材：感应起电机、金属板、日光灯管。

演示：（1）手持日光灯管的一端，另一端靠近金属板，观察灯管的亮度。

（2）移动手持端手的位置，观察灯管亮度的变化。

思考：金属板与起电机的一个金属球连接，摇动手柄时金属板就带电了，带电的金属板会在空间中激发强电场，日光灯管靠近金属板就亮了，远离金属板就不亮，而且，改变手的位置，灯管亮的长度也会变化，这是什么原因呢？请同学们结合我们研究的静电场的性质，通过查阅资料尝试解决这个问题，下节课我们再讨论交流。

案例评析：通过对实验现象的观察，将抽象的物理概念联系到具体的生活情境中，引发学生思考，引导学生尝试用所学的电场的有关知识做出解释，学生不一定能给出准确的解释，但是，能够有意识地将所学知识与看到的现象联系起来，养成善于思考的习惯，本次实验的目的就达到了。这体现了从物理走向生活的教育理念，培养学生的质疑和创新能力。这段教学也体现了在描述、解释自然现象和解决实际问题中发展能量观。

三、课后反思

本节课以问题驱动和学生的思考与讨论为线索展开，通过学生的不断实践与体验过程让学生学会知识，感悟科学研究问题的方法，不断强化学生的物理观念，提升学生的科学思维能力以及科学探究能力，落实核心素养的培养。在概念的建立过程中充分调动了学生的积极性和主动性，突出了学生的主体地位。从上课的情况来看，若在电势概念的建立过程中再多分配一些学生讨论的时间将会更好。

【教学案例：动生电动势及内阻的分析】

授课教师：北京市第二十中学　张晓

一、整体思路及背景简介

《课标》中明确规定："通过探究，理解楞次定律，理解法拉第电磁感应定律。"上节课及本节课是学生在学过楞次定律和法拉第电磁感应定律之后，对电磁感应现象的一个深入学习的过程。通过对电磁感应中导体棒切割磁感线所产生的感应电动势和内阻的分析并推导和证明相关物理量的关系式、探究物理规律的微观本质是本节课的教学重点；教学要回归物理教学的本源，注重物理概念、规律的建立过程。课堂上通过学生的讨论和推导过程，不断强化运动和相互作用观、能量观；注重提升学生的科学思维能力和科学探究能力。对于同一物理问题，从宏观与微观两个不同角度进行研究，找出其内在联系，从而更加深刻地理解其物理本质。其目的是：在物理课堂上学生能够不断提升综合分析问题的能力，形成科学、正确的研究物理问题的方法，加强对学生物理学科素养的培养，把提升学生的能力落到实处。这样，学生对此类问题的科学本质就会有明确的认识，从而形成正确的科学态度。

二、教学内容分析

本节课和上节课是“电磁感应规律的应用”，介绍了产生感应电动势的两种非静电力，即感生电场力和洛伦兹力。它揭示了电磁感应现象的本质，这是认识电磁感应现象的第三阶段。

重难点分析：

（1）从宏观与微观两个不同角度对电磁感应中导体棒切割磁感线所产生的感应电动势和内阻的理解，以及对电磁感应现象中的能量转化规律的认识。

（2）有助于建模能力、推理能力和探究能力的进一步发展。

三、学情分析

本教学班是学校的尖子班，学生基础知识掌握扎实，对楞次定律和法拉第电磁感应定律掌握得都很好，有较强的学习能力和科学思维能力。本节课又是规律的应用课，所以学生的发展需求是：对导体棒切割磁感线所产生的感应电动势和内阻的宏观表现和微观本质要有一个深入的认识。课堂上通过问题引领和学生讨论完成教学任务，学生是学习的主体，教师起到引领学生思维和组织教学的作用。

四、学习目标设计

本节课通过从宏观与微观两个不同角度对电磁感应中导体棒切割磁感线所产生的感应电动势和内阻进行深入的认识，进一步强化学生的运动和相互作用观；通过对电磁感应现象中的能量转化的分析，进一步强化学生的能量观。

通过对电磁感应中导体棒切割磁感线所产生的感应电动势和内阻的推导过程，让学生更好地体会物理学的逻辑，关注物理学从宏观与微观两个角度来研究问题的思想方法。在推导和分析过程中，注重对学生建立物理模型、推理、论证和质疑创新的科学思维能力的培养，以及对学生科学探究能力的培养。

在学生体会科学思维方法和科学研究方法的过程中，感受到对于同一物理问题，常常可以从宏观与微观两个不同角度进行研究的科学方法的精妙之处和深入研究物理问题的重要作用，使学生对这一问题的科学本质有了一个比较深入的认识，逐步使学生形成正确的科学态度。

五、单元整体教学设计

电磁感应单元整体教学设计

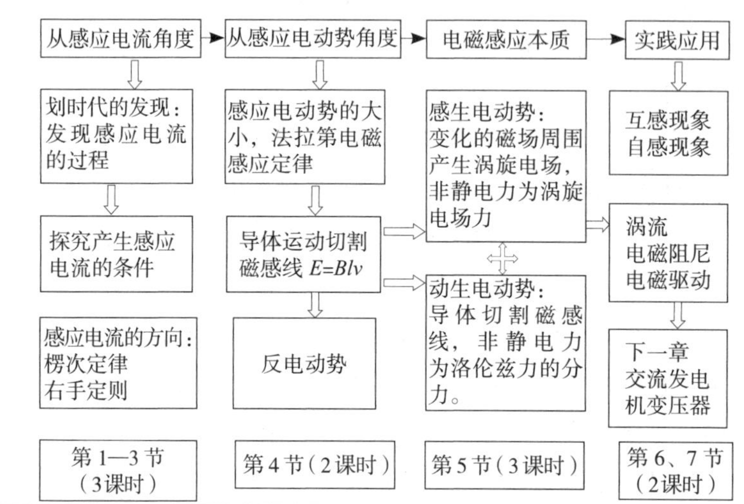

第1—3节（3课时）	第4节（2课时）	第5节（3课时）	第6、7节（2课时）
1. 学习和体会法拉第对电磁感应现象研究的科学探索精神和科学探究方法。 2. 经历实验探究过程，学会提出问题、设计与操作实验、记录数据、分析结果、论证交流得出结论的科学探究方法。提高分析问题与总结规律的能力。 3. 理解楞次定律和右手定则的内容，会运用规律判断感应电流方向。理解楞次定律是能量守恒定律在电磁感应现象中的反映。	1. 知道什么是感应电动势。 2. 知道磁通量的变化率是表示磁通量变化快慢的物理量，并能区别 φ、$\Delta\varphi$ 和 $\Delta\varphi/\Delta t$。 3. 理解法拉第电磁感应定律的内容及数学表达式。 4. 知道公式 $E=Blv$ 的推导过程，会用 $E=Blv$ 和 $E=N\Delta\varphi/\Delta t$，在解决问题的过程中促进分析推理论证的思维能力的发展。 5. 知道反电动势。	1. 了解感生电动势的本质，了解感生电场的方向，有助于形成对场的物质观的认识。 2. 理解动生电动势的产生与洛仑兹力的关系，培养分析推理思维能力。 3. 掌握电磁感应规律的一些简单应用，在应用过程中培养推理论证的思维能力。 4. 对两种电动势有一个深入的认识。更加深刻地理解电磁感应的物理本质。	1. 通过实验了解互感自感现象，并会判断通电自感和断电自感的电流方向，会分析两种情况的成因。 2. 了解自感电动势、自感系数和磁场的能量。 3. 认识互感和自感是电磁感应现象的特例，感悟普遍规律中包含着特殊现象。 4. 会分析一些简单的关于涡流、电磁驱动、电磁阻尼的实例问题，在此过程中促进科学思维的培养。

图 2–30

六、教学过程

1. 动生电动势

物理情境：在竖直向下的磁感应强度为 B 的匀强磁场中，两根足够长的平行光滑金属轨道 MN、PQ 固定在水平面内，距离为 l。一质量为 m 的导体棒 ab 垂直于 MN、PQ 放在轨道上，与轨道接触良好。轨道的电阻不计。如图 2–31，若轨道左端 MP 间接一阻值为 R 的电阻，导体棒 ab 的电阻为 r，导体棒 ab 在外力作用下达到某一速度 v 时，适当调节外力的大小，使导体棒沿轨道做匀速运动。已知元电荷为 e。

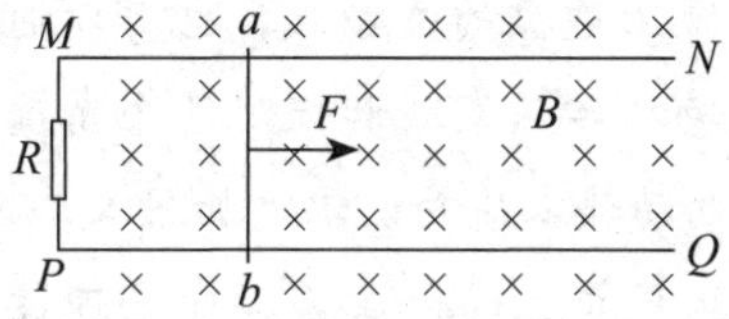

图 2–31

首先请一位同学用自己的语言来描述这个物理情境并说出其中遵循的物理规律。

问题一：（6 分钟）金属棒 ab 相当于一个电源。

（1）从能量角度看，电源是一个怎样的装置？

【把其他形式的能转化为电能的装置。】

（2）不同的电源转化的能力用哪个物理量来描述？它是如何定义的？

【电动势。】

【电动势在数值上等于非静电力把 1C 正电荷从负极搬到正极所做的功，即 $E=\frac{w}{q}$。】

（3）从微观看，什么力提供了非静电力“搬运”电子呢？

可能提示：电子是一个微观粒子，应该考虑它在微观上沿棒方向受的力。金属棒在水平方向受到的力 F 是金属棒宏观的力。

【这时的非静电力与棒中自由电子所受洛伦兹力有关。】

（4）如何从电动势的定义，推导金属棒 ab 中的感应电动势 $E=Blv$？

（从基本概念入手，微观上认识感应电动势，加深对电动势概念的物理本质的理解，并提升学生对物理知识的综合应用能力。）

【学生活动一：学生推导，并请一位同学在黑板上推导并讲解。】

解答：如图 2–32 所示，棒向右运动时，电子具有向右的分速度 v，受到沿棒向下的洛伦兹力 $f=evB$，f 即非静电力

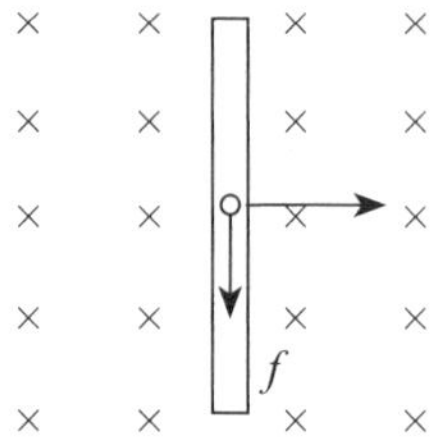

在 f 的作用下，电子从 a 移动到 b 的过程中，非静电力做功 $W=evBl$

图 2–32

根据电动势定义 $E=\dfrac{W}{q}$，解得 $E=Blv$

教师总结：这和我们用法拉第电磁感应定律推导出的表达式是一样的。这说明感应电动势在宏观上遵循的关系式，也可以通过从微观上分析它产生的原因得出，这体现了物理学从宏观和微观两个角度对同一个问题进行研究的科学方法，使我们对电动势本质的认识更加深入。

［案例评析：让学生用自己的语言来描述物理过程，分析情境，是为了达成目标 2 中建立物理模型的能力。要鼓励学生大胆发言，使思维过程外显。通过问题一中的 4 个小问题及学生活动一来检测，并引发学生思考，让学生进一步理解电动势的概念。这是在夯实已有知识的同时，深入理解概念的过程。可进一步在电磁感应现象中发展学生的能量观。其设计是为了达成目标 1 以及目标 2 中的关注物理学从宏观与微观两个角度来研究问题的思想方法。在推导和分析过程中，注重对学生的推理、论证和质疑创新的科学思维能力的培养，以及对学生科学探究能力的培养；目标 3 在学生体会科学思维方法和科学研究方法的过程中，感受到对于同一物理问题，常常可以从宏观与微观两个不同角度进行研究的科学方法的精妙之处和对深入研究物理问题的重要作用，使学生对这一问题的科学本质有了一个比较深入的认识，逐步使学生形成正确的科学态度。］

2. 对产生动生电动势的非静电力的讨论

引导：通过以上分析知道了非静电力做功与洛伦兹力有关，大家有没有疑惑的地方？

问题二：（6 分钟）我们说洛伦兹力不做功，这里又说动生电动势是由洛伦兹力引起的，岂不矛盾？

（对问题深入理解，解决学生学习过程中产生的疑惑。）

【学生活动二：小组讨论】

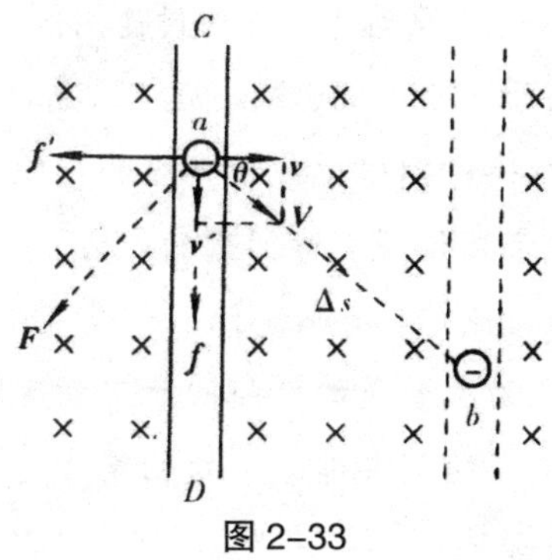

图 2-33

结论：其实这里计算的只是洛伦兹力的一个分量做的功，还有另一分量做负功。

因为$F_{洛}$恰与υ的方向垂直，二者的代数和为零，所以洛伦兹力并不做功。（在学生回答的过程中在黑板上标出两个方向的速度和受力。）

过渡语：现在我们明确了，洛伦兹力是不做功的，但新的问题又来了。

问题三：（6分钟）导体棒匀速运动，有外力做功。那么，外力做功转化为什么能量了呢？是怎么转化的？其中洛伦兹力起到了什么作用？

（对问题的递进性理解，从微观上理解此过程中能量的转化规律。通过宏观量和微观量之间联系的分析，加深对电动势概念的理解，并提升同学们综合分析问题的能力。）

【学生活动三：小组讨论】

结论：外力克服洛伦兹力的一个分量f'做的功通过它的另一个分量f所做的功转化为电能，即洛伦兹力的作用并不是提供能量，而只是传递能量。

[案例评析：通过问题二、学生活动二、问题三以及学生活动三的教学环节，看学生对动生电动势中的非静电力的作用及来源的理解是否清晰，并达成目标2中的推理论证的科学思维能力以及质疑创新科学思维能力的培养；以及目标1中的通过对电磁感应现象中的能量转化的分析，进一步强化和发展学生的能量观。通过问题及讨论使学生综合分析物理问题的能力以及科学思维能力达到进阶。]

3. 对金属棒 ab 中的内电阻的讨论

问题四：以上我们讨论了电动势，下面讨论内阻。

（1）金属棒 ab 相当于一个电源，从微观上分析：内电阻是怎样产生的？

（对电磁感应中导体棒切割磁感线所产生的内阻的本质的认识，并培养同学们运用物理知识解决新情境下实际问题的能力。）

【学生活动四：小组讨论（4 分钟）】

结论：经典物理学认为，金属的电阻源于定向运动的自由电子和金属离子（即金属原子失去电子后的剩余部分）的相互作用。在相互作用过程中通过克服阻力做功转化为焦耳热。

（2）给出一个比较合理的自由电子的运动模型，可以从受力或能量角度推导出棒 ab 中金属离子对一个自由电子沿棒方向的平均作用力 f 的大小。

提升学生从“力”和“能量”两条主线分析物理问题的能力，培养学生的推理和探究能力，使其可以更加深入地认识内阻的微观本质。

【学生活动五：3 分钟独立思考，4 分钟小组讨论，11 分钟交流与分析】

同学们可以结合以下两个问题进行分析、讨论：

（3）受力角度：沿棒方向，棒中自由电子受到几个力的作用？做什么样的运动？为什么？a、b 两点的电势差为多大？

（4）能量角度：沿棒方向，棒中自由电子克服阻力做了多少功？克服阻力做功转化为什么能量？

沿棒方向，棒中自由电子受到洛伦兹力 ev_mB、电场力 eE 和金属离子对它的平均作用力 f 的作用。因为棒中电流恒定，所以自由电子沿棒的运动可视为匀速运动。

则 $f+eE=evB$　又 $E=\dfrac{U}{L}$　$U=\dfrac{BLv}{R+r}\cdot R$　解得 $f=\dfrac{evBr}{R+r}$

金属棒生焦耳热 $Q_r=\dfrac{r}{R+r}Q$　$Q_r=\dfrac{r}{R+r}EI\Delta t$

$Q_r=NfL$　$N=\dfrac{It}{e}$

所以 $f=\dfrac{eBvr}{R+r}$

宏观上内电阻产生的焦耳热是由微观上自由电子受到的阻力做功引起的，学生能够体会到宏观（金属棒产生焦耳热）与微观（金属离子对自由电子做功）建立的关联，体现了从现象到本质的思维过程及科学的研究问题的方法。

[案例评析：通过问题四达成目标（2）建立物理模型的能力以及目标（3）。

建立这个物理模型对于学生来说有不小的困难，充分考虑到学生的实际情况，应多给讨论时间，并且实时引导。这也体现了在解决实际问题中进一步发展学生的能量观。

通过学生的学习，达成目标（1）中的通过对电磁感应现象中的能量转化的分析，进一步强化学生的能量观。

通过学生的学习，达成目标（2）中的通过对电磁感应中导体棒切割磁感线所产生的感应电动势和内阻的的推导过程，让学生更好地体会物理学的逻辑，关注物理学从宏观与微观两个角度来研究问题的思想方法。在推导和分析过程中，注重对学生建立物理模型、推理、论证和质疑创新的科学思维能力的培养，以及对学生科学探究能力的培养。

因为课堂学习评价先于教学设计，所以要从整体上看，上课后，通过问题的难易程度，对学生的学习活动做出最后的评价。当然，由于本节课难度较大，所以应根据学生课堂的实时表现多给予激励性评价。]

板书设计：

动生电动势及内阻的分析

一、从电动势的定义推导

沿棒方向：$f=evB$，非静电力做功 $W=evBl$ $\quad E=\dfrac{W}{q}\quad$ 解得 $E=Blv$

二、洛伦兹力不做功

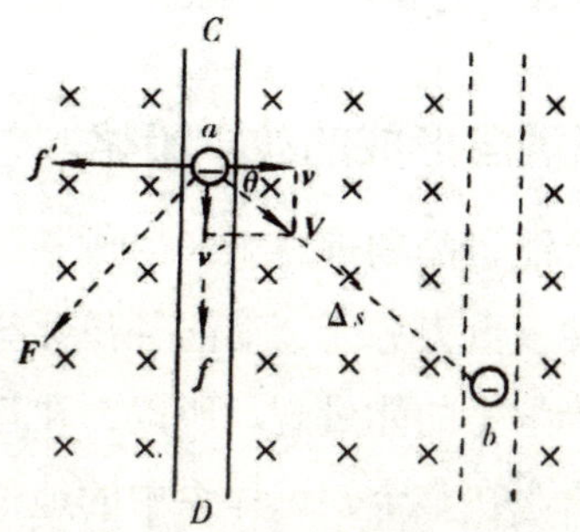

三、洛伦兹力的作用并不是提供能量，而只是传递能量

四、棒中自由电子沿棒方向受到的平均作用力f

$f+eE=evB$ 又 $E=\dfrac{U}{L}$ $U=\dfrac{BLv}{R+r}\cdot R$ 解得 $f=\dfrac{evBr}{R+r}$

能量：金属棒生焦耳热 $Q_r=\dfrac{r}{R+r}Q$ $Q_r=\dfrac{r}{R+r}EI\Delta t$

$Q_r=NfL$ $N=\dfrac{It}{e}$ 所以 $f=\dfrac{eBvr}{R+r}$

七、教学反思

本节课教学设计符合学生的思维发展水平，新颖独特。问题的设置环环相扣，探究导体棒切割磁感线产生感应电动势和内阻的过程中，体现了对学生科学思维能力和科学探究的培养及对物理本质问题的探究和理解；进一步增强了学生的物理观念。问题的设置注重学生的已有认知，并注重知识体系的逻辑性；切实解决了学生困惑的问题，如对洛伦兹力作用的理解。从整节课的上课情况来看，学生讨论等教学行为与本节课制定的3个教学目标非常一致，目标的达成情况良好。本节课，在课堂上学生被很好地调动起来，在几个小组讨论的过程中，积极思考，真正融入解决问题、分析问题的实际情境中。在一个个解决问题的过程中，学生的物理观念得到了强化，推理、论证的科学思维能力和科学探究能力得到了提高。本节课的不足之处是：从上课情况来看，最后一个问题学生还是很难理解的；应该再多设置几个小问题进行过渡。此外，并在以后的教学中应不断注重提升学生综合分析和解决问题的能力，途径是：不断强化从受力角度和能量角度分析问题的这种意识和能力，学生要不断实践体验才能获得这种能力。

四、促进学生能量观念形成的教学策略

在高中物理教学中，能量的物理观念的形成是一个渐进的过程，有着一脉相承的知识体系。从功、重力势能、动能、弹性势能、电势能等一个个概念的建立过程，不断完善学生的能量观。所以，在建立能量观的这一知识体系中，我们要认识到此概念在整个知识体系中的地位和作用。要把相关的课程做一整合，在教学设计中站在一个高位来看待一节课，最好能从大学物理

的角度，结合学生的实际情况进行教学设计。在课堂教学中，要引导学生充分利用类比的科学思维方法，在类比中，使能量观念逐步形成。比如，在建立电势能的概念时，要和重力势能进行共性上的类比。但也要注意二者的差异，这样才能认识到具有相同物理本质的概念的相同之处，注意到不同情境下能量的表现差异。在不断比较和深入理解的过程中，才能建立能量这个大概念，形成正确的能量观。同时，在建立势能等能量概念时，要注意处理好能量与对应的功的关系，体现人们理解能量概念的思维体系，便于形成正确的能量观。这也是学生从能量的角度认识自然的科学方法的形成过程。教学中，要通过对实验现象的观察，将抽象的物理概念联系到具体的生活情境，引发学生思考，引导学生尝试用所学的能量知识做出解释，养成善于思考的习惯，时刻注意引导学生建立从物理走向生活的教育理念，培养学生的质疑和创新能力。要注意在描述、解释自然现象和解决实际问题的过程中发展能量观。在学生的知识应用过程中，应不断地在新的物理情境中强化能量守恒和转化的思想，比如，在涉及电磁感应的相关问题中，要不断引导学生用能量的观点进行思考和分析，从而形成全面的能量观。

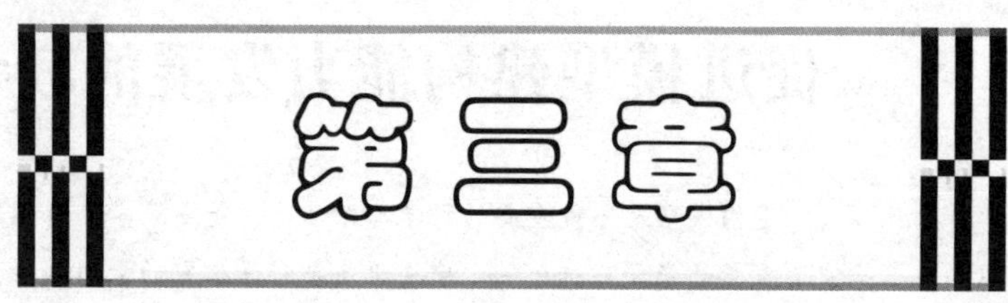

培养学生科学思维的教学研究

观察、实验与科学思维相结合，是物理学科的基本特征。科学思维是具有意识的人脑对科学研究对象、科学过程、科学现象、科学事实等科学事物的本质属性、内部规律性及事物间的联系和相互关系的抽象、概括和能动的反映，它以感知为基础又超越感知，是认识过程的高级阶段，是物理学科核心素养的核心内容。

本教学研究所说“科学思维”遵从2017年版《普通高中物理课程标准》（以下简称《课标》）中界定，其内涵是基于经验事实建构物理模型的抽象概括过程；是分析综合、推理论证等方法在科学领域的具体运用；是基于事实证据和科学推理对不同观点和结论提出质疑、批判、检验和修正，进而提出创造性见解的能力与品格。主要包括模型建构、科学推理、科学论证、质疑创新等要素。

第一节 促进模型建构能力发展的教学

建构模型是一种重要的科学思维活动，是发展学生科学思维能力重要的教学目标之一。建模方法是科学研究的常用方法，模型思维是一种重要的科学思维，创设基于建模的课堂学习环境，有利于学生建模思维的发展。

一、模型建构概述

自然界中的事物和实际发生的过程往往十分复杂，完全按照研究对象的本来面目进行研究，问题处理起来会很复杂，难以抓住事物或过程的主要因素，也很难找出规律和建立系统的理论。在物理学研究过程中，常常对真实的事物或过程进行抽象，建立物理模型，然后进行深入的分析。

（一）物理模型

1. 物理模型的内涵

物理学是研究自然界物质的基本结构、相互作用和运动规律的一门自然领域的基础学科。自然界中物质种类繁多，运动错综复杂，各种现象间相互联系、相互影响，几乎每个具体的实际问题都涉及多种因素，为了认识事物的物理本质和规律，物理学中常常采用简化的处理方式，即对实际问题中的研究对象进行简化的描述或模拟，构建出“物理模型”。因此，所谓物理模型，就是人们为了研究物理问题的方便和探讨物理事物的本质而对研究对象做出的一种简化的描述或模拟。例如，质点、点电荷、匀强电场等概念和自由落体、匀变速直线运动等都是物理模型。

2. 物理模型的分类

按照不同的分类标准，物理模型有多种分类方法，到目前为止没有形成

系统一致的分类标准。下面介绍几种常见的分类方法。

（1）常见的模型分类方法

依据模型的设计思想，物理模型可以分为理想化模型和探索性模型。理想化物理模型的特点是依据研究对象和问题的特点，抓住主要的、本质的因素，忽略舍弃了次要的、非本质的因素建立的一种易于研究的、能反映研究对象本质特征的模型。比如物理教学中常提到的质点、单摆、点电荷、匀速直线运动、理想气体等。探索性物理模型的特点是通常以假说的形式出现，它能解释某些物理现象和实验事实，指明进一步研究的方向，但其本质属性还在进一步探索，随着认识的深入和物理学的发展而不断地修正和完善。比如原子结构模型、宇宙大爆炸模型、黑洞模型等。

依据模型的结构与特点分类，物理模型可以分为实物模型、理想模型和理论模型。实物模型，主要指的是实体模型，也就是采用缩小或放大的方法，简化复杂部件，突出与工作原理紧密相关的部件，制作出的在某一方面与原型相似的实体。如活塞式抽水机、内燃机、发电机、电动机等模型。理想模型与依据设计思想分类中的理想化模型的含义一致。理论模型则与依据设计思想分类中的探索性模含义一致。

还可以依据解决问题的关键环节进行分类。在解决物理实际问题时，我们首先确定研究对象，然后分析解决问题需要关注的条件，最后分析研究对象的状态所发生的变化。基于解决问题的过程，可以将物理模型分为对象模型、条件模型和过程模型。对象模型，是建立在客观实体上的，用来代替研究对象实体的模型，有时也被称为实体模型，是高中物理最常见的物理模型。这类模型可以是理想化模型，也可以是理论模型。常见的对象模型有质点、点电荷、理想气体、轻绳轻杆、弹簧振子、狭缝、无限大带电平行金属板、理想电表等。条件模型，是把研究对象所处的外部条件理想化而建立的模型。例如：光滑表面、恒定不变的力、无空气阻力、匀强电场和匀强磁场等。条件模型是排除外部条件中干扰研究对象运动变化的次要因素，突出外部条件的本质特征或主要方面，从而建立的物理模型。过程模型，是针对实际的物理过程中诸多的影响因素，忽略次要因素、考虑主要因素引起的变化过程，抽象出来的一种物理过程，称作过程模型。例如：匀速直线运动、匀变速直线运动、匀速圆周运动、简谐运动、弹性碰撞、绝热过程、等温过程等。另外，过程模型是基于分析物理运动过程而提炼的模型，但也有些物理事实和问题则是处于某种具体的状态中，比如平衡状态、临界状态等，因此有人提出应该有相应的状态模型概念。

依据模型的研究对象来分类，可以将物理模型分为实物模型、状态模型和过程模型。无论采用哪种模型分类方式，都是为了简化研究过程，通过物理建模促进研究活动的针对性和深入性。

（2）中学物理教学中常见的模型

中学物理教学中常说到的模型有：实体模型、理想化模型、条件模型、过程模型等。也可从习题教学的角度，提出问题模型，即以问题为核心，形成一种解决问题的一般方法，例如：子弹打木块模型、人船模型、流体模型等。

在《课标》学科核心素养部分“科学思维”的表述中，首先提出了“建构模型”；然后在“课程内容”部分“内容要求”中，结合具体的概念或过程，对建模过程的体验与建模能力的培养进行了一定要求方面的表述，比如：“1.1.2 经历质点模型的建构过程，了解质点的含义。知道将物体抽象为质点的条件，能将特定实际情境中的物体抽象成质点。体会建构物理模型的思维方式，认识物理模型在探索自然规律中的作用。”“例 2 通过质点模型、太阳系行星模型等实例体会物理模型在物理学研究中的意义。”在每个模块的教学提示和学业要求中也有关于体现要求，如：“引导学生建立点电荷、电场线、磁感线等物理模型，体会物理模型在研究具体问题中的重要性。”另外，在“学业质量水平”“物理学科核心素养的水平划分”等部分都有相应的描述，但都没有对涉及模型是哪类模型进行界定，强调的是建模的过程和建模的能力。因此，就目前教学而言，中学物理教学中所说到的模型类型，往往依据模型建构的目的性而言，但没有系统的模型分类思想。

3. 物理模型的功能

（1）有助于形成知识结构，提高对学习内容的认知水平

学生的学习虽与科学家的研究有很多不同，但就学习者或研究者主体而言，都是探索未知的认识过程，当面对一个客观的物质现象或过程时，复杂的组成因素会使他们难以把握其本质和规律。通过建构模型，吸收主要因素，忽略对象系统中的非本质因素，将复杂的物质现象和过程进行抽象的概括和简化，进行形象化的表征，有利于发现反映物理现象、物理规律在一定条件

下必然发生、发展和变化的规律，并在此基础上形成系统的、自洽的、严密的物理理论体系。例如，运动和力关系的知识结构就可以看作是在研究不同模型的过程中形成的，研究质点、刚体等对象模型，在光滑表面、恒定不变的力等条件模型的情况下，进行匀速运动、匀变速运动等运动过程，我们用模型的建构思想，丰富了学生对运动多样性的认识，形成了知识体系。再进一步，还可以用模型将物理知识间建立更广泛的联系，如力学中的平抛运动模型与带电粒子垂直进入匀强电场中的类平抛运用，天体运动模型与原子核内电子运动模型，万有引力定律与库仑定律等都可以用同一类模型分析、类比、研究。

（2）有助于解释物理现象和过程

“证据、模型和解释”被认为是统一的科学概念与过程。其中，证据指的是对事实或实验的观察结果，但这仅是对物理现象和过程的一种描述；解释指的是把现有的科学知识和新的证据组合成具有内在一致性的、符合逻辑的说明；模型则是利用证据进行科学解释的一种工具，它能将已有知识与新的证据联系起来。

例如光电效应现象，当光照射到金属上时，有电子从金属中溢出，这种电子称作光电子。实验证明，只有当光的频率大于一定值时，才有光电子发射出来；光电子能量只与光的频率有关，而与光的强度无关，光的频率越高，光电子能量就越大；光的强度只影响光电子的数目，强度增大，光电子的数目就增多。但根据经典电磁理论，应该是不管光的频率高低，只要光足够强，就可以获得足够能量溢出表面，不应该有截止频率。爱因斯坦利用光的波和粒子模型对光电效应的实验现象做出了完美的解释。

学生可以自主构建模型进行探究学习，也可以直接使用科学家已经发展成熟的模型进行科学解释。在教学过程中，有意识地促进学生对模型建构的认识，能够帮助学生理解物质现象和过程。

（3）有助于预测和控制现象或过程

模型反映事物某一方面的本质属性，能够用于解决同一类问题，在面对新情境时，通过模型把握住问题的共性和本质，就能对新情境中可能出现的结果进行预测，指明进一步研究的方向，或者采取有效的措施促进现象向预设的方向发展或控制现象的发生。韦斯科夫（V. F. Weisskopf）说：“什么叫模型？

模型就是奥地利的火车时刻表。”奥地利的火车经常晚点，乘客问列车员：“你们干吗还要时刻表？”列车员回答：“有了时刻表你才知道火车晚点了呀！”如果没有时刻表，铁路员工和乘客将无法工作。可以说物理模型给人们提供了一种解决物理问题的方法或者方向，研究者或学习者可以利用头脑中的物理模型有目的地解决问题。再如，爱因斯坦利用光子说成功解释了光电效应之后，光的波粒二象性模型才建立起来。我们所说的多种模型，都是在研究复杂的物理系统时，明确了一些主要的本质因素，或者现象发生的条件。在解决问题的过程中，通过提供或控制实际问题中的这些条件，必然会产生我们期望的现象或过程。

（二）模型建构

1. 模型建构的内涵

模型被视为对真实世界的一种表征手段，模型建构简称为建模，即从复杂的现象中，抽取出能描绘该现象的正确关系，建构在某种程度上描述、解释该现象的模型的过程。而物理建模是指在物理现象、物理事实、物理问题中，通过忽略次要矛盾、抓住主要矛盾构建一个用以解释该现象的模型或能够解决该问题的物理模型的过程。

2. 模型建构的过程

关于建模（modeling），很多研究者提出了自己的观点，美国亚利萨那州立大学理论物理学家、科学建模教学理论的创立者大卫·赫斯顿斯所提出的一般建模过程和 Halloun 扩展了的建模过程是比较典型的两种建模过程。

（1）Hestenes 的一般建模过程

Hestenes 提出一般的建模过程，如图 3–1 所示。其过程可分为模型建立（model construction）、模型分析（model analysis）、模型验证（model validation）三个步骤。

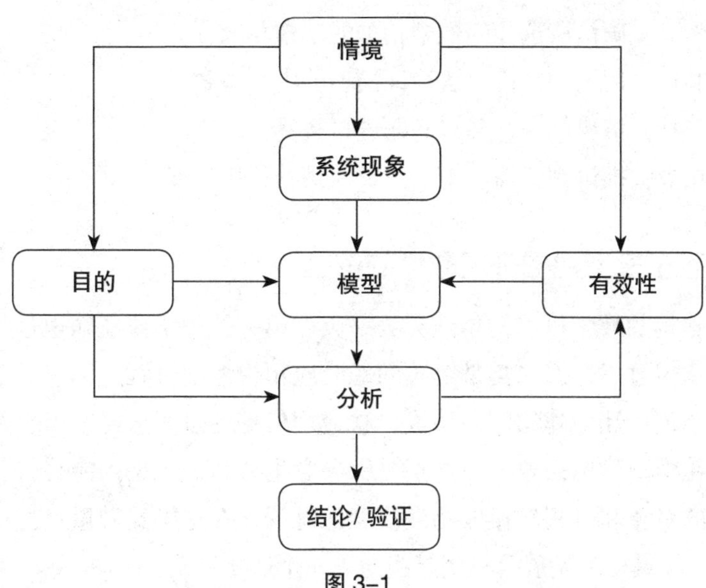

图 3-1

模型建立：仔细确认和描述所遇到的问题情境的组成成分和各自的现象。借此找出适当模型，确立建模目的和对结果的有效性进行预测，从而解决遇到的问题。

模型分析：当模型被建立后，就需对模型进行分析，以了解模型的结构和内容，做出以模型为基础的推论。

模型验证：当这个模型呈现持续一致的有效性时，才能运用这个科学模型在系统情境中推论出结论，并验证这个科学模型是有效的。但是，模型不可能百分之百地符合所有情况，因为模型是为符合目的建构的，有其解释的局限性。

（2）Halloun 的建模过程

Halloun 以 Hestenes 的建模过程为基础，将基于模型的问题解决和教学过程相结合，扩展了建模过程，分为 5 个阶段：模型选择、模型建立、模型验证、模型分析和模型拓展。其建模过程如图 3-2 所示。

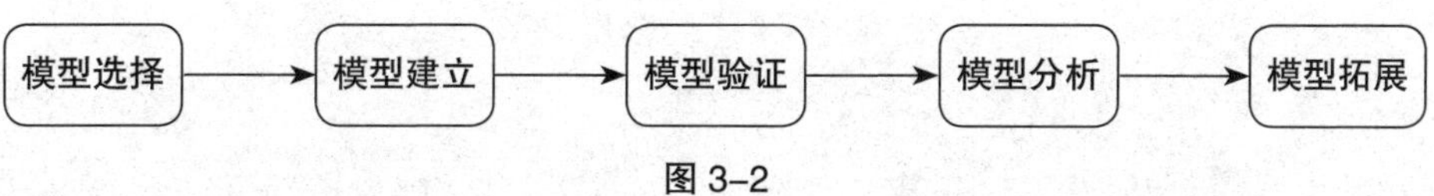

图 3-2

模型选择：面对问题情境，从熟悉的模型中选择合适的模型。

模型建立：确认所选择的模型相关的结构和成分。

模型验证：用不同评价方法验证模型的内在一致性。

模型分析：解决问题，并对问题进行解释。

模型拓展：推论到新情境中，评价模型的适用广度。

二、基于模型建构开展教学的依据

模型建构的教学可以简单地分为三类：第一类是学习新知识过程中对实际问题的建模过程；第二类是解决问题时应用模型的过程；第三类是在实际问题解决中创造性地建构新模型或迁移应用模型的过程。这三类也有一定的层次性，在模型建构的教学中这正是引导学生从认识模型到能将较复杂的实际问题中的对象和过程转换成物理模型的过程。在这里我们重点讨论的是第一个层次，但其中的发展目标则是指向第三个层次。

（一）基于问题解决的建模教学过程

问题解决是物理研究的一个基本思路，即从实际情境中抽象出物理问题，再以物理方法和工具进行研究，最后用结论来解决实际问题。解决实际问题的思路和建模教学的思路应该是一致的，Halloun 模型建构过程本身就是基于问题解决的。为了在中学物理教学课堂实践中更易于把握其阶段性，明确各环节建模教学的目标，增强教学的针对性，本文在 Hestenes 和 Halloun 建模过程理论的基础上提出基于问题解决的建模过程，期望与实际课堂教学过程更接近。其基本过程分为四个阶段：描述阶段、建立阶段、修正阶段和应用拓展阶段（如图 3–3 所示）。

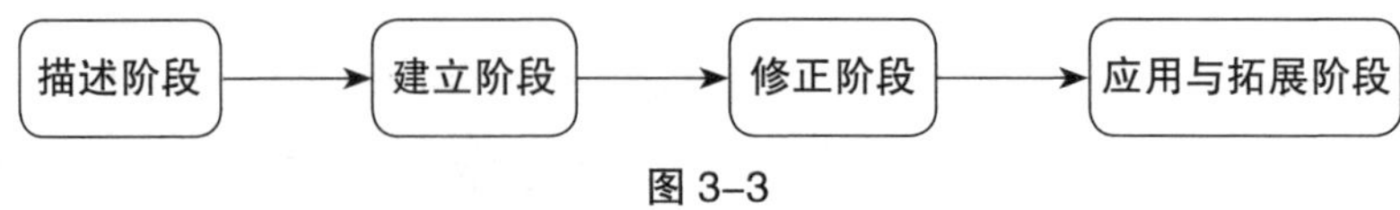

图 3–3

基于实际问题解决的建模教学过程各环节的具体表现见表 3–1。

表 3–1 基于问题解决的建模教学过程

建构过程	具体表现
描述阶段	面对问题情境，仔细确认和描述所遇到的问题情境的组成成分和各自的现象，从经验中挑选一些合适的模型并进行整合，找出可以描绘出一个自然现象的重要参数，以及这些参数之间的正确组合关系。借此找出适当模型，确定建模目的并对结果的有效性进行预测，从而期望能用该模型解决所遇到的问题。
建立阶段	对模型进行分析，反复比较预测和真实世界的差异，以了解模型的结构和内容等，或重新建构更合适的模型，做出以模型为基础的推论，调整基于现象所建构的模型，从而评估和精炼模型。
修正阶段	利用不同实验或评价方法来检验模型的内在一致性，根据新的实证，变化参数及其关系，修正模型。一旦模型被验证，就是一致的。模型应用可回应建模的目的，对问题进行解释。
应用与拓展阶段	用模型对现象或事实进行解释和辨别，并能用建立的模型来解释新情境或复杂情境，甚至在已建立模型基础上进行延伸，再建构一个新的模型，也就是能通过构建不同的物理模型研究综合性的实际问题。

1. 描述阶段

建模过程是依托了具体的问题情境，通过问题解决的思路来开展建模活动的。因此，建模教学中首先要给学生提供真实的问题情境，让学生能够根据已有的知识和经验，建构对当前情境的理解，并将自己的理解表达出来。建立模型前的准备为描述清楚情境、问题和研究的方向。

例如，质点是高中学习的第一个物理模型，在教学时，教师常会采用火车过桥的情境：一列火车在铁轨上行驶，如何描述它的运动情况呢？在描述阶段，学生就要依据遇到的问题，结合已有的认知，尝试用一些合适的模型对研究的问题进行描述。学生虽然不清楚火车的具体传动结构，但他们知道这些结构是复杂的，其运动是复杂的，外在表现出来的车轮的运动也是复杂的，要准确详细地描述其所有部件的运动情况很难做到。这时候就要仔细确认所遇到的问题，以及我们想研究的主要问题。比如，我们是关心车轮的转动，还是列车整体的运动？如果我们只关心列车整体的运动，就可以认为列车上的运动情况完全相同，可以选择用它上面的一个点的运动来表示列车的运动。

这样就初步确立了建立“点”模型的思路。

再如，和质点模型类似的点电荷模型的建立过程，也是从实际问题情境开始的。通过实验可以创设这样的情境：两个静止的带电体之间存在静电力，通过实验观察可以发现静电力的大小不仅与电荷量、相对位置有关，还与带电体的大小、形状、电荷的分布有关。为了突出描述带电体之间静电力大小与电量、距离的关系，就要忽略一些次要因素，从而使问题的研究过程得以简化，即将带电体视为纸带由电荷量的一个几何点，也就是点电荷，当然，在后续模型完善的过程中，要进一步理解点电荷模型所适用的条件等。

2. 建立阶段

在描述阶段，基于现象的观察和分析，预设了能描述现象的参数之间的关系，在建立模型的阶段，就要进一步分析问题情境中的组成部分和各部分之间的关系，确定研究对象，建立描述研究对象、状态、过程的变量，探究将各变量建立联系的规律并且要反复比较预测和实际情境的差异，提炼模型、评估模型，同时建立起此模型的适用范围。

例如，简谐运动是一个典型的运动模型，这个模型是建立在对弹簧振子运动描述的基础上的，如图 3–4 所示，是弹簧振子的频闪照片，两个坐标轴分别代表了时间 t 和小球的位移 x，因此，它就反映了小球在平衡位置附近往复运动时的位移随时间变化的关系，可以看作小球运动的位移—时间图像，由图可以看出，小球运动时的位移与时间的关系很像正弦函数的关系。是不是这样呢？我们可以在图中测量相应点的横纵坐标，代入正弦函数的表达式进行检验，看这条曲线是否真的是一条正弦曲线。如果关系成立，就说明我们设定的模型是正确的，也就建立了简谐运动的运动模型。后续学习简谐运动的描述、简谐运动的回复力和能量等问题，都是为了对简谐运动进行深入理解，从不同角度把握它的本质。

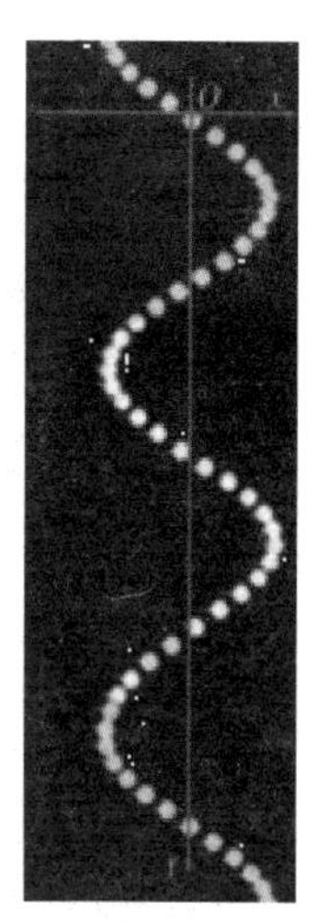
图 3–4

3. 修正阶段

利用不同实验或评价方法来检验模型的内在一致性，利用建立的模型解释新的实证，在此过程中，模型能够表现出持续一致的有效性时，该模型才被验证为正确；若存在一定的问题，就要变化参数及其关系，修正模型。一旦模型被验证，就是一致的，模型应用可回应建模的目的，对问题进行解释。但模型是在一定目的下，利用理想化等方法建立的，具有自身的局限性，可以在修正的过程中把握模型的适用范围。

例如，在建立单摆简谐运动模型的过程中，我们进行了小角度的近似处理，也就是偏角很小的情况下，摆球对于平衡位置的位移 x 的大小，与摆角 θ 所对应的弧长、θ 角所对应的弦都近似相等，才可以推导出摆球受到的回复力与它偏离平衡位置的位移成正比，方向总是指向平衡位置，从而得出单摆做简谐运动的模型。但这个模型建立后要用实际摆球的运动进行检验，确定理想化条件是否合理。

4. 应用与拓展阶段

模型的应用在物理学研究中是常见的研究方式，在物理教学中也常利用物理模型解释新情境或复杂情境。

例如：用圆周运动的模型分析星体运动；用磁感线、匀强磁场等模型分析磁场和电磁感应问题；在一定条件下应用理想气体模型分析和研究实际气体的问题；用等温、等压、等容的理想过程正确认识和分析现实生活中的气体状态变化；等等。

在通过构建物理模型研究综合性的实际问题的过程中，也可能要在已建立模型基础上进行延伸，再建构一个新的模型，使模型得到延伸和拓展。

建模的这四个阶段在每个建模教学的实例中未必会界限分明地出现，建模过程有的简单，有的复杂，建模的几个阶段有可能重叠在一起，但其整体的思维过程是一致的。

（二）《课标》中模型建构水平的划分

在《课标》每个模块的学业要求中都有相关模型学习的要求，并在学科核心素养的水平划分中，描述了建构物理模型能力的水平层级。表 3–2 是学科核心素养的水平划分中建构物理模型能力的水平层级描述。表 3–3 是《课标》学业要求中有关模型学习的要求。

表 3–2 模型建构水平划分

水平	水平描述
水平 1	能说出一些简单的物理模型。
水平 2	能在熟悉的问题情境中应用常见的物理模型。
水平 3	能在熟悉的问题情境中根据需要选用恰当的模型解决简单的物理问题。
水平 4	能将实际问题中的对象和过程转换成物理模型。
水平 5	能将较复杂的实际问题中的对象和过程转换成物理模型。

表 3–3《课标》学业要求中有关模型学习的要求

模块	要求描述
必修 1	了解建立质点模型的抽象方法和质点模型的适用条件。能在特定情境下，将物体抽象为质点。体会物理模型建构的思想和方法。
必修 2	能认识平抛运动、匀速圆周运动的物理模型特征。
必修 3	能用点电荷模型研究电荷间的相互作用。能用电场线、磁感线等模型分析中比较简单的问题，并得出结论。
选择性必修 1	能根据现实生活中的振动或摆动的特点，建构简谐运动、单摆的物理模型。能运用这些模型分析问题，通过推理得到结论，对相关现象做出解释。
选择性必修 2	能进一步应用磁感线、匀强磁场等模型综合分析磁场和电磁感应问题。
选择性必修 3	认识建构理想气体、原子核式结构的模型的必要性，能在一定条件下，应用理想气体模型分析和研究实际的问题，能用等温、等压、等容的理想过程，正确认识和分析现实生活中的气体状态变化。

由每个模块中学业标准中对各模块中涉及的模型学习要求，可以看出其要求是与建构模型的能力水平相适应的，先认识模型，后应用模型，先在熟悉的情境中，后在复杂的实际问题中，这些都表明了学习的渐进性。教学中应该加强建模能力水平与教学内容相结合的研究，系统规划建构模型能力培

养的过程和方法，从而促进学生自身认知结构的优化，提高问题解决能力。

三、促进建构模型能力发展的教学案例与评析

教学中为了让学生能够体会建构模型的思路，需要设计能促进学生思考的活动和问题来引导，下面分析几个课堂中建构模型的教学片段。

（一）案例：自由落体运动

1. 学习目标分析与教学过程设计

（1）学习目标分析

教材“匀变速直线运动的研究”一章中，前几节学习匀变速直线运动的速度与时间、位移与时间、速度与位移的关系，即描述匀变速运动的几个物理量遵循的规律。“自由落体运动”作为一个典型的运动实例，要求学生利用匀变速直线运动的规律进行研究。要研究自由落体运动，首先就要从复杂的落体运动中，建立自由落体运动的模型，因此，本节一个很重要的学习目标就是通过学生从实际的落体运动抽象出自由落体运动这个理想模型的过程，让学生体会建构模型的思维过程，培养学生建构模型的能力。

（2）教学过程设计

情景1：观察生活中常见的落体运动（视频和演示）。

纸片的下落、树叶从枝头的下落、粉笔头的下落、小石子的下落。

问题1：生活中这些常见的运动，有什么相同或不同的特点？下落过程有什么规律？

活动1：落纸实验。让两个相同的纸片下落，观察下落情况是否相同。

问题2：下落过程的复杂性是由什么原因造成的？物体下落的快慢与什么有关呢？

问题3：如果简化处理，物体只受重力，物体下落的快慢与物体受到的重力有关吗？

建立模型：自由落体运动。

演示：牛顿管实验。

第一次：管内有空气时，观察管内羽毛和小金属片的下落情况。

第二次：将管内空气抽出去，再次观察管内羽毛和小金属片的下落情况。

情景 2：月球上的落体运动（视频）。

活动 2：能否让小纸片和粉笔头的下落情况基本相同呢？试一试，说明依据。

2. 案例评析

（1）描述阶段

在这个教学片段中，情景 1 给学生提供了一个真实的情景，把生活中常见的自由落体运动在这里集中展示，首先就把学生思考的方向聚焦在自由落体运动上。在这个基础上通过问题 1 启发学生要研究的物理问题是物体下落的运动，也可以由学生归纳其共性，都是从静止开始下落的运动，其特点除了初速度为零之外，就是下落，下落过程的规律性则看不出共同的特点。活动 1，两个相同的纸片，学生的操作不同则会出现不同的结果。是在学生明确了研究问题为落体运动的基础上，再次感受实际问题的复杂性，体会建立理想模型的必要性。

（2）建立阶段

问题 2 是针对运动的复杂性，分析导致运动复杂性的原因，从复杂的问题中抽象出要研究的物理问题。问题 3 的分析，让学生认识到，建立模型要依据研究的问题，分析简化处理的方式，也就是分析建立模型的条件。同时，“物体下落的快慢与物体受到的重力是否有关”这个问题也是建立自由落体模型的核心问题。在分析这几个问题之后，实际上已经有了初步的模型，利用这个模型可以解释所观察得到的现象或事实。

（3）修正阶段

但自由落体这个模型是否正确呢？则要进行检验，牛顿管的对比实验，就起到检验的作用。这个对比实验，所对比的就是要简化的条件，通过实验现象的对比分析来判断处理的是否合适、是正正确，也就是验证我们所猜想的模型条件。如果现象与我们建立的模型一致，则在此基础上，就可以说是建立了合理的物理模型。通过牛顿管的演示实验，验证了没有空气阻力、只受重力的时候物体下落的快慢是一样的，与物体所受重力大小无关。在这个阶段，还有一个情景的展示，就是月球上落体运动的视频，在月球上羽毛和锤子的同时落地既增加了实验普适性的验证，也进一步明确了模型的条件。

（4）应用与拓展阶段

活动 2 是模型的应用拓展过程，让学生尝试设计方案使纸片和粉笔头下落情况相同，就是要利用模型来解释现象预测控制结果，让学生通过分析，想到当空气阻力和重力（次要因素和主要因素）相比可以忽略时，实际的落体运动就可以抽象成物理理想模型，这样就可以实现同时落地。当捏紧的小纸团和粉笔头同时落地的现象呈现在学生面前的时候，也就表明了学生对利用模型有了进一步的认识。这个活动既有建模条件理解的目的，也有将模型再次回归到实际解释问题的目的，同时对近似条件的处理，也更拓展了模型的应用价值。

整体来说，自由落体的这个教学案例还是比较完整地体现了建立模型的思维过程的。

（二）案例：单摆

1. 学习目标分析与教学过程设计

（1）学习目标分析

摆动是一种常见的物理现象，但实际的摆动是复杂的，为了对摆动的运动规律进行定量的研究，首先需要对其进行理想化的处理，抓住主要因素，忽略次要因素，建立理想化的模型。在本节课中建构模型方法的运用是有层次的，一是将实际的单摆纳入单摆模型；二是将单摆纳入简谐运动的模型。在教学中通过两个建模过程，让学生对建构模型的思维过程加深认识，促进学生解决实际问题的能力。

（2）教学过程设计（本节课的教学设计基于课前学习）

环节 1：建立单摆的概念模型

情景 1：在学生对生活中的摆动现象进行描述的基础上，出示日常生活中的各种摆动现象，如图 3–5 所示，摆钟、吊灯、秋千等，在竖直平面中摆动。

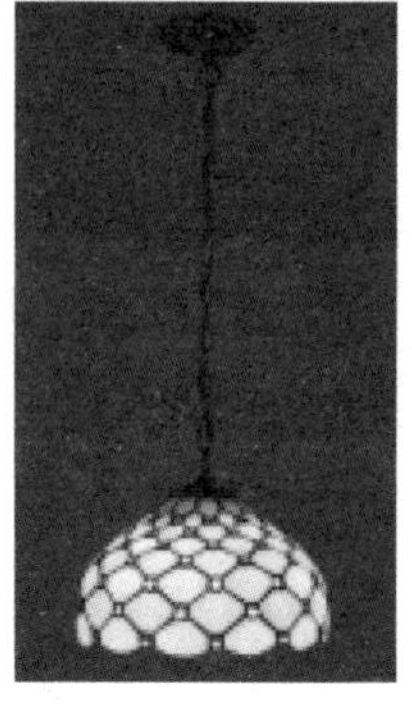

图 3–5

问题 1：这些摆动有什么共同特点？

引起讨论并引导学生总结这些现象的共同特点。初步认识摆动的特征，并认识到研究摆动比较复杂，需要把复杂的问题进行简化。

讲解：基于课前学习，已经知道研究摆动问题时需要建立理想化模型，即单摆。用细线把小球悬挂在一个固定点上，研究小球在平衡位置附近的振动。如果细线的质量与小球相比可以忽略，球的直径与线的长度相比可以忽略，这样的装置就叫做单摆。

演示：出示图 3–6 所示的各种摆动模型，使它们摆动起来。

问题 2：这些摆动模型是不是单摆，为什么？

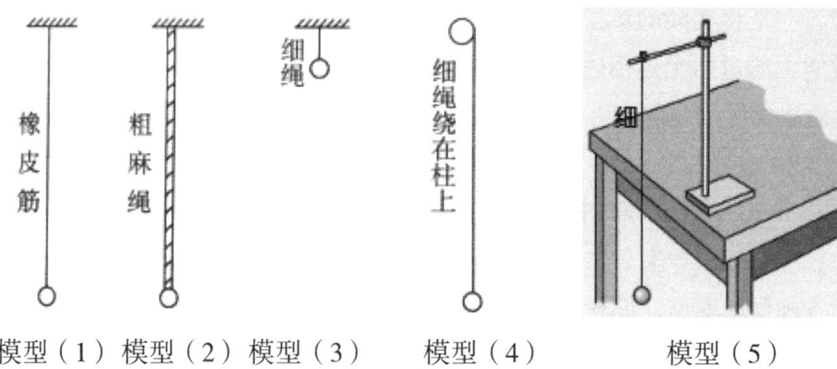

图 3–6 各种摆动模型

学生交流：

模型（1）不是单摆，因为橡皮筋伸长不可忽略。

模型（2）不是单摆，因为绳子的质量不可忽略。

模型（3）不是单摆，因为绳长不是远大于球的直径。

模型（4）不是单摆，因为悬点不固定，因而摆长在发生变化。

模型（5）是单摆。

环节 2：建立单摆是简谐运动的模型

问题 3：引导学生思考单摆的摆动（运动）可能属于什么类型的运动？是做简谐运动吗？应该如何证明？

学生：采用研究弹簧振子振动图像的方法，研究摆球的振动图像是否是正弦曲线。

演示：细线下悬挂一个除去了柱塞的注射器，注射器下喷出细细的一束墨水，如图 3–7 所示。沿着与摆动方向垂直方向匀速拖动一张白纸，白纸上留下的墨迹即为振动图像。

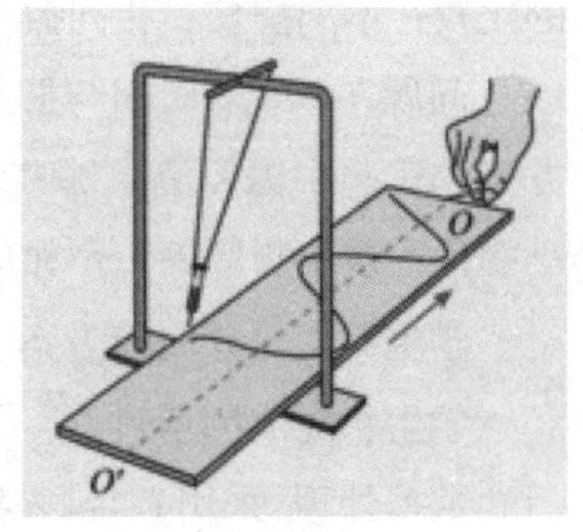

图 3–7

展示：打出的白纸上的墨迹。

问题 4：能肯定这个图像一定是正弦曲线吗？

学生交流：

方法 1：采用将做出的正弦曲线与此墨迹拟合，看是否能够重合；

方法 2：采用对数据点的测量，看位移与时间的关系是否遵从正弦函数的规律。

问题 5：由于实验存在误差，仅用目前的实验初步判断单摆做的是简谐运动，还是很粗略的，是否能从理论上推导单摆是否做简谐运动呢？

学生交流：物体的运动状态是由受力情况决定的。可以从单摆受到的回复力是否具备简谐运动回复力的特点进行分析。

学生交流推理：如图 3–8 所示，θ 很小时，$\sin\theta = \dfrac{\theta}{l}$，用弧度表示角时，$\theta$ 与它的正弦 $\sin\theta$ 近似相等。θ 与对应的弦长与它所对的弦长近似相等。

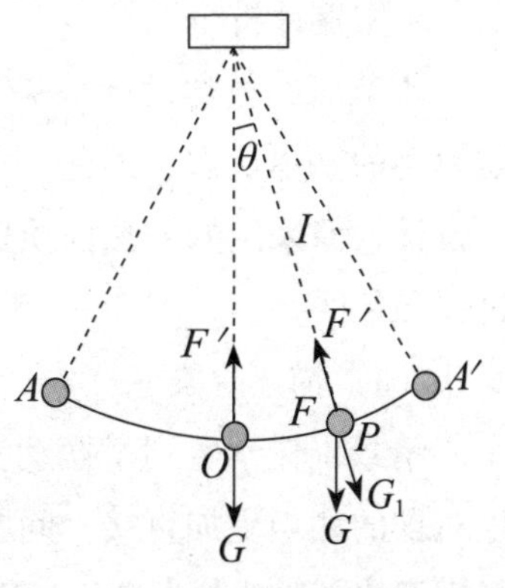

图 3–8

推导得出回复力的表达式：$F=-\frac{mg}{l}x=-kx$。

结论：在偏角很小的情况下，摆球所受的回复力与它偏离平衡位置的位移成正比，方向总是指向平衡位置，因此单摆做简谐运动。

环节 3：研究单摆的周期

问题 6：影响周期的因素可能会有哪些？如何研究？请设计实验方案。

评价学生实验方案，出示实验器材：单摆组。

演示：不同质量、相同摆长和振幅的比较；不同振幅、相同摆长和质量的比较；不同摆长、相同振幅和质量的比较。

问题 7：单摆周期与摆长有怎样的关系？进行实验探究。如何设计实验方案？实验中需要测量哪些量？注意哪些问题（摆长的测量；秒表的使用；小摆角；多次测量等）？如何处理数据？

学生：交流并完善方案。

学生：完成测量过程。

数据处理：采用 Excel 表格，选取 6–8 组学生数据，填入表格，分别作出 T–l、T–l^2、T–l^3、T–$l^{1/2}$、T–$l^{1/3}$ 图线。

介绍：荷兰物理学家惠更斯研究得出了单摆的振动周期，该公式与理论推导的结论是完全一样的，并且经过了大量的实验验证，被广泛地应用于实践中。

引导学生课后进一步思考：运用刚才测量的数据如何计算重力加速度值？摆钟由地面移到高山或由北京移到上海，摆钟“走时”是否发生误差？怎样调整？

2. 案例评析

本节课的教学设计是基于课前学习，学生在课堂学习之前已经有了对单摆模型的基本认识，因此，本节课的教学虽然是基于促进学生建模能力的教学设计，但采用的方法为质疑解惑的思路，通过质疑使学生理解模型建立的过程和条件。

（1）描述阶段

情景 1 让学生列举摆动实例，再通过展示的实例，创设有效情境，使学生对摆的认识更加直接，问题 1 让学生感受实际问题的复杂性，理解建立理想模型的必要性，为进一步建构单摆模型建立奠定基础。

（2）建立阶段

由于本节课是基于课前学习，模型的建立过程主要是通过问题 2 诊断学生对单摆概念模型的认识。通过这几个问题的分析，促进学生对摆球的尺寸、绳的性质、悬点等建立单摆模型条件的理解。问题 3、4、5 是对学生建立单摆是简谐运动模型过程认识的诊断，受力分析图是物理相互作用模型的表征方式，是高中生解决物理问题的必备能力。通过学生自主受力分析，提高他们领会模型表征的能力。在分析单摆受力情况时，以直代曲，让学生领悟了用近似的思维方法处理问题的优点，并进一步通过数学表达式建构单摆模型。

（3）修正阶段

在本案例中，从单摆的振动图像定性分析和单摆回复力的理论分析两个角度来相互检验单摆模型的合理性和科学性。为了完善对模型的认识，环节 3 中研究了单摆的周期与摆球的质量、摆动的幅度以及摆长是否有关，以及有什么样的关系，得出了单摆的周期公式，也使对单摆模型的描述更为完善。

（4）应用与拓展阶段

案例最后的问题思考，旨在提高学生对利用模型的认识。基于实际问题解决的建模过程，目的自然是为了解决实际问题，通过问题思考，拓展模型的应用价值。物理模型既是学习者常用的一种工具，更是一种理念，一种思维。在高中物理教学中引入模型能够提升学生的抽象化思维能力和科学素养，能够使学生对科学思维方法有更深层次的理解，而且学生利用模型也可以自主进行探究，在建模解决物理问题的过程中理解体会模型的内涵，从而学会学习，自主建构起完整成熟的知识体系。

四、基于模型建构的教学策略

中学物理教学中，很多内容都能以物理模型为基础进行学习，也就是说物理模型教学渗透在物理概念的形成、物理规律的掌握和物理问题的解决等各种学习过程中。在进行物理建模教学中可以考虑以下几个方面，以提升建模教学的有效性。

（一）利用“原始物理问题”，为学生提供建模情景

建模教学的核心环节就是建立模型，它要把实际问题和物理理论联系起

来。建模的基础是生活中的实际问题，学生只有对这些物理原型有所了解，才能运用抽象思维能力和科学方法建构物理模型。因此，教学中应该给学生提供与生活密切相关的生活现象、真实的实验情景等原始物理问题，让学生基于此提炼出物理问题并通过科学探究的过程解决物理问题，提升学生从物理原始问题中归纳抽象出熟悉的物理模型的能力。

例如，“弹性碰撞”模型的建立是基于碰撞这个实际情境的。碰撞是物质世界的常见现象，台球碰撞改变运动状态给人我们带来愉悦，汽车发生追尾给人们带来危害，两节火车车厢之间挂钩的碰撞可以使车厢连接，等等，这些碰撞现象背后蕴藏着的规律，要用动量和能量的知识来进行解释。为了研究这些问题，一般的教学过程，首先提供这些原始问题情境，明确研究从一维的碰撞开始研究；然后研究一维碰撞过程中的动量和能量问题，提出碰撞的分类，建立“弹性碰撞”的模型。

这种面向生活现象和原始物理问题的教学过程，让学生经历了对现象的描述、提取物理问题、抽象、建构物理量关系的过程，升华了学生的思维能力。

（二）利用实验演示创设物理情境，为学生提供建模支持

课堂演示实验在物理教学中能够发挥多种作用，我们在建模教学中同样也可以发挥它的教学价值。比如，可以像原始物理问题那样给学生提供真实的问题情境，还可以还原研究对象的实际过程，使之形象化、可视化，另外，还可以启发学生思考，引导学生建构模型。

例如，“用油膜法估测分子大小”，这个实验的设计思想十分巧妙，用宏观量的测量来实现对微观量的间接测量方法，以及微小量的累积测量法等科学实验方法，有利于学生深化对微观世界的认识，提高学生的实验技能。但这里面有两个模型建立，一是把分子抽象成球形；二是要建立单分子油膜的模型。为什么要把分子看成球形，为什么要用油膜法测分子，教材中并没有直接给出，从下面的演示实验可以帮助学生建立模型的过程。将化学中几种常见分子的比例模型展现在课堂上，例如，苯，乙烯，乙炔等，学生观察发现尽管分子结构不同，但它们的大小相差不大，如果是测量分子数量级，可以将这些分子都看成一种更为简洁的模型——球形。学生通过观察和对比，自然地将形态各异的分子抽象为球形分子模型。有了球形这个形状，那么怎

么测量非常小的分子又是一个难题，毕竟没有那么微小的测量工具。教师将一定量的黄豆粒倒入比较细的量筒里，然后依次倒向粗一些的量筒和培养皿中。学生通过观察、分析和推理，很容易就能想到最后黄豆粒高度一定是它的直径，这就是一个单层的结构模型，测出体积，测出面积便可算出直径。学生已经明白利用测宏观量来实现微观量的测量方法，后面就是寻找测面积的方法了。

（三）加强以物理模型开展教学的内容整合

在教学的一定阶段，比如章节复习、模块复习的过程中可以有意识地开展以物理模型为主线的教学。围绕模型开展内容整合的教学，需要学生在一开始花费一定的精力深入理解和训练使用，教师和学生可能对此都会感到不适应。但围绕模型开展教学，可以让学生对建构模型的思维方法有更深刻的体会，可以让学生更熟悉利用模型解决问题的思路，还可以使学生更深刻地理解和把握概念、规律的本质。

例如，以“圆周运动模型”为主线进行内容整合的教学。学生在学习圆周运动之前，学习了牛顿运动定律和研究曲线运动的方法，可以说研究圆周运动是运动和力知识在曲线运动上的具体应用。在学生建立了圆周运动的模型之后，又学习了天体运动，天体运动在高中阶段也主要是简化为圆周运动。另外，带电粒在匀强磁场中的运动、原子核外电子的运动等，都是圆周运动的模型。这样，我们梳理学生学习过的这些运动模型，可以发现整合这些圆周运动的模型重点发展学生的运动和相互作用的物理观念。通过这样内容整合的教学，可以使学生的物理观念、科学思维得到有效提升，教师应该以积极的心态加强建模的教学研究，自觉积极地开展以模型方法教学为中心的整合教学。

第二节 促进科学推理能力发展的教学

科学推理是根据一个判断得出另一个判断的思维形式，科学推理在学生的物理学习中起着重要的作用，一方面表现在学习理解过程中，当学生获取了各类外界信息后，需要根据科学的思维图式，按物理属性对同质的事物和过程及这些信息进行抽象概括，或者对相关联的事物和过程进行类比或演绎，这对物理概念和规律的建立和理解都起着重要作用。另一方面现在应用实践的过程中，通过科学推理对观点进行论证，或者对未知的物理过程的发展或结果进行合理的预测。

一、科学推理概述

（一）科学推理的内涵

将科学推理的纳入儿童的认知过程是源于皮亚杰的认知发展理论。在皮亚杰的认知发展理论中，将儿童从出生到大约 15 岁的时期划分成了互相衔接的、顺序不变的、但思维特征各异的四个发展阶段，即感知运算阶段、前运算阶段、具体运算阶段和形式运算阶段。这四个运算阶段的不同实质就是思维能力的不同。在皮亚杰看来，科学推理是认知发展进行到形式运算阶段之后儿童或成人所能掌握的推理类型。

Kwen 和莱德曼（Lederman）认为，科学推理包含有归纳推理和演绎推理，它既包含对自然现象进行归纳形成概念、原理、概括、理论、模型等的归纳过程，又包含通过使用这些基本的概念、概括、原理、理论或模型对自然现象作出假设的演绎过程。

齐默尔曼（Zimmerman）认为，从广义上来说，科学推理能力涵盖了宽泛意义上的在探究学习、设计实验、证据评估、推论思辨、逻辑论证等活动中所需要的一切思维能力和推理技能，这些活动是我们在形成并逐步完善对自然世界和人文社会的各种概念以及理论的认知过程中的关键步骤。

斯图西（Stuessy）认为，科学推理能力是个体所拥有的在科学探究过程中观察事物之间关系、做出假设、设计实验检验假设、预言结果出现概率、给出逻辑推断、进行证据评估，最终证明特定结论合理所需要具备的内在逻辑思维形式。

Klahr 和 Dunbar 将科学推理的过程视为问题解决的过程，即科学问题的解决是通过一个双重搜索过程来完成的，在两个相联系的问题空间——假设空间和实验空间来进行。在一些情境下，问题解决者可以使用先前的知识限制假设空间的搜索；而在另一些情境下，问题解决者在形成假设之前必须通过实验进行观察。实验空间的搜索可以受假设的限制，也可以不受假设的限制。这个问题解决的过程也就是科学推理的过程。

田世昆、胡卫平认为推理是根据一个判断或一些判断得出另一个新的判断的思维形式。根据思维进程的过程不同，将推理分为归纳推理、演绎推理和类比推理三种。续佩君针对物理学科提出物理推理，认为物理推理是从一个以上的物理判断获得另一个新的判断的思维形式。根据获得的判断的思维形式，将物理推理分为归纳、演绎和类比推理。

从上述对科学推理的界定中可以看出，研究者虽有不同的观点，但都认同科学推理是个体思维能力发展到一定高度之后具有的推理类型，是科学思维的一种高级形式。科学推理的特点是“已知的判断”为科学证据，而得出的“新判断”则是科学结论。

（二）科学推理的基本形式

研究者们从不同的角度提出了各种科学推理的形式，比如，理论推理、组合推理、比例推理、概率推理、关系推理等。但在中学物理教学中广大教师更为关注的是三种形式，即归纳推理、演绎推理和类比推理，这也是中学物理课程中推理思维的主要形式。以下侧重对这几种形式来进行探讨。

1. 归纳推理

哲学中将一般和特殊分别表示为事物的普遍性和特殊性范畴，归纳是由特殊到一般的推理形式。在探索物理规律的过程中，通过特殊情况发现一般规律，由特殊事例，归纳出问题一般结论的思维方法，它推动着实验物理学的发展。物理归纳就是以物理观察和事实为基础，从一些个别的、特殊的物理现象、物理过程和规律，推出普遍的一般性的物理规律结论或规律。很多物理概念的建立和物理规律的揭示，都是由归纳推理得出的。归纳推理的出发点是通过具体的观察、实验所得到的事实，通过比较、分析、综合，把非共性的因素排除、淘汰，最后获得可能包含有事物本质的共性认识。根据归纳所依据的现象或事实数量，可以将归纳推理分为完全归纳推理和不完全归纳推理。

（1）完全归纳推理

完全归纳推理是根据某类事物中所有研究对象的情况，而做出关于该类物理事物的一般性结论的过程。完全归纳推理必须满足两个条件，一是必须确切地知道所研究的那类事物物中研究对象的个数；二是必须考察所有的对象并确认要推出的属性是该类事物中每个对象所固有的。但显然，自然科学中例子是很难穷举的，所以在物理学的学习与研究很少有完全归纳法的应用。

（2）不完全归纳推理

不完全归纳推理是根据对某类事物部分对象的考察而得出一般性结论的推理形式。也就是根据有限的个别物理事实得出一般物理概念和规律的推理方法。不完全归纳有两个特点，一是其结论所决定的范围超出了前提所断定的范围；二是其结论带有或然性。人们应用不完全归纳推理，虽然可以从为数不多的事例中探索出普遍的规律性来，然而这毕竟还是个猜想，这种猜想对不对，还必须进一步加以验证。通过不完全归纳推理推出结论一方面可以得出新的知识，但另一方面这个结论却未必真实可靠。不完全归纳推理因推理的根据不同，可以分为简单枚举归纳推理和科学归纳推理两种。

简单枚举归纳推理是以经验的认识作为主要依据，从某种事物的多次重复又未发现反面事例而做出一般性结论的推理形式。科学归纳推理以科学的研究分析作为主要依据，从探索一类事物的部分对象与某种属性间必然的因果联系，从而对该类所有对象做出一般性结论的推理形式。在物理上的应用，就是通过列举出某类物理事物的对象具有某种性质或规律，并分析出制约此性质或规律的根本原因，以此因果联系作根据，从而推出这一类物理事物具有这种性质或规律的结论。它的结论也是或然的，但由于抓住了对物理内因的分析与比较，而没有停留在事实的简单重复上，从而增加了必然性的概率。科学归纳推理在物理实验的研究中，在物理规律和物理假说的推出过程中，都起着很大的作用。物理学中许多规律和公式的导出，都要通过一系列实验和科学归纳推理。

虽然归纳推理在物理学中有着重要的作用，但也有其局限性，它是一种或然性推理方法，推理结论不一定可靠，其正确性要经过实验等进行检验。

2. 演绎推理

演绎是由一般到个别的推理形式，即从一般性的前提出发，推导得出具体陈述或个别结论的过程。

虽然演绎推理的结论是必然性的，但物理学中逻辑的必然还不等于客观的存在，所以还要实验或实践检验之后，才能正式成立。演绎推理在物理学的理论分析研究中占有很重要的地位。例如，力学理论中以牛顿运动定律，动量守恒定律，功能关系，动量守恒定律等以及其他一些基本概念为前提，运用演绎推理，推理导出了整个力学体系。再如，麦克斯韦在建立了电磁场理论后，利用演绎推理的思维方法预言了电磁波的存在。在中学物理中，自由落体运动公式、向心力加速度公式、洛伦兹力公式等都是运用一般规律通过在特定条件下的演绎推理得出的。而且在中学中的大部分应用性问题，尤其是习题解决的过程都是要运用演绎推理的方法才能解决。

科学的认识过程中，归纳与演绎互相渗透，相辅相成。演绎要以归纳为基础，归纳要以演绎为指导，并且在一定条件下相互转化，它们相互依存、相互转化、互相联系、互相补充，推动着物理学的发展。

3. 类比推理

类比推理是由一个特殊性判断推导出另一个特殊性判断的能力。它是根据不同物理研究对象在某些方面具有相同点的几个物理判断，推出它们在另外的方面也可能相同的新的物理判断。类比推理往往带有新发现的性质，从两类事物在某些方面具有相似性，推导出它们之间还有其他方面相似的特征，但这是个从特殊到特殊的过程，推理结论包含有某种联想、猜测的成分，需要在实践中做检验、补充与修改。推理的风险性比较大，盲目的类比容易失误。

类比推理是人类认知思维能力发展的重要方式，心理学家认为，人们在学习新知识时，是在原有知识经验基础上进行的对原有知识的类比和迁移，类比推理也是学习和研究物理的一种极为重要的科学方法，也是人们所熟知的几种推理方法中最富有创造性的，它贯穿于物理学发展过程的始末。正如康德说的那样，每当理智缺乏可靠论证思路的时候，类比这个方法往往能指引我们前进。比如，德布罗意提出实物粒子具有波粒二象性的假说，就是将一块石头和一束光联系起来，从自然界的和谐和对称出发，把力学现象与光学现象作了类比。再如，卢瑟福提出的原子模型就是类比了太阳系，光的波动性类比了声波，卡诺的理想热机类比了水车等。

在学生学习物理的过程中，类比推理也是重要的思维方式。例如，在学生解决问题的过程中，常利用类比来启发思路，也就是借助已经获得的解决某类问题的思路和线索，经过分析迁移，从而确定解决该问题的思路和线索。因此，类比推理也常被认为是学习和解决问题的关键。

归纳推理、演绎推理和类比推理是三种不同的推理方式，它们之间的关联关系如图 3–9 所示，在物理的学习与研究中都是重要的科学方法。

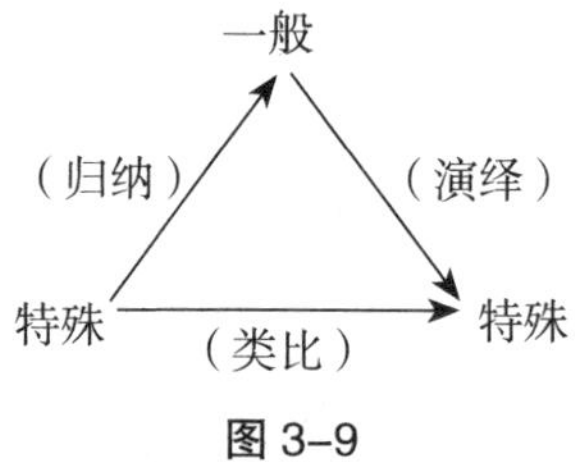

图 3–9

二、科学推理教学的依据

（一）归纳推理教学的理论依据

物理规律反映了物理现象、物理过程在一定条件下必然发生、发展和变化规律，它反映了物质在运动过程中的各个因素之间的内在联系，揭示了事物的本质属性之间的内在联系。中学物理中的物理规律多是从大量的实验事实归纳概括出来的，这决定了归纳方法必然成为中学物理概念和规律教学的重要方法。

1. 归纳的基本方法

19 世纪英国逻辑学家穆勒对归纳法做了一次系统的阐述，提出了著名的探索因果联系的归纳方法——穆勒五法，推动了归纳法在科学研究中的应用。

他通过这种方法将非常重要的一种知识来源——因果推理——规范到可以通过用简单且具有可操作性的实验方法来进行，因此，被称为是科学发现方法论的典范。教学中常见的归纳方法（穆勒五法）分别指：求同法、求异法、同异合用法、共变法和剩余法。

（1）求同法

求同法，也称契合法。也就是在被考察物理学现象的两个或多个事例只有一共同点，那么这个共同点就是该现象的原因（或结果），这个被考察的现象也就是我们寻求其原因（或结果）的现象。

【案例】质点在曲线运动中某点的线速度方向

①列举事例

砂轮打磨下来的炙热微粒，沿切线方向飞出去；

旋转的雨伞边缘上甩出的雨滴，沿切线方向飞出去；

旋转的链球被抛出时，沿切线方向飞出去；

雨天，自行车轮上的泥点被甩出，沿切线方向飞出去……

②丰富事实

按图 3-10 所示实验，进行探究。

水平桌面上摆一条弯曲的轨道，它是由几段稍短的弧形轨道组合而成的。通过压缩弹簧或者斜面使钢球由轨道的 C 端滚入，在轨道的约束下做曲线运动。在轨道的下面放一张白纸，蘸有墨水的钢球从出口 A 离开轨道后在白纸上留下一条运动的痕迹，它记录了钢球在 A 点的运动方向。

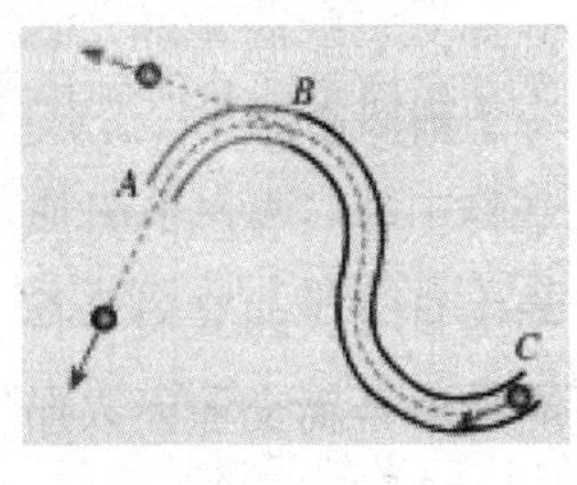

图 3-10

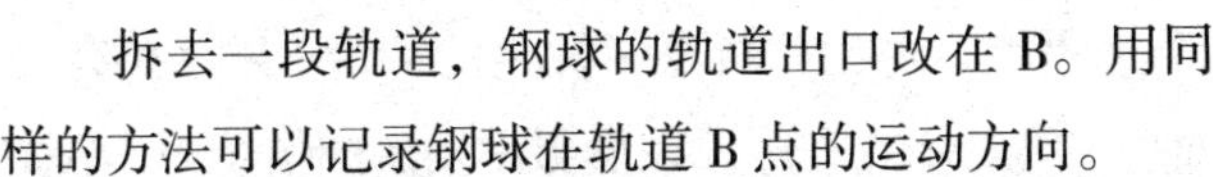
拆去一段轨道，钢球的轨道出口改在 B。用同样的方法可以记录钢球在轨道 B 点的运动方向。

思考：白纸上的墨迹与轨道（曲线）有什么关系？

学生分享各自的认识。

③求同归纳，形成结论

在这些场合中，被研究的离开曲线运动那个时刻的物体运动的方向，都是沿该点的切线方向。

质点在某一点的线速度方向，是沿曲线在这一点的切线方向。

（2）求异法

求异法，也称差异法。是通过考察某个物理现象或事实出现和不出现的两个场合，若这两个场合有且仅有某一个条件不同，则这个不同的条件和被研究现象之间有因果联系。

例如，光电效应的发现就是通过求异法。赫兹在做电磁波实验时，发现了一种新奇的现象：当紫外线照射到圆环接收器的电极上时，火花放电变得容易了；若没有紫外线的照射，接收器间的火花放电就比较困难。后来，海华兹做了一系列实验，他用碳弧光照射绝缘的锌板，锌板连接验电器发现，如果锌板原来带负电，经照射后会迅速失去电荷；若在碳弧前面用一块玻璃隔开，则现象消失。说明起作用的确实是紫外线，从锌板放射出来的肯定是负电荷。海华兹用的就是求异法。经紫外线照射，锌板便迅速失去负电荷；无紫外线照射，玻璃吸收了碳弧光的紫外部分，不失去负电荷。

（3）求同求异共用法

若在研究物理现象出现的几个场合中，都存在一个共同条件，而在所研究物理现象不出现的几个场合中，都没有这个条件，则这个条件和所研究现象之间就有因果关系。

例如，物质放射性的发现过程。法国物理学家亨利·贝克勒尔无意间把放射性物质铀盐放到用黑纸包好的底片上，太阳晒了几个小时后底片显示了黑影。为了证实是射线在起作用，他特意在黑纸包和铀盐间夹了一层玻璃，再放到太阳下晒，结果仍然出现了黑影。然后，他把铀盐拿走，用两张厚黑纸把感光底片包起来，放在太阳底下，结果没有使底片感光。于是他断定使底片感光的是铀盐，这就是发现放射性的经过。

分析上述过程，第一个过程中，对比分析黑影发生的情境，只存在有一个相同的先行因素（存在铀盐）第二个过程中，在黑影不发生的情境中，不存在铀盐这个先行因素。最后，综合两类情境求异，第一个过程中那个先行因素（存在铀盐）就是问题中被研究现象发生的原因。

【案例】探究感应电流的产生条件

①列举事例

如图 3–11 所示，把导体棒 AB 的两端分别与电流表的两个接线柱相连，于是构成了一个闭合导体回路。当闭合导体回路的一部分做切割磁感线的运动时，其中会产生感应电流。

②丰富事实

探究：还有哪些情况可以产生感应电流？

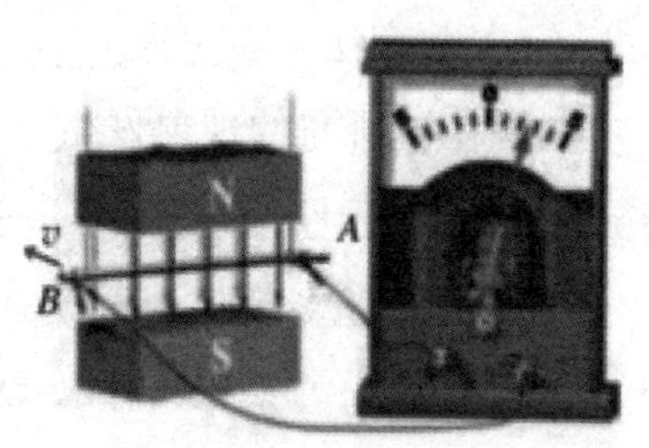

图 3–11

实验 1：采用图 3–12 所示的实验装置，向线圈中插入磁铁，把磁铁从线圈中抽出，或静止地放在线圈中，观察电流表的指针是否发生偏转。

思考：在这个实验中，什么情况下能够产生感应电流？

图 3–12

实验 2：模仿法拉第的实验。采用图 3–13 所示的实验装置，线圈 A 通过变阻器和开关连接到电源上，线圈 B 的两端连到电流表上，把线圈 A 装在线圈 B 的里面。观察在开关断开或闭合瞬间，开关闭合后滑动变阻器不动和迅速滑动变阻器的滑片四种情况中，线圈 B 中是否有电流产生。

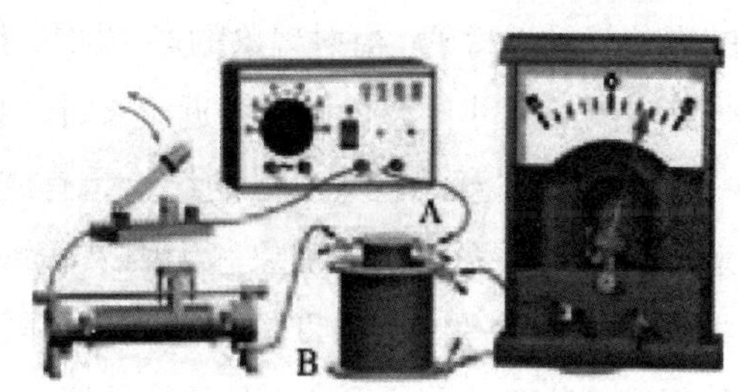

图 3–13

思考：依据上述四项实验观察的结果，你能得出什么结论？

③求同、求异归纳，形成结论

分析两个实验中产生感应电流与不产生感应电流的操作的不同，得出产生感应电流的初步结论，这个结论可能直接和操作相关。

再将两个实验结合，采用求同的思想，抓住虽然操作不同但表现出来的相同本质。也就是不论是闭合回路的部分导体对磁感线进行切割面积的变化，还是闭合回路中的磁场发生调整磁感应强度的变化，这一切都导致穿过闭合回路的磁通量必然发生变化。因此，可以得出结论：只要穿过闭合导体回路的磁通量发生变化，闭合导体回路中就有感应电流。当然，在这个分析过程中既有求异的思想也有求同的思想。

（4）共变法

如果在被研究的现象发生变化的若干场合中，只有一个情况在变化，其他情况都不发生变化，则这个唯一变化的情况很可能与被研究现象有因果联系。

物理学的许多规律，都是用共变法归纳出来的。这一点可以用常说的自变量和因变量的关系来理解。就是对被研究现象发生变化的若干情境进行分析，在其他条件相同的条件下，发现一个量的改变会影响到另一个量的改变，或者说一个量会随着另一个量的变化而变化。

例如，物体遇热膨胀的规律，可以说是应用共变法研究得来的。对一个物体加热，在其他条件不变的情况下，当物体的温度升高时，物体的体积就不断膨胀，由此我们得出结论：物体受热与物体膨胀有因果关系。再比如，我们在研究发生光的衍射现象的条件时，常通过观察狭缝的衍射现象来总结结论。当狭缝的宽度相对光的波长较大时，看不到衍射现象；狭缝减小到一定程度，狭缝的边缘逐渐变得不清晰了；再进一步减小狭缝的宽度，狭缝的尺寸与光的波长差不多或比波长小时，就发生了明显的衍射现象。根据这样的现象就可以得到：衍射现象的产生取决于障碍物的尺寸和波长的大小关系，当障碍物的尺寸比波长小或接近波长时，会产生明显的衍射现象。

但需要注意的是共变法的结论是有或然性的，有些共变现象并无因果关系，有因果联系的共变现象和无因果联系的共变现象不能混同；再者，有些共变现象是有一定的限度的，超过这个限度就不再具有共变关系，或发生一种相反的共变关系，例如水的反常膨胀。

（5）剩余法

若已知被研究的某一个复杂物理现象是由另一些复合因素引起的，把其中已判明因果联系的部分剔除，然后从剩余的现象和因素之间寻找因果联系的方法，就是剩余法。

例如，居里夫人在研究放射性时以沥青铀矿渣作为原料，沥青铀矿是一种成分复杂的矿石，是以铀为主，包括银、铜、钡、铋、钴等多种金属杂质的化合物，这些杂质中究竟哪一种成分含有放射性，只有靠化学方法分离后，再用静电计比较其游离电流才能鉴别，对收集到的沉淀物再用别的试剂溶解和沉淀。采用这种方法，居里夫妇发现了钋，接着他们继续进行分离试验，又发现钡盐中有更强的放射性，又经过一系列的分离，提取了放射性更强的镭。

这个研究过程就采用了剩余法。

如果在教学中采用剩余法进行归纳推理，则教学过程是必须先明确全部因素中的部分因素，然后分析剩余因素，再总结形成物理规律。

2. 利用归纳推理教学的一般过程

概念的形成、规律的发现过程中都经历了归纳推理的思维过程。利用归纳推理进行概念教学的一般过程如图 3–14 所示。

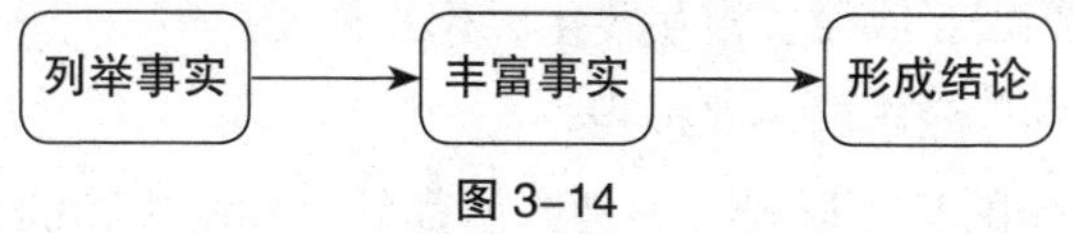

图 3–14

（二）演绎推理教学的理论依据

演绎推理是从一般事物到个别事物的推理方法，在物理学的理论分析研究中占有很重要的地位，也是中学生学习物理内容的重要方式。

1. 演绎推理的基本形式

演绎推理有不同的分类，主要的推理方式有三段论、假言推理、联言推理、连锁推理等等，但有一个基本形式：三段落。我们这里主要讨论这个基本的形式。在物理学中，演绎推理的具体过程是：根据已知的一般性规律，通过分析，并限制条件，运用数学手段，得出个别性的规律。

基本格式是：

所有 M 都是 P（大前提：一个一般性判断）；

所有 S 都是 M（小前提：一个具体的判断）；

则所有 S 都是 P（结论：对一个具体判断和某个一般性判断之间关系做出的判断）。

例如，人们根据物质无限可分的观点，推知基本粒子也是可分的。这一推理过程就是研究推理。其推理过程：自然界中的一切物质都是可分的；基本粒子是自然界中的一种物质；所以基本粒子是可分的。再如根据有质量的物体间存在万有引力的观点，推知 A、B 两物体之间存在万有引力。其推理过程：宇宙间任意两个有质量的物体间都存在万有引力；物体 A 与物体 B 是有两个有质量的物体；所以 A、B 之间存在万有引力。

演绎推理在理论研究中占有很重要的地位，例如，力学理论，以牛顿三定律、动量守恒定律、功能关系等以及一些基本概念为前提，运用演绎推理导出了力学体系。但演绎推理也有其局限性，演绎推理的可靠性受到前提制约，而前提是否正确在演绎范围内是无法解决的，这又必须依赖归纳法和其他研究方法得出一般的物理理论作为演绎的前提。而归纳结论又有其或然性，所以演绎推理的结论也并非绝对可靠，也要加以验证。由此可看出，归纳推理与演绎推理据有辩证的关系，演绎要以归纳为基础，归纳要以演绎为指导，并且在一定条件下相互依存、相互转化、相互补充。

2. 利用演绎推理教学的一般过程

虽然演绎推理的具体形式有多种，但都是一种由事物的普遍结论推出关于具体事物必然具有（或符合）普遍性结论的过程，推理的实质就是找出并阐明结论和大前提之间的必然性关系。基于此，在中学物理教学中，依据物理公式进行数学恒等式变形式的推证，用物理概念、公式、图线对问题进行的论证，更具体地设条件判断具体题目能否选择某一物理规律等等，基本都是演绎推理的过程。在中学物理教学中应用演绎推理开展教学的一般过程如图 3–15 所示。

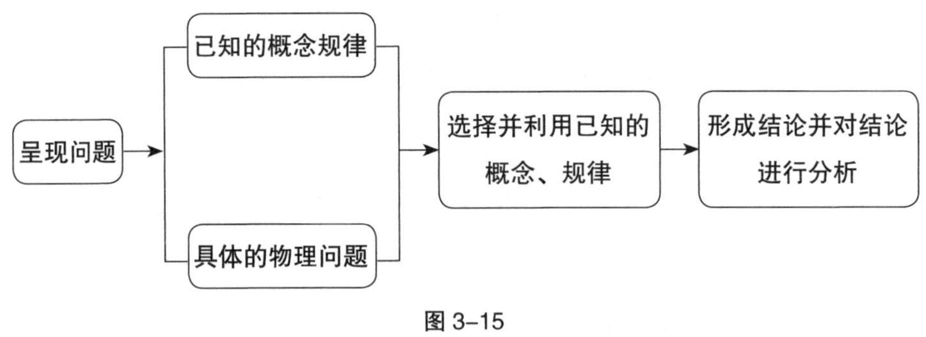

图 3–15

（三）类比推理教学的理论依据

1. 类比推理的基本形式

类比推理是由两个或两类对象在某些属性上相同或相似，推出它们在另一属性上也相同或相似的推理形式。它的基本格式是：

对象 A 具有 a、b、c、d 的属性或具有某种特定形式的关系；

对象 B 具有 a′ 、b′ 、c′ 的属性或具有某种特定形式的关系，且与 a、

b、c 相同或相似；

所以，对象 B 也可能具有 d′ 的属性或具有某种特定形式的关系，且与 d 相同或相似。

类比没有统一分类标准，但根据类比对象的不同，可分为不同的类比形式，比如概念类比、因果类比、结构类比、对称类比、模型类比、综合类比等等。

例如，在学习磁感应强度 $B=\dfrac{F}{IL}$ 时，可以用电场强度 $E=\dfrac{F}{q}$ 的概念来进行类比，这就是概念类比。

再如，在学习静电场时，可以借助重力场的因果关系与静电场的因果关系进行类比，推知静电场的一些类似性质。如重力做功与路径无关，重力做功的大小等于重力势能的减小量，重力做正功、重力势能减小，重力做负功、重力势能增加；类比得出电场力做功也与路径无关，电场力做功的大小等于电势能的减小量，电场力做正功、电势能减小，电场力做负功、电势能增加。这是一种因果关系的类比。

再如，用太阳行星模型去类比原子结构，用小球轻弹簧模型类比分子引力和斥力等都是采用了结构类比推理的方式来学习和认识的。

2. 利用类比推理教学的一般过程

类比教学作为一种创造性的思维方法，在物理教学中起着重要作用。在中学物理教学中应用类比推理开展教学的一般过程，如图 3-16 所示。

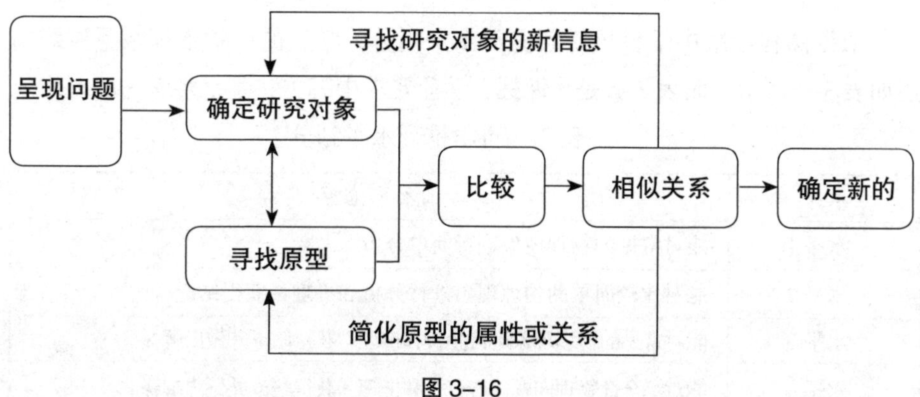

图 3-16

再进一步简化示意教学过程，如图 3–17 所示。

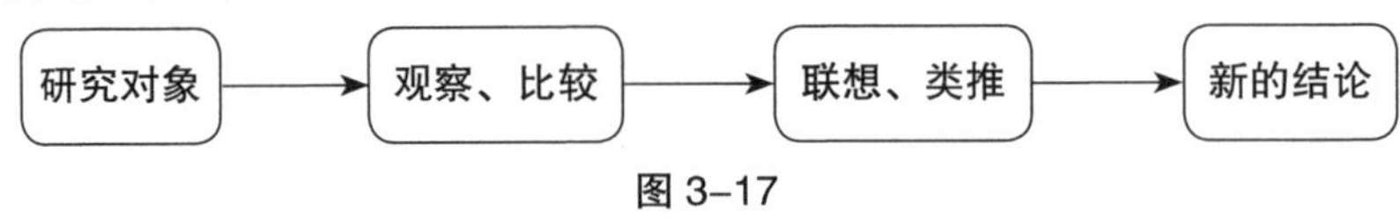

图 3–17

从这个基本过程可以看出，要进行类比推理，要依据研究的问题，明确研究对象，寻找原型，并进行比较，找出其相似的关系，根据原型的已知信息，对相似关系进行重整化处理，然后将原型的有关知识类推到研究对象。其中所谓的“相似关系的重整化处理”，类比的方法是依据对象间的相似性，但相似对象一般具有多种属性，为了显现出一定逻辑关系的相似关系并成为解决问题的出发点，必须对相似关系进行选择或引申重新构造，这个过程就是对相似关系的重整化处理过程。这样也就可理解这个类比推理过程是一个动态调整的过程。

应用类比推理的基本过程是：首先通过联想，把异常、未知的事物（研究对象）与寻常的、熟悉的事物（类比对象）对比，然后再依据两个对象之间存在着的某种类似或相似的关系，进行推论。很显然，类比的思维过程是利用了客观事物的属性之间是互相联系的，这是事物同一性的反映；但因为客观事物属性之间的联系是极其复杂的，事物间也可能有差异性的反映，所以通过类推所得的结论就不一定是真实和完全可靠的。其结论的正确与否，必须由实验来检验。类比对象间共有的属性越多，则类比结论的可靠性就越大。

（四）课程标准中科学推理的水平划分

依据课程标准中学科核心素养的水平划分，学生的科学推理水平层级描述如表 3–4 所示。而表 3–5 是《课标》学业要求中有关科学推理学习的要求。

表 3–4 科学推理水平划分

水平	水平描述
水平 1	能对常见的物理现象进行简单分析。
水平 2	能对比较简单的物理现象进行分析和推理，获得结论。
水平 3	能对常见的物理现象进行分析和推理，获得结论并做出解释。
水平 4	能对综合性物理问题进行分析和推理，获得结论并做出解释。
水平 5	能在新的情境中对综合性物理问题进行分析和推理，获得正确结论并做出解释。

表 3–5《课标》学业要求中有关科学推理学习的要求

模块	要求描述
必修 1	通过瞬时速度合加速度概念的建构，体会物理问题研究中的极限方法很抽象思维方法。
必修 2	通过研究平抛运动、匀速圆周运动等运动形式，体会物理学中实验或理论推导的方法，以及化繁为简的研究方法。
必修 3	能用电场线、磁感线等模型分析中比较简单的问题，并得出结论。
选择性必修 1	会用系统的思想和守恒的思想分析物理问题。能从运动定律、动量守恒、能量守恒等不同角度思考物理问题。
选择性必修 2	能通过与法拉第电磁感应定律和楞次定律有关的科学探究，掌握对实验证据进行分析与归纳的方法，能从实验归纳和理论演绎等不同方式来研究物理问题。
选择性必修 3	能运用概率统计的方法对热现象问题进行分析。

各模块中对科学推理的学习要求，都是结合具体的教学内容，从中可以看出，每个模块主要都在丰富学生研究物理问题的思想方法，力图使学生通过对思想方法的认识和积累，增强科学推理的能力。

三、促进科学推理能力发展的教学案例与评析

【教学案例：楞次定律】

一、教学设计

环节一：回顾探究感应电流产生条件的实验。采用如图 3–18 所示的装置，通过实验探究得出结论：闭合导体回路中的磁通量发生变化时，会产生感应电流。但同时我们也在实验中注意到，在不同情况下产生的感应电流的方向是不同的。

图 3–18

问题：感应电流的方向由哪些因素决定？遵循什么规律？

环节二：实验探究感应电流的方向跟线圈内磁通量的变化有什么关系？

采用类似图 3–19 所示的草图进行实验记录，分别标出不同情况下磁铁的 N、S 极，N、S 极的运动方向，感应电流的方向。

环节三：根据图 3–20 中的实验记录，归纳总结如何判断感应电流的方向。

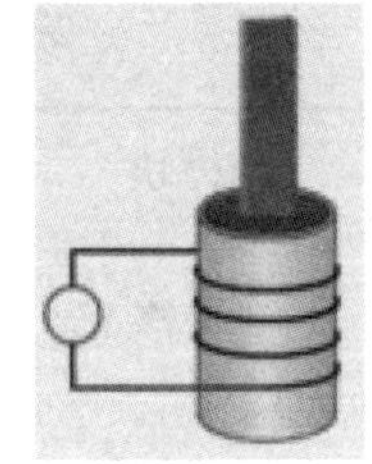

图 3–19

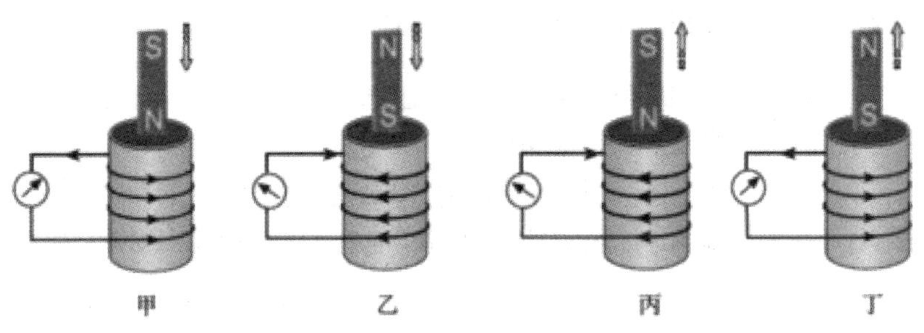

图 3–20

结论：感应电流的磁场方向总要阻碍引起感应电流的磁通量的变化——楞次定律。

二．案例评析

1. 列举事实

学生学习的起点在对物理现象或物理事实的思考，这个现象或事实可以是学生自己对生活或实验的观察，也可以是教师在教学过程中提供给学生的，本案例的环节一就是结合前一节探究感应电流产生条件的实验列举事实。在这个探究实验中，重点观察在哪种情况下回路中有感应电流，对现象观察敏感的学生已经能够提出新的问题，就是感应电流为什么会有不同的方向。通过实验的回顾，不仅可以鼓励学生的观察，也给还没关注这个现象的学生提供了开始学习的现象事实。

2. 丰富现象或事实

丰富的现象或事实是归纳的前提，现象的充分性直接影响归纳总结的准确程度。针对研究的问题，本案例的环节二中，让学生亲自动手使用仪器，观察多种情况，取得资料数据。

3. 形成结论

在分析比较的基础上进行概括归纳，常采用求同或求异法。求同法就是从研究的各种现象中，寻找某一情况是共同的，那么这个共同的情况与被研究的现象之间有因果联系。求异法是去发现被研究的现象出现的场合是否会与某个情况的出现存在联系，即某个现象出现，则某种情况出现；若这个现象不出现，则这种情况不出现。这也就表明了这种情况和被研究的现象之间有因果联系。在环节三的分析过程中就可以采用这种思路。

直接由感应电流的方向与磁通量的变化情况出发开始分析，发现图 3–20 中甲、乙两图，磁通量的均增加，所引起的感应电流方向不同；而丙、丁两图发，磁通量均减小，但所引起的感应电流方向也不同，而甲、丁两图中感应电流的方向相同；乙、丙两图中感应电流的方向相同。在感应电流方向的两图中，则发现操作的动作不同，磁通量的变化不同。通过这些分析与对比，发现很难概括出这两者的关系，这时候进一步考虑磁铁在线圈内的磁场发生了变化，而在线圈中产生了感应电流，而感应电流本身也能产生磁场，将思考方向转变为感应电流的方向是否能借助其产生磁场的方向与磁通量的变化之间建立联系。

为了能更为直观地分析磁通量变化时，感应电流的方向是否能借助感应电流的磁场方向来判断，可将现象记录转化为表格记录，并将感应电流的磁场方向表示出来，见表 3–6。

表 3–6 研究感应电流方向的实验记录

线圈内磁通量增加时的情况			
图号	磁场方向	感应电流的方向	感应电流的磁场方向
甲	向下	逆时针（俯视）	向上
乙	向上	顺时针（俯视）	向下
线圈内磁通量减少时的情况			
图号	磁场方向	感应电流的方向	感应电流的磁场方向
丙	向下	顺时针（俯视）	向下
丁	向上	逆时针（俯视）	向上

这时再通过求同的思想，可以发现凡是由磁通量的增加所引起的感应电流，感应电流激发的磁场就与原来磁场的方向相反，而凡是由磁通量的减少所引起的感应电流，感应电流激发的磁场就与原来磁场的方向相同。再概括其本质，相反或相同都是在阻碍磁通量的变化，既阻碍磁通量的增加或减少。

在应用归纳法的教学中，对物理对象的各种情况的介绍尽可能地全面，如本案例中条形磁铁在线圈中的运动情况，本实验也是一种完全归纳，这样归纳出的结论才具有说服力。课堂教学通过分层次、多角度地归纳不同的观点，引导学生对同类事物的共同特征进行总述性的归纳，学生通过对每一个事例的属性或特征做出准确判断后，再上升到一般判断。求异法常运用于物理对比实验教学中，共变法用于探求因果联系的物理事件中，这些都有助于学生对于物理规律本质的理解。

【教学案例：动能定理】

一、教学设计

环节一：创设情境，提出问题

情景：如图 3–21 所示，给质量为 m 的物体施加一个恒力，使物体在光滑的水平面上做匀加速直线运动，在物体发生一段位移 l 的过程中，力 F 做的功为 W，物体的速度由 υ_1 增加到 υ_2。

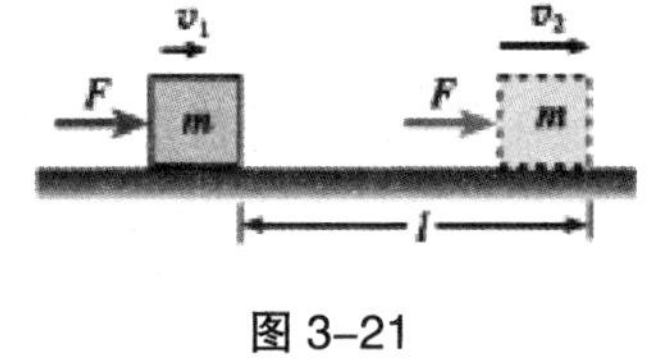

图 3–21

问题：力做的功 W 与物体能量的变化之间有什么定量关系？

环节二：学生推理

依据功的定义式，可知恒力 F 在物体发生位移为 l 的过程中，所做的功 $W=Fl$

牛顿第二定律 $F=ma$

物体发生位移为 l 的过程中做匀加速直线运动，匀变速直线运动的速度与位移的关系 $\upsilon^2{}_2-\upsilon^2{}_1=2al$

推导得出：$W=\frac{1}{2}mv_1^2-\frac{1}{2}mv_1^2$

结论：力做的功 W 与物理量 $\frac{1}{2}mv^2$ 的变化量相等。

定义动能：将$\frac{1}{2}mv^2$定义为物体的动能，即$E_K=\frac{1}{2}mv^2$

环节三：得出结论

动能定理：$W=E_{K2}-E_{K1}$

即力在一个过程中对物体做的功，等于物体在这个过程中动能的变化。

讨论：这个规律对变力做功是否适用？对曲线运动是否使用？

二. 案例评析

本案例中动能定理的教学方式采用了演绎推理的方式，学生在获得动能定理的过程中也经历了演绎推理的思维过程。

（1）从逻辑关系角度看

前提 1：做功与能量变化相关联。

前提 2：用恒力推动物体发生一段位移的过程中，恒力做功 $W=Fs$，牛顿第二定律 $F=ma$，运动学公式 $v_2^2-v_1^2=2al$

推理过程：利用已知的一般原理，物理公式中物理量间内在的相互关联，运用数学的推导过程，推导出物理量之间的新的关联形式。这个过程，也可以看作以功的公式为大前提，其他关系和公式作为小前提的多次演绎过程。

结论：首先得出的是动能的概念$E_K=\frac{1}{2}mv^2$，进一步针对所研究的具体问题，得出动能定理 $W=E_{K2}-E_{K1}$。

（2）从利用演绎推理的教学角度看

呈现问题：任何问题研究的起点都是具体的实际问题，为了解决实际问题，需要用已知的概念和规律进行解释和分析。这个问题的起点就需要给学生创设一个能够指向研究问题的情景，让学生也能感受到问题就在我们生活与学习中，只要善于思考、乐于研究就能提出新的可研究性问题。在本案例中就是通过学生在前面学习做功、运动规律的过程中常见的情景，提出了力做功和物体能量变化之间存在什么关系的新问题。

确定推理过程：首先是明确推理的基础，也就是我们已知什么规律，这几个规律中物理量之间的关联关系是什么，我们期望通过规律的数学关系推理出什么结论。首先的一个已知认识就是做功与能量变化相关联。其次，就是对功的定义已有认识，但如何与能量建立关联呢？在探究功与速度变化的关系的过程中，已经知道力对物体做功 W 与物体速度变化 v^2 之间有一定的关系。力是改变物体运动状态的原因，力和运动的关系可以通过牛顿运动定律建立联系，再通过加速度的概念将运动规律与力建立联系，这样就确定了推理的依据，也就是推理的前提。然后进行数学推导。

结论分析：我们是为了解决问题才进行推理研究的，形成的结论要能解释或解决我们遇到的问题。动能定理就是回答我们力做功和物体动能变化之间的关系的，让我们对功是能量转化的量度有了定量的认识。当然，这个结论还需要进一步的分析和验证，现在是从物体受恒力作用，并且做直线运动的情况下得到的。当物体受变力，或做曲线运动时，可以把过程分解成许多小段，进行分段研究的方法，得到动能定理仍然适用的结论。

从利用演绎推理的教学的角度看本案例的教学设计过程体现了渗透演绎推理能力培养的思路，从创设情景，到明确前提及逻辑关系，最后通过数学关系得出结论。

【教学案例：物理中的类比】

授课教师：北京市八一学校　杨清源

一、教学设计

1. 学习目标分析

本节课是高三复习课，在知识目标上，希望通过对电场磁场引力场的比较，加深理解与场有关的知识；培养理解能力和推理能力。通过理解变化率的含义，加深理解相关的不同概念和规律的含义。但教学不仅仅是希望解决一两个具体问题，而是期待学生站得更高一点，看得更远一点，从而能够自己解决一方面乃至几个方面的问题。因此，本节课的学习目标重点是体会类比法是一种重要的学习方法和研究方法，会用类比法解决物理问题。

（2）教学过程设计

环节一：课堂引入

展示：北京市高考 2009 年第 15 题和 2012 年第 23 题干的相关表述

“类比是一种有效的学习方法（2009 年第 15 题）”，也是“一种常用的研究方法（2012 年第 23 题）”。通过归类和比较，有助于掌握新知识，提高学习效率，也有利于加深对概念规律的理解。如何类比呢？首先要对问题进行归类，其次进行比较，“在类比过程中，既要找出共同之处，又要抓住不同之处”。它不仅可以理解为“类似”问题的比较，也可以理解为更高层次的“类型”的比较。

我们研究高考，不仅要会做题目，还要从中学习到更多有用的东西。下面我们从两个角度分别学习物理中的类比法。

环节二：类似问题的类比——以变化率为例

高中初始，我们学习了速度，其物理含义是什么？加速度呢？两者有何共同点？

——速度是反映物体运动快慢（位置变化快慢）的物理量，加速度是反应物体速度变化快慢的物理量（强调“变化快慢”，并板书其公式），它们都是反映变化快慢的。

教材也有多处相关的表述与呈现，如图3–22所示，分别为人教版教材(《选修3–1》P24）中关于对电场强度与电势差的关系，以及（《选修3–3》P8）关于分子斥力比引力变化快的图片。

4. 图1.6-4是初中地理某课本中的等高线图（图中数字的单位是米）。小山坡的左边a和右边b哪一边的地势更陡些？如果把一个球分别从山坡左右两边滚下（不考虑摩擦等阻碍），哪边的加速度更大？现在把图1.6-4看成一个描述电势高低的等势线图，图中的单位是伏特，a和b哪一边电势降落得快？哪一边的电场强度大？根据两者的对比谈谈你的体会。

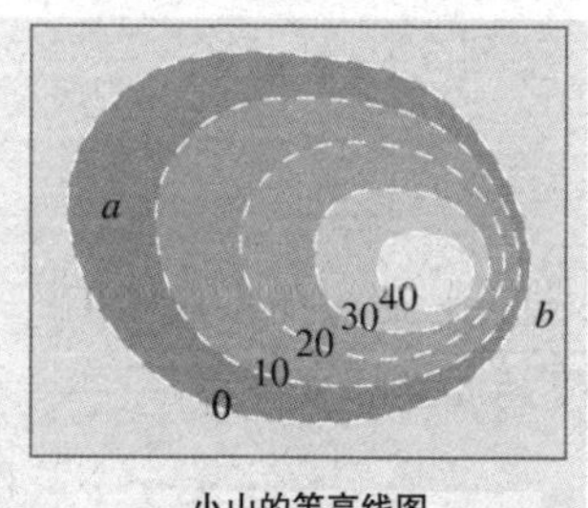

小山的等高线图

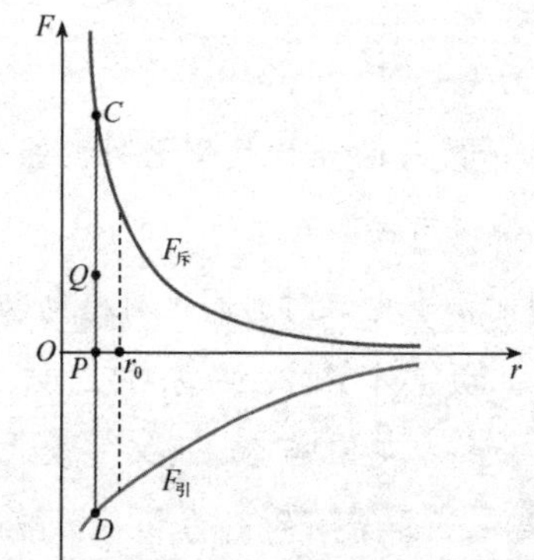

图3–22 分子间的作用力与距离的关系

变化率

西红柿在成熟的过程中，它的大小、含糖量等会随着时间变化；树木的成长过程中，它的高度、树干的直径会随着时间变化；河流、湖泊的水位也会随着时间变化；某种商品的价格也会随着时间变化……这些变化有时快，有时慢。描述变化快慢的量就是变化率。

自然界中某量 D 的变化可以记为 ΔD，发生这个变化所用的时间间隔可以记为 Δt；变化量 ΔD 与 Δt 的比值 $\frac{\Delta D}{\Delta t}$ 就是这个量的变化率。显然，变化率在描述各种变化过程时起着非常重要的作用，速度和加速度就是两个很好的例子。

变化率表示变化的快慢，不表示变化的大小。速度大，加速度不一定大。比如匀速飞行的高空侦察机，尽管它的速度能够接近 1000 m/s，但它的加速度为 0。相反，速度小，加速度也可以很大。比如枪筒里的子弹，在扣动扳机火药刚刚爆发的时刻，尽管子弹的速度接近 0，但它的加速度可以达到 $5\times10^4\ \mathrm{m/s^2}$。

生活中还有哪些实例与变化率相关？

再如，为《必修 1》P28 对变化率的专门介绍，明确给出“描述变化快慢的量就是变化率”。

其实变化率是一个范围很广的概念，除了时间的变化率，空间的变化率，根据需要，还存在其他的变化率，我们可以将变化率定义为：物理量 D 对物理量 t 的变化快慢（率）为 $k=\frac{\Delta D}{\Delta t}$。

问题：除了速度和加速度反映变化快慢之外，我们还学习了哪些概念或者规律与变化率或者变化快慢有关呢？

学生讨论：磁通量对时间、电流对时间（自感电动势）、电量对时间、动量对时间、角度对时间等；动能对空间、电势对空间、重力势能对高度——学生表述时候教师板书相应公式：变化率可以用文字表述，可以用公式表述，也可以用图像表述。请大家画一下分子间的引力和斥力随分子间距变化的图像。

教学预案：若学生提出以下相关问题，教师能解答。电阻（不是变化率）、比值法（不同层次，类比层次更高）、矢量（矢量性）、测电源内

阻时候的 $r=\dfrac{\Delta U}{\Delta I}$（其实不是变化率，仅是数值相等，内阻是定值电阻，$r=\dfrac{U}{I}=\dfrac{\Delta U_{内}}{\Delta I}=\dfrac{\Delta U_{外}}{\Delta I}$）等。

例题 1　(1) 金属导线通电后若在短时间内吸热过多来不及散热就会损坏。设通电产生的焦耳热与金属导线升高的温度之间满足如下关系 $Q=k\cdot c\cdot m\cdot \Delta T$，其中 c 表示导体的比热，m 为导体的质量，ΔT 表示升高的温度，k 为大于 1 的常数，设金属导线电阻率为 ρ，密度为 ρ'，横截面积为 S。请你分析说明，在电流一定时，为避免升温过快，有哪些措施。

教学过程：学生阅读试题，找出其中的关键语句，尝试解答，教师重点指导“为避免升温过快”的含义，最后总结。

解答：（1）根据 $I^2R\Delta t=kcm\Delta T$，其中 $m=plS$，$R=\rho\dfrac{l}{S}$。整理有 $\dfrac{\Delta D}{\Delta t}=\dfrac{I^2\rho}{kc\rho' S^2}$。该式表明：当电流越大时，若想让升温慢些，即 $\dfrac{\Delta T}{\Delta t}$ 小些，则要求电阻线的横截面积大一些；散热快一些（吸收热量比例少些，k 大些），选择电阻率随温度变化小的、密度 ρ' 大的、比热 C 的金属材料。

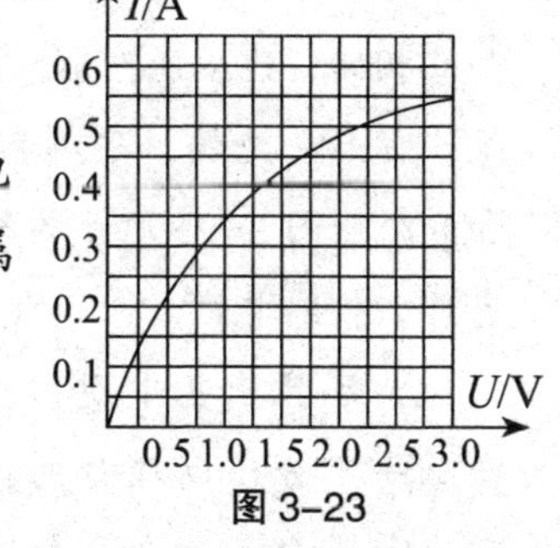

图 3–23

问题：根据图 3–23 所示灯泡的伏安特性曲线，金属的电阻率是变化的，进一步讨论上述结果。

（2）在其他条件不变时候，某材料的电阻率 ρ 与温度 t(℃) 的关系是 $\rho_t=\rho_0(1+\alpha t)$，式中 ρ_t 与 ρ_0 分别是 t℃和 0℃时的电阻率；α 是电阻率的温度系数，与材料有关。若需要制成的电阻式温度计具有较高的灵敏度，你有何建议？（设横截面积为 S，长度为 L）

解答：分析关键语句，即使得 $\dfrac{\Delta R}{\Delta t}$ 大一些，写出 $\dfrac{\Delta R}{\Delta t}=\rho_0\alpha\dfrac{L}{S}$。半导体材料的 α 一般是负值且有较大的量值，制成的电阻式温度计具有较高的灵敏度，故热敏电阻常是用半导体材料制成。

小结：刚刚通过变化率，对力电磁热等部分的多个概念和规律进行了复习，效率是很高的，类似问题高中还有很多，希望同学们能将按照此方法，将相关问题先归类，再比较，比如各种比值法定义的物理量，各种加速器，各种碰撞等等进行归类汇总，进行比较分析。

环节三：同类型问题的类比——以电场磁场和引力场的比较为例

前面以变化率为例，对类似问题进行了类比，这仅是类比法的应用，我们还可以对同类型的问题进行类比，站在更高位认识类比，下面以场为例说明。

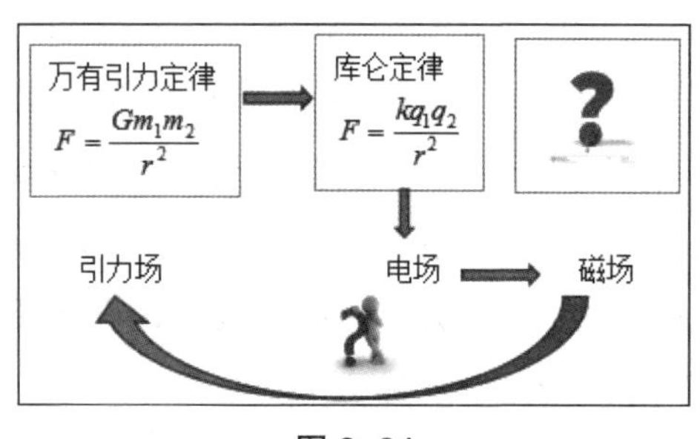

图 3–24

问题：高中阶段我们学习了电场和磁场，其实在研究库仑力的时候，库伦借鉴了牛顿的平方反比规律，为了研究电荷周围的性质，法拉第引入了场的概念，之后研究磁场的时候，又类比了电场，根据图 3–24 所示的相关历史研究顺序和结构，你能想到什么？

学生自然会想到，磁场是否有平方反比规律呢？既然万有引力和库仑力如此相似，能不能也引入引力场呢？

问题：电场、磁场和引力场都是场，下面我们对这三种场进行一下比较和分析。图 3–25 所示为教材中静电场和磁场的目录，你能从宏观上发现它们有什么相同之处？

为了找出其中规律，我们先回顾一下分子动理论的内容：物质由大量分子构成；分子在做永不停息的无规则运动；分子间存在引力和斥力。第一句话是提出分子的存在；第二句话是描述分子的特征；第三句话是说明相互之间的关系。

问题：你能不能类比此规律，发现静电场和磁场目录的共性呢？

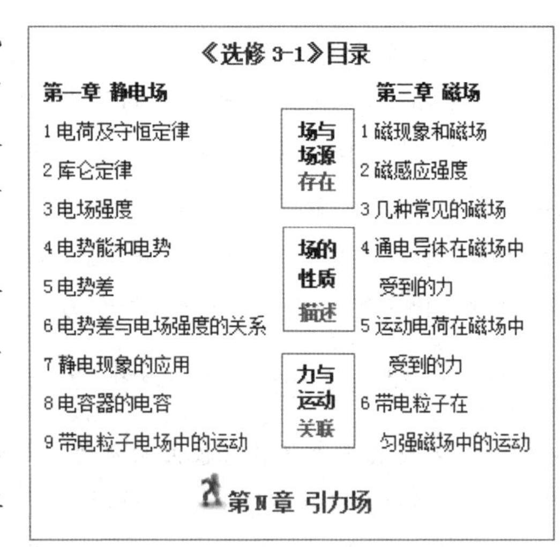

图 3–25

提出场的存在与场源；描述场的性质；受力与运动。这样的规律很多，比如，卢瑟福原子的核式结构的描述是：原子内部存在一个很小的核；原子核集中了全部的正电荷和几乎全部质量；电子在库仑力作用下绕核做圆周运动。引导学生得出学习场也是按照这样的顺序：提出场的存在和场源；描述场的性质；相互作用力与运动。

问题：知道了宏观的相似之处，我们下面讨论一些具体问题。假如你是教材的编辑，你如何安排“第N章 引力场”的目录？每节的主要内容有哪些？能否写出其主要概念或规律的公式？

学生仿照电场的目录从1–9分别写出各节的名称、主要内容、主要概念及定义式等（7–8没有；分成两大组，第一组编1和3部分，第二组编第2部分）。

教师板书补充相关概念和公式，并重点提醒：1是关键物理概念的特征（矢量性，标量性，场线方向等）；2是区分一般定义式和球体周围的各个场公式（类比点电荷的电场）；3是场强g除了是矢量外，要区分为两种（范围很大时候是非匀场，小范围近似为匀强场，这也就是为什么常说g为常量的原因之一）；4是在描述物体在引力场中的运动时候，除了自由落体运动和平抛运动外，还有圆周运动（电子绕核转和卫星），此外还需注意相应物理量是量子化的还是连续的。

环节四：课堂小结

类比无处不在，类比的核心是归类和比较，并将知识和方法进行迁移，最终实现创新。此课中，我们用类比多次解决了新问题，实现了迁移；也用类比模拟引力场目录，实现了初步的创新。掌握类比方法能使人聪明；具有类比思想能使人充满智慧，希望学生能将类比的方法和思想灵活应用到学习与生活的各个方面。

三、案例评析

本案例是一个以类比推理为专题的教学案例，具体呈现了两个类比推理的过程，一个促进学生对变化率这个共通概念的深入理解；另一个让学生体会迁移的思路，了解迁移创新的方法。

1. 第一个类比推理过程

物理中很多的概念或规律与变化率有关，本环节借助变化率复习了诸多重要概念和规律，有助于加深理解相关概念和规律最本真的物理意义，也有助于学生认识和解决一些新的问题，有助于学生的长远发展。在高三的二轮复习中，以这种形式展开，不再是一个一个地知识点复习了，而是一片一片地复习，复习效率自然就提高了。同时以类比推理的方法贯穿起来，对变化率的概念提升到了共通概念的程度，促进了学科中教学内容的融合。例题1，提供了一个新情景，让学生在新情景中应用变化率，尝试迁移。设问（1）重点在于对“为避免升温过快”的理解，即变化率的具体迁移和应用，根据结果可以适当联系实际。设问（2）一方面启发学生提问，注意考虑问题的全面性，培养质疑之精神；另一方面，进一步将变化率的方法进行迁移和应用。该例题的设问（1）和设问（2）是连贯的，（2）是（1）的进一步拓展，目的是引导学生学会处理新情景中的变化率，学会迁移和应用，进一步培养学生的探究能力。前一教学环节是认识变化率，复习物理知识；后一教学环节是应用变化率，解决新问题，对学生而言，能用已知去探究未知，这就是一种创新。

2. 第二个类比推理过程

运用所学的物理原理与物理规律来解决实际问题是学习物理的终极目标，学生能否熟练运用所学知识解决问题是检验教学效果的一种标准。总结规律的目的是引导学生在复习中能将零散的知识进行归类，变无序为有序，此环节重点在于类比中的“类”。教师先引导复习分子动理论的内容，是为后续教学做好铺垫，为学生总结规律搭好台阶；涉及分子动理论和原子的核式结构，既帮助学生复习，也进一步说明类比无处不在，更凸显学习类比的意义。此环节既体现宏观的类比思想和方法，也在微观层面落实电场一章的概念和规律。这种比较和迁移同样是高效的，既没有简单重复之前的知识，又让学生在学习中复习了旧知识，掌握了新知识，也体会到了类比的价值，同时编制这种虚拟的教材目录也有利于培养学生的创新能力和创新意识。这种复习方式是新颖的，对实验班学生，也是可以尝试的，它可以引导学生站在更高位复习物理和研究物理，容易将知识成片成网。

整体来说，本案例力图将类比推理的思路和方法显性化，使学生在科学思维水平上得到提高。

四、培养科学推理能力的教学策略

（一）注意将归纳推理与演绎推理相结合

在物理学中，对于物理现象和事实归纳发现的结论，还必须根据基本原理用演绎的方法把它们推演出来。只有这样，这些结论才能取得科学定律的地位，才能纳入科学的理论体系之中。反过来，通过演绎发现的定律，也必须再通过实验进行归纳而导出。也就是说在整个科学活动中，演绎推理是和归纳相结合进行的，实际中常常把归纳与演绎相结合起来认识客观世界。

在物理学习中也是经常把归纳与演绎结合起来。应用归纳法得出的物理概念、规律，可以应用演绎法进行论证、巩固。归纳法教学是物理概念、规律的形成过程，演绎法教学是物理概念、规律的巩固过程。归纳法以学生的生活为起点，符合“从生活从向物理”的基本理念，应用演绎法将物理知识与生产生活实际联系起来，符合“从物理走向社会的基本理念”。归纳和演绎之间是相互依存、相互渗透的，两者在教学中的关系可简单如图 3–26 所示。

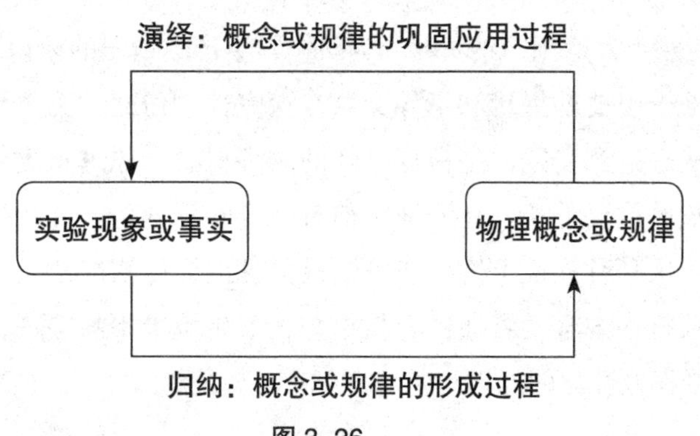

图 3–26

例如，通过实验获取的证据采用归纳法得到牛顿第二定律，作为力学的基本原理，然后通过演绎推理去发现其他的科学规律，如动量定理和动能定理等。其思维过程如图 3–27 所示。

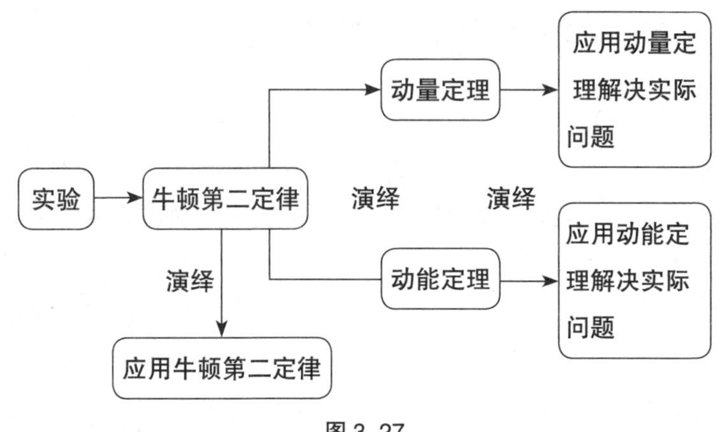

图 3–27

科学的认识过程中，归纳与演绎互相渗透，相辅相成。归纳是演绎的基础，归纳法能为演绎提供大前提。无论对典型的事例进行分析，或是对经验事实材料进行归纳，都必须运用一般原理，以一般原理为指导，所以说归纳要以演绎为指导。没有演绎，归纳也就失去目的和手段。在教学中，交叉训练这两种能力是引导提升学生科学思维能力的重要方式。

归纳法的教学特点是在观察事实之后用分析、综合、概括，形成物理概念、规律或观点。运用归纳法时，为防止学生形成错误的认识，避免走弯路，教师应该给予必要的提示和指导，这在探究性学习时尤为重要。演绎法的教学特点是从理论到实践，是根据已知的物理概念和原理得出新的知识结论，是获得新知的重要方法。在演绎之前有一定知识准备，并在推理之后进行分析或验证。从某种程度上讲，归纳法是显性的，而演绎法是隐性的。隐性内容学习不及显性内容学习那样容易组织，学生思维不易显现，教学中应该注意将思维过程显性化的处理。

（二）加强概念规律形成过程的教学，并将科学推理的思维过程显性化

科学思维是内隐在概念规律的形成过程中的，科学思维能力的培养也要在概念规律的教学中，但学生学习的思维过程往往是隐性的，需要学生去体验和感悟，并在解决问题的过程中实践并形成能力，但这个过程中学生掌握的程度也不易了解和评价。在组织教学过程中，如果我们简化了概念规律的教学过程，就会失去培养学生思维能力和创新能力的机会。教学过程应该适

当放大概念形成、规律建立的过程，为学生提供探索、发现的空间和条件，并在教学中将思维过程显性化处理，可以促进学生在学习过程中有意识地关注思维方法，并促进学生对思维方法的理解，使学生在掌握知识的同时，科学思维能力也得到培养。

（三）以思维导图或知识结构图为教学手段培养学生的科学推理能力

物理学中实验与理论相结合，逻辑性较强，要求学生有良好的物理思维品质，能够根据假设进行推理，也可以根据演绎过程进行推理。思维的发散可以促进创造性的发展，思维越广阔，也就拥有更高层次的科学推理能力。思维导图可以通过培养学生的发散思维从而增强学生的物理推理能力。

思维导图是发散性思维的表达，作为主题的中央图形能够清晰地聚焦注意，各个部分作为分支，从中央图形向四周放射，各分支之间的关系连线形成一个相互连接的节点结构。如图 3–26 所示，是以基本相互作用为主题的思维导图的基本框架，学生还可以进一步扩展延伸。

再如图 3–27 所示，是以感应电流为核心知识为中心，按照感应电流产生的条件、感应电流的大小、感应电流的方向、导体棒的受力展开的知识结构图。

通过思维导图和知识结构图的建立与延展可以促进学生对知识完整性和关联性的认识，促进学生对于陌生物理模型的归纳推理能力的提升。

第三节 促进科学论证能力发展的教学

科学论证是以科学知识为中介，积极面对问题，对所获得的数据资料进行解释说明，提出自己的论点，反思自己的论点和别人论点的不足并提出反论点，同时能反驳他人的质疑和批判的高级思维能力。教学中应该引导学生树立证据意识，考虑证据的可靠性，能用证据对研究的问题进行描述、解释和预测。

一、科学论证概述

（一）科学论证的内涵

物理学家海森堡曾经讲过，“科学，深深地根植于对话之中。”早在两千多年前的古希腊，苏格拉底和亚里士多德等哲人就用论证说服世人。论证者和反驳者彼此交流，话题涉及新的思想发现和疑难问题，是一种特殊的表达方式。两千多年来，论证一直在人类文明的进程中扮演着重要角色，被认为是科学实践活动的核心。

论证与其他表达方式最大的不同是论证包含了表达者的立场或观点，且此立场或观点是有一定的逻辑支撑的。范·艾蒙尔等从论证理论本身将论证定义为：“一个言语的、社会的和理性的活动，旨在通过提出一系列对某一命题的辩护或是反驳来使观点或立场变得更加理性并容易被接受。”不管是何种形式的论证，人们总是有一定的立场，而该立场是建在理性逻辑基础上的，并通过理性逻辑来维护。这也是论证区别于其他讨论形式的重要依据。解释、阐述与澄清是在所讨论的立场被接受的基础上进行的，而论证则是在立场未被接受的时候出现。这也意味着论证不仅代表着结论和立场之间存在着理性逻辑，还暗含产生能被他人接受的合理的逻辑过程。

沃斯（J. F. Woss）及米恩斯（M. L.Means）认为论证的过程是为论点的

提出和评价证明。哲学家图尔敏（Toulmin）提出一个论证模型（Toulmin' s Argument Pattern），这个模型包含一个完整论证的各个构成要素，有主张、资料、理由、支援、条件限定、反驳。

在科学研究中，科学家用证据检验猜想和推测，产生可信赖的知识并逐渐被科学共同体认可和接受。当科学家面对不同来源的证据时，需要经过论证以判断证据在多大程度上是可信的，然后考虑是否接受这项科学主张。从科学实践来看，科学应该就是论证，科学论证是科学实践的核心。

学者从不同角度对论证进行了定义，但基本都包含了证据、观点（或主张）和推理作为要素的描述，科学，论证的目的是为了验证科学家的观点（或者理论、假说或者想法）。科学论证发生在科学的进程中，因而，必定体现科学的性质。基于上述对论证的界定，我们认为在中学物理教学中，科学论证是一种基于科学知识、证据和推理以证实、辨明主张的实践活动。

（二）科学论证的模式

1. 苏格拉底的论证模式

苏格拉底的论证模式是用一系列的质问来检查人们潜在的、想当然的假设，苏格拉底这种论证模式也常被称作是“反诘法”或“苏格拉底式对话”，即采用对谈的方式，以澄清彼此观念和思想的方法。苏格拉底认为透过对话可使学生澄清自己的理念、想法，使谈论的课题清晰，而且他认为只要一直更正不完全、不正确的观念，便可寻找到“真理”。因此，苏格拉底的论证模式中最主要的假设就是认为“真理可以经过反复深入的对话而得到”。苏格拉底的论证模式可以以图 3–28 来反映。

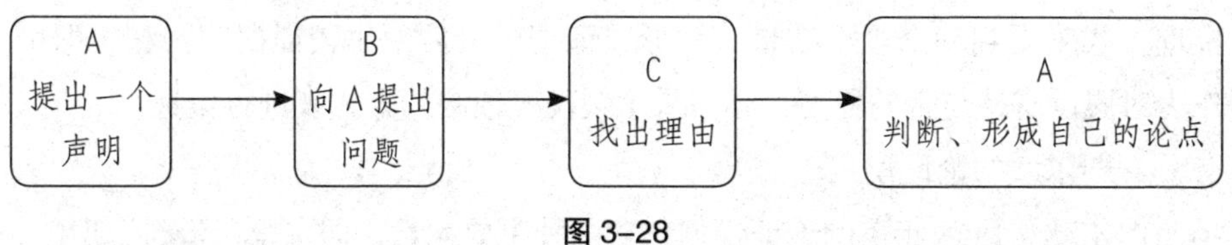

图 3–28

在对话中，A 提出一个声明，B 会向 A 不断提出问题，当 A 遇到和原先所提声明有矛盾的地方，A 就需要找出理由与证据来支持其想法，最后判断形成自己的观点。A、B 两个人通过这种对话，从冲突观点到新想法，进而达成对自然世界的共同理解，这个认识是通过对话论证建构出来的。

2. Giere 的论证模式

Giere（1991 年）提出的是在科学中建立“知识主张”的一种论证方式，其主要元素包括真实世界、资料、预测、模型、肯定证据及否定证据。其主要进行检核的流程为由模型所得的预测或资料是否能符合真实世界，即利用肯定证据或否定证据来对模型作选择，如图 3–29 所示。

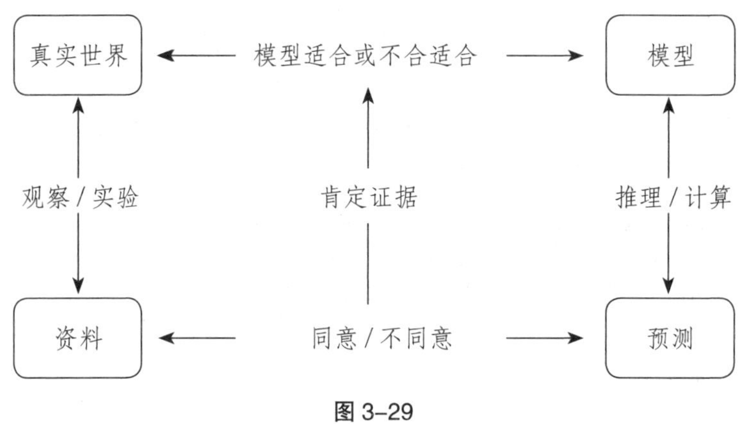

图 3–29

就论证角度而言，选用了一种模型之后，就需要对此模型的提议进行推理。对于不同的理论，证据会产生不同的理解与选择，即所选用的模型理论性假说的不同会产生对证据诠释的不同。

3. Lawson 的论证模式

Lawson(2003 年）认为科学家的思考模式是从“提出假设”开始，而假设需要经过“实验验证”。他认为论证过程起始于一个像谜题般的观察。在论证过程中，学生根据观察现象，形成一个或多个暂时性的解释，然后提出一个可能的假设进行预测论证，然后检验假设，并使用“如果、而且、那么”的推理形式来得到一个观察结果，并形成证据。最后，比较证据和预测，即可作为对假设支持与否的程度，亦即采用假设—预测的方式来进行论证。

4. 图尔敏的论证模式

图尔敏（1958 年）的论证模型包含六种主要元素，即主张、资料、理由、支持、条件限定、反驳。如图 3–30 所示是图尔敏论证模式的框架。表 3–6 中描述了各元素的含义。

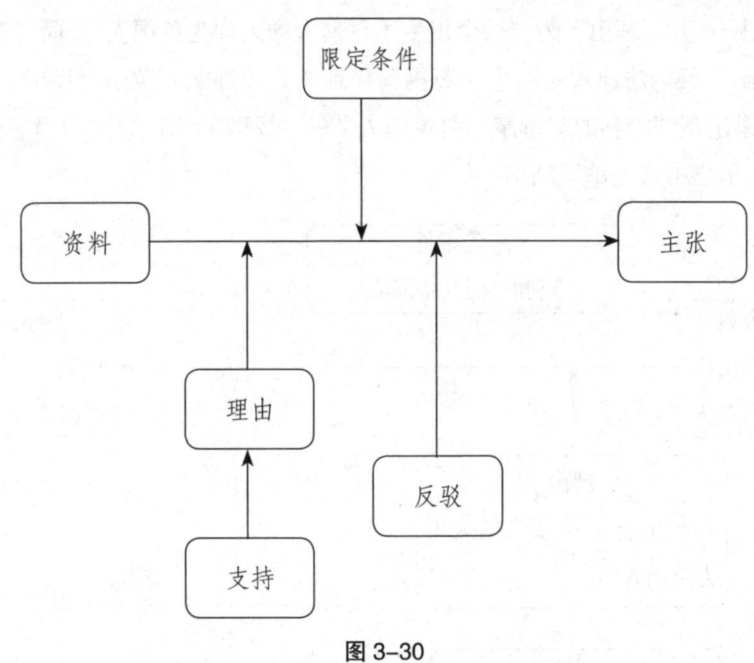

图 3–30

表 3–6 图尔敏论证模型中的六种元素

元素	含义
主张	论证过程中形成的结论，指对所研究的科学问题进行描述、判断、预测或解释等。即论证者对问题所形成的一种观点、看法或提出的一种具体解决方案。
资料	论证的起点，指提出主张所依据的最基本的事实。
理由	一种推理的叙述，用来证成某个证据与主张的关系，说明资料如何推论至主张。
支持	对理由的支持性的陈述，用以证明提出的理由，通常为一些众人能接受的原理、定律或公式等。
限定条件	限制主张的程度或范围，指出主张在何种情况下适用。
反驳	阻碍主张成立的因素，或主张不成立的情况。比如，在某些情况下，主张不成立，因为反例存在。

图尔敏以“哈利出生于百慕大”为论证框架的“资料”，并在“哈利的父母并非外国人”的“条件限制”下，运用推理能力提出“哈利是一个英国人”

的“主张”，其“理由”为“一个出生于百慕大的人即为英国人”，而“支持”的原因是“英国法律规定出生于英国殖民地之人民即赋有英国公民的权利”，但是如果出现“哈利的父母亲不是英国人”的“反驳”，则“主张”无法成立。图 3–31 示意了这一论证结构。

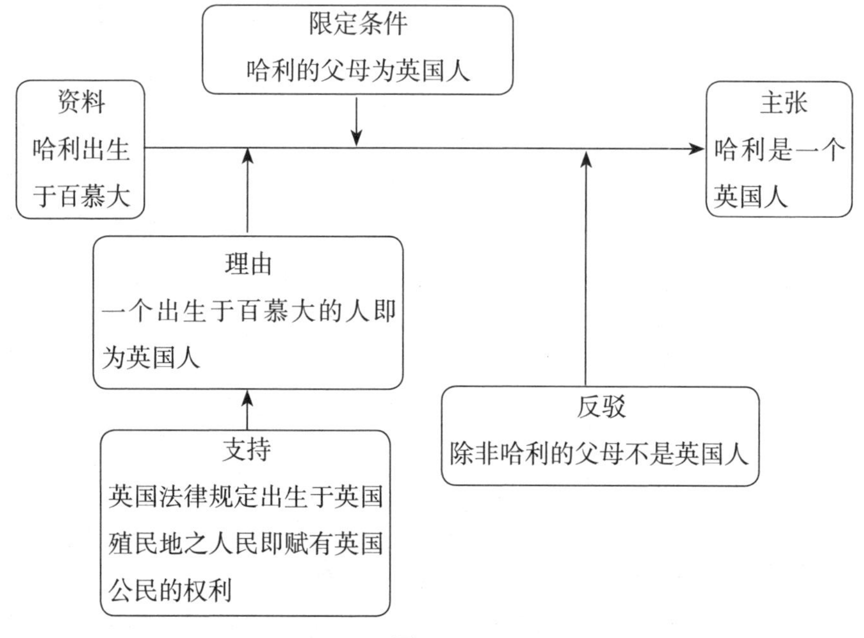

图 3–31

我们再以一个物理问题来说明这一论证结构。我们以单摆运动为资料来说明通过推理论证得出单摆是简谐运动的过程。推理得出结论的理由是一个往复运动的质点所受的力满足简谐运动的动力学方程，就说明该质点做简谐运动，这个理由的支持是简谐运动的动力学方程 $F=-kx$，但如果出现了质点不满足动力学方程 $F=-kx$，则主张就会不成立。其论证过程结构如图 3–32 所示。

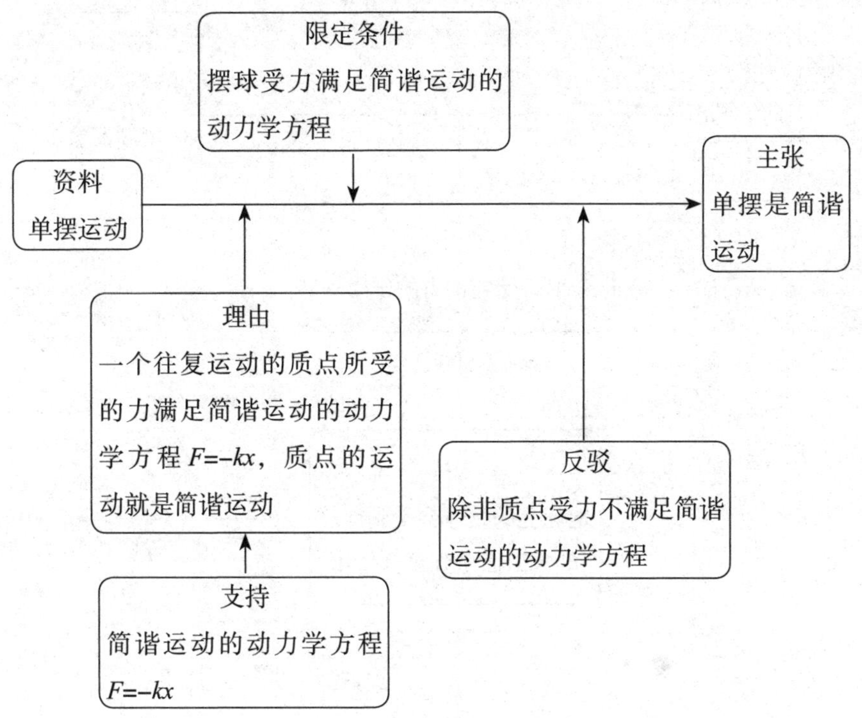

图 3–32

上述图尔敏论证模型的六个要素中，资料、主张、支持都是必需的要素，由资料、主张、支持可组成一个简单的论证，如图 3–33 所示。物理问题论证示例如图 3–34 所示。

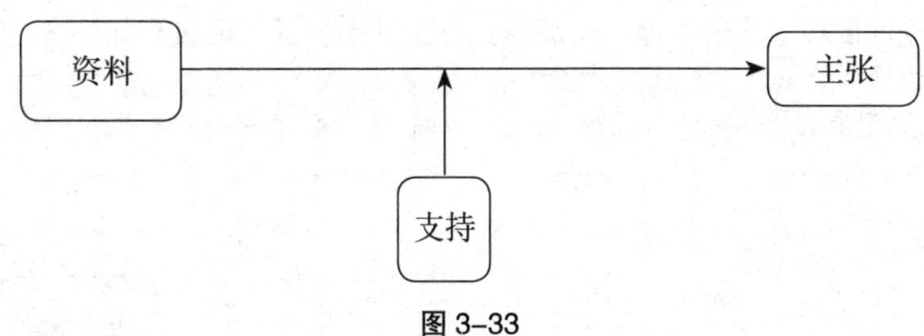

图 3–33

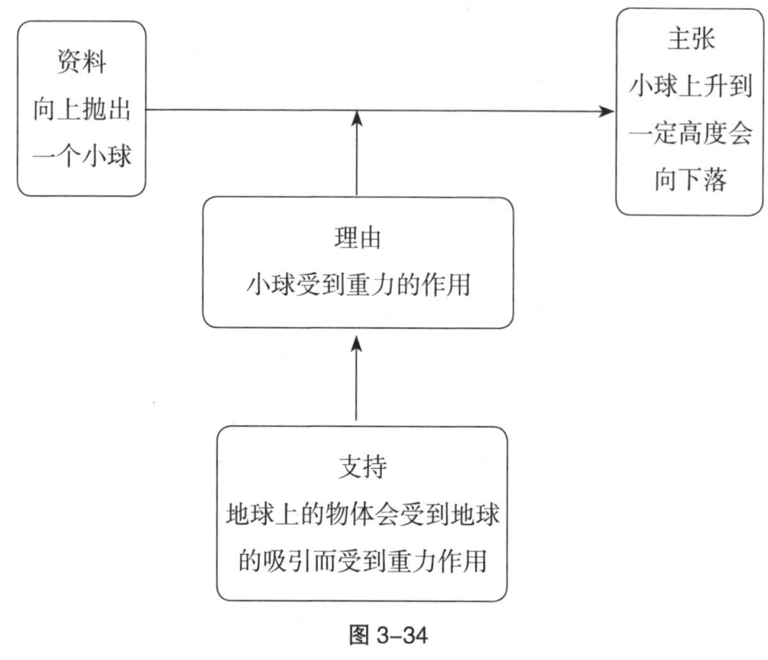

图 3–34

二、基于科学论证教学的依据

（一）基于科学论证的教学过程

我们基于图尔敏的论证模型，依据教学的实施过程，突出教学实际中的教学行为和活动设计目标，将基于论证的教学过程设计分为呈现事实、寻找证据、进行推理、反驳推理、明确观点五个环节，其一般过程如图 3–35 所示。

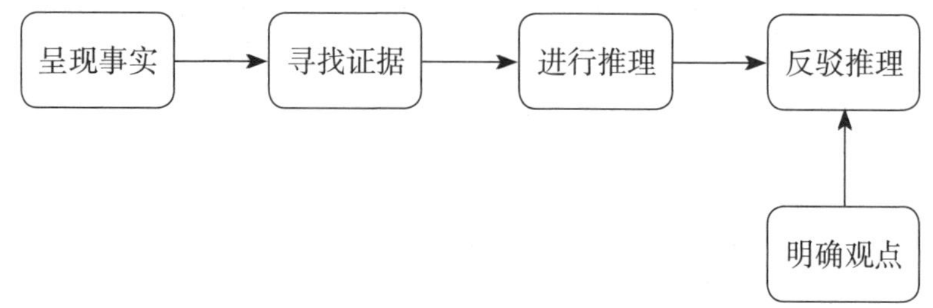

图 3–35

（1）呈现事实

这个环节的主要任务是通过创设情境呈现事实，产生认知冲突或者提出新问题，激发学生的学习兴趣和学习动机。这个环节是论证的起点，也就是给学生提供资料，提供能够引起学生进行论证的最基本现象或事实，这个事实解释的过程中，产生不同的观点，或者不确定的观点，在这种情况下，可以引导学生捕捉到一个需要研究论证的问题。

例如，在讲相对运动的时候，很多教师都会用一个物理学中的经典故事来说明相对静止。“早年，一名飞行员驾着飞机在空中水平匀速飞行，有一次，飞行员感觉脸旁有一只虫子，抓过来一看，竟是一颗步枪子弹！”这就是一个很好的情景，这个情景可以用于复习力学运动规律，聚焦的问题就是这种情况是否能出现。观点 1 是能出现这种情况，观点 2 是不能出现，哪种观点正确呢？学生可以利用各种有关的力学规律作为论据进行论证。

再如，研究自由落体运动时，设计一个小石子和一张纸从同一高度同时开始下落的实验（对纸张下落前的形状没有要求，既可展开，也可团成纸团），小石子和纸是否同时落地呢？请同学们进行分析论证自己的观点。在学生后面开展的学习中，以论证的思路探究规律，获取证明自己观点的依据。

（2）寻找证据

科学论证是基于证据表达自己观点的分析推理过程，证据是进行科学分析与推理的基础。发展学生的科学论证能力首先就要树立学生的证据意识，因此，这一环节是课堂教学的一个必要过程。在科学中，能用于推理的事实（即证据）可以作为论证的基础，这个证据可以是理论依据或实验依据。理论依据是指具有普遍意义的基本规律，包括学科知识和科学本质；实验依据是依据实验过程获得的证据。

例如，论证：向上抛出的物体，上升到一定高度后要向下落。

理论依据是已知的地面附近的物体由于地球的吸引而受到重力的作用。

再如，论证：安培力的大小与哪些因素有关？有什么关系？

所选定的依据要通过实验探究获得：在 B、I 垂直时，分别探究 F 与 B、I 的大小关系；在 B 与 I 存在夹角时，探究 I、B 大小一定时，F 与夹角为 θ 的关系。实验获取的数据进行分析之后作为推理判断的依据。

（3）进行推理

这一环节实际上是使用证据分析推理得到观点的过程，也是实施论证的目的。在科学中，论证的目的是为了验证科学家的观点（或者理论、假说或者想法）。在这个过程中可以采用演绎推理或归纳推理的方法。对于物理学习来讲，可以认为科学论证是试图在证据的基础上，为了说服自己或同伴，使用推理证明一些模棱两可的不确定结论的过程。

我们也可以理解这是一个解释证据的过程，例如在原子结构的教学中，从 α 粒子实验中获得的现象可以理解为证据，但由 α 粒子大部分穿过金箔原子的现象，可以推理出内部大部分是空心的，再由 α 粒子穿过原子时部分发生偏转，结合电荷间的相互作用推理出原子内部有一个带有与 α 粒子电性相同的很小的核心。这既可以理解为推理出核式结构结论的过程，也可以理解为解释这些实验现象的过程。

（4）反驳推理

反驳指对他人所构建的观点，引用的事实证据、理论依据或推理过程的质疑和批判。例如，在关于从楼上扔下物体是否会砸伤人的讨论中，某个观点是“因为楼很高，所以会砸伤人”，可针对这一观点提出反驳，如“这个结论只考虑了楼高的事实，但没有推理出为什么楼高就会伤人”。若在高楼上扔下一个小纸团，则不会伤人。物体下落到地面时的情况，与物体的质量、尺寸、物质结构、下落高度以及受到的空气阻力等有关，涉及下落物体和下落条件两个方面，上述观点并不是结合这些情况推理出来的，这说明上述观点的条件没有限定清楚。

再如，在学习“伽利略对自由落体运动的研究”时，向学生提出问题：假如你是伽利略，你将如何反驳亚里士多德的观点？学生们的反驳推理可以是：小车在下坡的过程中，并没有受到力的作用，而它依然在运动；也可以是：我们在抛球的时候，球离开手依然在空中运动。

科学的发展是科学家对客观世界认识的发展，针对一个现象或问题，科学家对其的认识是不断变化和进步的。例如在对原子结构的认识，其进程如图 3-36 所示。

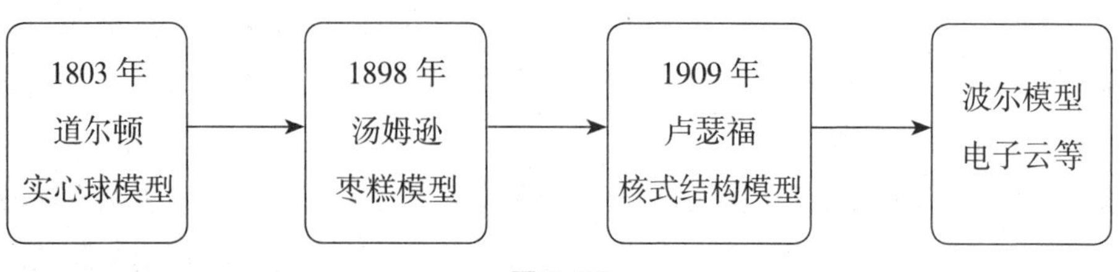

图 3-36

道尔顿首先根据气体均匀混合和热胀冷缩的原理猜想出物质是由原子组成，再根据不同元素组成的化合物质量不同推测出了原子的实心球模型。汤姆逊在研究阴极射线时发现了原子中存在的电子，从而提出了原子的枣糕模型。同一时期，卢瑟福在研究放射性金属镭的时候，做 α 粒子散射实验时发现了核式结构模型。之后科学家对原子结构提出了更完善的理论，使科学家对原子结构的认识越来越全面。在这样的科学发展中，任何科学观点的转变都不是一蹴而就的，随着科学技术和科学方法的进步，客观世界的证据不断被丰富，原先的观点渐渐不能解释新的证据，科学家会根据证据归纳或推理出新的观点，发现的新证据用于反驳原先观点。

在科学上，当一种解说自然界如何运作的观点（或者理论、假说或者想法）提出后，为了证明这种观点（或者理论、假说或者想法）是否合理，科学家们必须寻找证据来支持这种观点（或者理论、假说或者想法）。但是证明过程是无法促进科学知识的发展的。批判态度才是促进知识发展的关键，这个批判态度包括了在各个论据中批判地利用经验证据，尤其是反驳的态度。当证据支持这种想法时，被称为正推论；当证据不支持这种想法时，被称为驳论。如此，新技术不断更新，新证据不断出现，旧观点不断被推翻，新观点不断出现。这就是科学的历史进程，也是科学知识积累的过程。

（5）明确观点

这一环节需要利用科学、严谨的物理语言表达观点，在表达的过程中，明确结论的内涵和外延。

（二）课程标准中科学论证的水平划分

科学论证是科学教育的核心内容，将论证引入课堂，是学生经历类似科学家的论证过程，这已经成为世界科学教育者的共识。在课程标准中也对科学论证提出了教学要求，并在学科核心素养的水平划分中描述了学生的科学论证水平，见表 3–7。

表 3–7　科学论证水平

水平	水平描述
水平 1	能区别观点和证据。
水平 2	能使用简单和直接的证据表达自己的观点。
水平 3	能恰当使用证据表达自己的观点。
水平 4	能恰当使用证据证明物理结论。
水平 5	能考虑证据的可靠性，合理使用证据。

表 3–8　《课标》学业要求中有关分析论证学习的要求

模块	要求描述
必修 1	知道证据是物理研究的基础，能使用简单直接的证据表达自己的观点。
必修 2	能使用证据说明自己的观点，能对关于机械能、曲线运动、引力的一些错误认识提出质疑。
必修 3	在问题分析和论证过程中，能使用证据说明自己的观点。
选择性必修 1	能恰当使用证据说明自己的观点，质疑他人的观点。
选择性必修 2	能恰当使用证据推出物理结论或质疑已有结论。
选择性必修 3	能恰当、合理地使用证据得出物理结论。

无论是从科学论证水平的具体描述，还是从不同模块中对科学论证学业要求的具体描述，都可以看出科学论证水平的表现重点体现在对证据的认识和使用上，这也成为教学中对科学论证能力培养的出发点。

三、促进科学论证能力发展的教学案例与评析

【教学案例：原子的核式结构模型】

一、教学设计

回顾：1897 年汤姆逊发现了电子，后来在光电效应和 X 射线使气体电离等实验中，都从物质的原子中打出了电子，因而否定了原子不可分的结论。那么原子结构是什么样子呢？这是我们都想知道的，但原子是用肉眼看不见

的，必须建立一个模型来研究它的内部结构。在发现电子后，科学家们提出了许多原子模型，最有影响的模型之一是汤姆逊的原子模型。

事实 1：汤姆逊提出枣糕模型的过程

1897 年，汤姆孙为了研究阴极射线的性质，设计实验如下：他将一块涂有硫化锌的小玻璃片，放在阴极射线所经过的路途上，如果看到硫化锌会闪光。说明硫化锌能显示出阴极射线的“径迹”。他发现在一般情况下，阴极射线是直线行进的，但当在射击线管的外面加上电场，或用一块蹄形磁铁跨放在射线管的外面，结果发现阴极射线发生了偏折。根据其偏折的方向，不难判断出其所带电荷的性质。根据这样的实验结果，汤姆逊在 1897 年得出结论：这些“射线”不是以太波，是带有负电的物质粒子。

接着，他又对这些粒子到底是什么产生了疑惑，于是汤姆逊在思考后，设计了一系列既简单又巧妙的实验：首先，单独的电场或磁场都能使带电体偏转，而磁场对粒子施加的力是与粒子的速度有关的。汤姆逊对粒子同时施加一个电场和磁场，并调节电场和磁场使得其造成的粒子的偏转互相抵消，让粒子仍作直线运动。这样，从电场和磁场的强度比值就能算出粒子运动速度。速度一旦确定后，靠现有的知识就可以测出粒子的电荷与质量的比值。汤姆逊用这种方法来测定“微粒”电荷与质量之比值，结果发现这个比值和气体的种类和放电管内的阴极材料都没有关系。

这种“微粒”后来被物理学家斯通尼在 1891 年命名为“电子”，汤姆逊采纳了这个名称。在这之前，一般都认为原子是“不能分割的”的东西，汤姆逊的实验指出，原子是由许多部分组成的，其中就包括了电子，但是原子不可能仅仅由电子组成，因为如果这样，这些电子将互相排斥，瞬间全部散射出来，所以他认为在正常的原子中，微粒聚集形成一个电中性的体系，虽然单个微粒的行为和负离子一样，但是它们在以中性原子中聚集时，负电荷的作用是分散在空间的，和负电荷的微粒总量相同的正电荷平衡。据此，提出了“枣糕模型”，认为原子中的正电荷是均匀分布在整个原子的球形体中，电子则均匀分布在这些正电荷之间，就像枣糕一样。

问题 1：请同学们依据上述材料中的信息，分析一下汤姆逊提出的枣糕模型的依据是什么？具体地说，为什么说原子中存在正电荷？为什么说正电荷的电量与负电荷电量相同？你认为所提出的“枣糕模型”的证据充分吗？为什么？

问题 2：教材中有这样一段描述："勒纳德 1903 年做了一个实验，是电子射到金属膜上，发现较高速度的电子很容易穿透原子。"基于这个事实，你对原子的枣糕模型有何新的认识？

事实 2：卢瑟福的 α 粒子散射实验（阅读教材 P52–P53）

α 粒子散射实验：α 粒子是从放射性物质（如铀和镭）中发射出来的快速运动的粒子，带有两个单位的正电荷，质量为氢原子质量 4 倍、电子质量的 7 300 倍。

1909 年，英籍物理学家卢瑟福（E.Rutherford，1871—1937）指导他的学生盖革（H.Geiger）和马斯顿进行 α 粒子散射实验的研究时，所用仪器的俯视图如图 3–37 所示。R 是被铅块包围的 α 粒子源，它发射的 α 粒子经过一条细通道，形成一束射线，打在金箔 F 上。M 是一个带有荧光屏 S 的放大镜，可以在水平面内转到不同的方向对散射的 α 粒子进行观察。被散射的 α 粒子打在荧光屏上会有微弱的闪光产生。通过放大镜观察闪光就可以记录在某一时间内向某一方向散射的 α 粒子数。从 α 粒子源到荧光屏这段路程处于真空中。

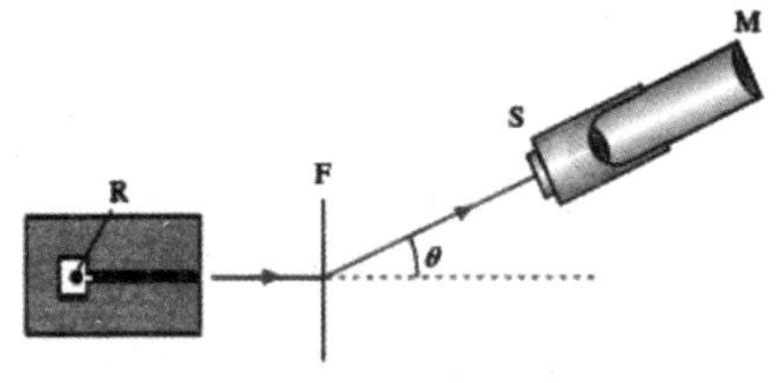

图 3–37　α 粒子散射的实验装置（俯视）

当 α 粒子打到金箔时，由于金原子中的带电粒子对 α 粒子有库仑力的作用，一些 α 粒子的运动方向改变，也就是发生了 α 粒子的散射。统计散射到各个方向 α 粒子所占的比例，可以推知原子中电荷的分布情况。

实验发现，绝大多数 α 粒子穿过金箔后，基本上仍沿原来的方向前进，但有少数 α 粒子（约占八千分之一）发生了大角度偏转，偏转的角度甚至大于 90°，也就是说它们几乎被"撞了回来"。

多媒体课件：介绍实验装置。

问题 3：你认为这个实验室是否能用汤姆孙原子枣糕模型解释？这个实验展示的实验中哪个证据支持或不支持这个模型？

学生通过交流讨论，能够确定以下两个证据。

证据 1：α 粒子可以穿过金箔原子；

证据2：穿过金箔的α粒子中，部分离子发生偏转，每8000个α粒子中只有1个会发生反射。

反驳推理：如果原子内部像枣糕模型一样，内部是实心的，α粒子应该不能穿过，都应发生反射。但α粒子可以穿过金箔原子，所以原子内部不像枣糕。

结论：枣糕模型不成立。

问题4：你认为卢瑟福应该提出的新的原子模型是怎样的？这个实验中的事实证据和你的推理过程是什么？（为什么粒子会穿过原子？又为什么会被偏转和反射，而且概率很小？）

正向推理：

推理1：物质可以穿过空心球体，α粒子大部分穿过金箔原子，所以原子内部大部分是空心的。

推理2：对电荷而言，同性相斥异性相吸，α粒子穿过原子时，部分发生偏转，所以原子内部有一个带有与α粒子电性相同的很小的核心。

学生交流：用自己的语言得出原子的核式结构模型。

结构特点描述：原子结构中有一个带正电的质点，该质点的体积相对于原子空间要小得多，原子的其他空间并非有大量质点所充满，而是相对来说比较空的一个区域。这个区域可以任由α粒子穿过。

检验：学生将自己总结的结论与卢瑟福提出的原子结构联系起来，再次回顾并明确所解释的证据，以及利用证据所说明的观点。

多媒体课件：模拟α粒子散射实验的图景。

介绍卢瑟福的思考：卢瑟福认为直径只有约千万分之一毫米的微观世界里还有其自身的内部结构，也就是说原子内部有一个亚原子世界。卢瑟福把原子的内部比作一个微型的太阳系。电子是带负电荷的小微粒，围绕着一个非常小的但肯定存在的微粒运转。卢瑟福把这个微粒称为原子核。卢瑟福计算出原子核比原子自身小一万倍，这也正是为什么只有八千分之一的α粒子被反弹的原因，因为它撞到了金原子里微小的原子核。其余的α粒子穿越原子内的空间而没有碰到任何物质，这是个惊人的想法！卢瑟福推断原子内部几乎是空的，所以绝大多数的α粒子通过金箔而不受任何阻挡。

二、案例评析

本案例的论证结构如图3-38所示，本案例希望能说明两点：一是科学的发展对自然界的认识也是不断发展的，各种科学理论都是要经历科学实践的检验，本节课中有两个原子结构模型，从模型1到模型2就是一个否定和发展的过程，体现了科学的发展本质；二是本节课有两个建构模型的过程，也就有两个科学论证的过程，可以合理安排论证能力在不同的建构中各有侧重的发展，第一个论证过程教学中可作为论证示例简化处理，侧重在第二个论证过程让学生深度参与。本案例评析，也只对第二个论证进行讨论。

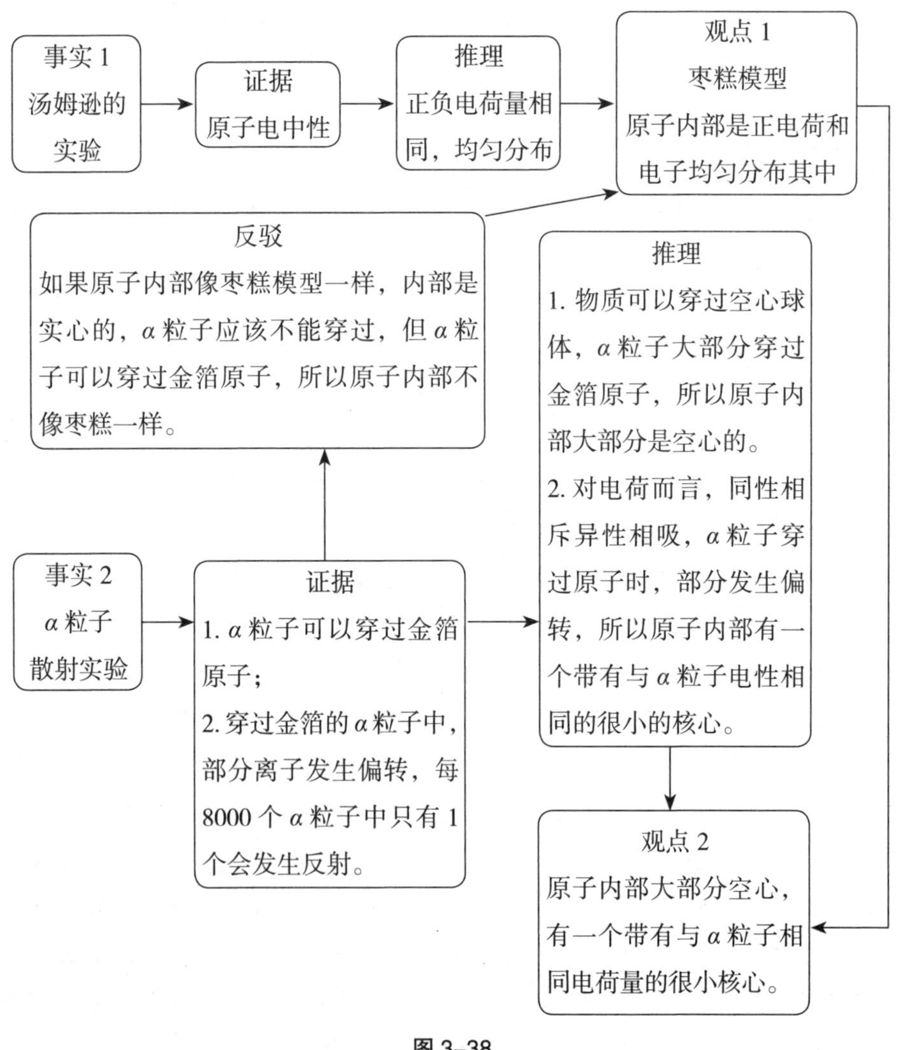

图 3–38

1. 呈现事实

卢瑟福的原子核式结构模型的建构起始于α粒子散射实验的事实，这个事实虽然能通过模拟实验过程的动画展示出来，直观粒子的各种情况毕竟不能完全表现出实验的特征。本案例安排学生通过阅读教材的形式来认识实验事实（即事实 2 的设计），目的也是让学生在阅读中能够深入思考实验的规律。

2. 寻找证据

学生还是比较容易确定教材中的依据的，即实验发现，绝大多数 α 粒子穿过金箔后，基本上仍沿原来的方向前进，但有少数 α 粒子（约占八千分之一）发生了大角度偏转，偏转的角度甚至大于 90° ，也就是说它们几乎被“撞了回来”。在这个基础上，再通过多媒体课件介绍实验装置，增加学生的感性认识，帮助学生进一步提炼出两个证据（如教学设计中所述）。

3. 正向推理和反驳推理

有了证据，但证据并没有和观点建立关联，论证的重点过程在于推理，解释证据。本案例中由于有观点 1 枣糕式模型的前期认识，推理是从对枣糕模型的反驳开始的。通过证据 1，大量 α 粒子可以通过金箔原子，说明原子内部大部分是空的，而不是实心的，这均匀分布的枣糕模型不能解释。证据 2 表明原子结构有存在与 α 粒子所带电荷电性相同的质点，且这些质点并不像枣糕模型那样大量分布在原子结构中。但这个反驳推理的过程是针对枣糕模型的，使学生认识到建立新模型的必要性。为了能够建立新的原子结构模型，就需要进一步进行正向推理：通过证据 1，物质可以穿过空心球体，α 粒子大部分穿过金箔原子，所以原子内部大部分是空心的。通过证据 2，部分粒子发生了偏转，甚至反射，说明原子内部含有一个与 α 粒子电荷量相同的核心，而根据这个反射的概率非常小，可以证明这个核心相对于原子而言是非常小的。为了能够支持这个推理，要对证据进行一定的解释，在解释证据的过程中，实际上也运用了两个基本认识，能够穿过，说明碰撞阻碍的过程不存在即支持原子内部大部分是空心的证据；第二个是电荷间相互作用的事实，同性相斥异性相吸，以此来支持偏转的证据。

在这个案例中对核式结构模型并没有进行反驳推理，这也符合当时的认识。

4. 明确观点

根据以上的推理过程已经基本得到原子的核式模型，总结完善也就水到渠成了，在这个过程中要求的主要是语言表达能力。让学生将自己得出的模型与卢瑟福提出的原子结构联系起来，然后再次回顾证据以及解释等过程，实际是明示论证思路的过程，让学生能进一步领悟科学论证的思维方法。

【教学案例：反冲运动 火箭】

授课教师：北京市二十中学　朱宁宁

一、教学设计

环节 1：建立反冲概念

情景 1：比一比谁的气球飞得更高、更远？

学生活动：吹气球，让后放飞。

问题：气球为什么会飞出去？在液体中有没有见过类似现象？

图 3–39

情景 2：演示如图 3–39 所示实验，旋转的水轮机。

问题：容器是如何转动起来的？容器的转动方向与水流方向有什么关系？生活中有没有见过类似现象？

情景 3：播放生活中常见反冲现象的小视频。视频中的现象如图 3–40 所示。

图 3–40

问题：观察视频中各物体是如何运动起来的？

思考：这些现象中物体的运动有什么共同特点？

学生交流总结得出反冲现象：系统分离出一部分物体后，剩下的另一部分物体向反方向运动。

环节 2：探索规律

问题：为什么静止的物体喷出一部分物体后，另一部分物体会获得反方向的速度呢？

学生讨论交流，可能涉及牛顿运动规律角度、能量角度、动量角度等，在教师引导基础上，发现用动量守恒的观点解释各系统中所涉及的反冲现象时，所有的问题均迎刃而解，思路清晰。最终总结得出所有的反冲现象均满足系统动量守恒定律。

环节 3：规律应用与问题论证

情景 4：利用自制教具演示“大炮的发射”。

问题：发射“炮弹”时，炮身为什么会后退？炮身的反冲可能与什么因素有关？如何求炮身获得的反冲速度？

引导：当要面对并研究实际生活情境中的问题时，会有多种影响因素。通常情况下，首先要对生活中的物理问题进行抽象简化，忽略次要因素，考虑主要因素，创设围绕主要因素的物理情境，将生活问题转换成物理问题，建立物理模型。

建立动量守恒定律的物理模型：一门大炮，炮身质量为 M，炮弹质量为 m。炮弹水平射出时相对于地面的速度为 v_0，不计炮车与地面的摩擦，求炮身向后反冲的速度 v。

学生基于炮身与炮弹的系统动量守恒，推导得出：炮身速度 $v=-mv_0/M$。

问题：基于结果分析，如何能够减小反冲对大炮的影响？

分析论证：学生根据炮身速度 $v=-mv_0/M$，分析得出减小炮弹的质量或增大炮身的质量均能减小发射炮弹时反冲对大炮的影响。

问题：（联系实际）你是否了解当前在军事科技上控制或预防反冲对大炮影响的措施？

学生基于自己课外了解的情况进行介绍与解释。同时教师展示当前大炮预防反冲措施的图片，如图 3-41 所示的新型榴弹炮上的止退措施，包括缩头炮以及设计液压缓冲器、止退犁、履带等方式。

图 3-41

情景 5: 利用自制教具演示“水火箭”，如图 3-42 所示。

观察思考：水火箭是如何飞出去的？

视频：我国火箭发射升空的视频

思考：（联系科技）航天科技中的火箭是如何飞上天的呢？

系列引导问题：火箭的发射与水火箭是否相似？火箭的速度可能与哪些因素有关？你认为火箭的飞行满足什么规律？火箭飞行的工作原理是什么？如何求火箭获得的速度？

将火箭升空的过程抽象简化，建立符合题意的物理模型如下：火箭喷气前的总质量是 M，假设火箭准备起飞时在极短时间内喷出燃气后，其质量变为 m，喷出燃气的速度相对于地面是 u，计算火箭在喷气后增加的速度 Δv。

图 3–42

学生活动：选取火箭准备起飞的过程，以地面为参考系。基于表格 3–9 中有关火箭喷气过程中各物理量的分析影响火箭速度的因素。

表 3–9　火箭喷气过程中各物理量的分析

		质量	对地速度	动量变化
喷射前	火箭与燃料	M	0	
喷射后	火箭	m	Δv	
	燃料	M–m	u	

推理分析：用动量守恒定律求出火箭增加的速度表达式：$\Delta v=\left(\dfrac{M}{m}-1\right)\cdot u$，并得出影响火箭速度的因素有两个：（1）喷气速度 u；（2）火箭质量比。

问题：根据研究结果和你的了解，现代科技中采取什么措施能够提高火箭的速度？

学生交流，观看视频（播放嫦娥一号发射的模拟视频），验证与总结提高火箭速度的措施。

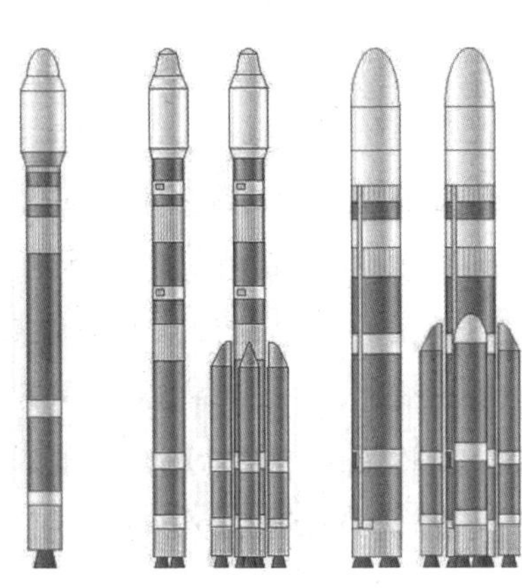

图 3–43

学生在引导下总结出当前处理方法：（1）火箭尾部捆绑助推器，增加喷出燃气的量;（2)设计多级火箭，如图3–43所示，燃料燃烧后抛掉空的燃料箱，增加质量比。

问题：论证为什么多级火箭能够提高最终速度?

引导学生分析论证：假设有两枚火箭（总质量、所装推进剂的量均保持一样），第一枚是单级火箭，发射质量是2吨，其中推进剂1.5吨；第二枚为二级火箭，各重1吨，每级均装有0.75吨的推进剂。但后者的火箭质量比是前者的2倍（4 ：1），可见，分级火箭有利于提高火箭的最终速度。

介绍：级数过多会影响火箭的整体强度，并有复杂的技术问题，一般常用两级或三级火箭发射运载人造地球卫星。我国具有不同运载能力的长征系列运载火箭，以及我国火箭研究、航空航天事业的发展历程与成果。

二、案例评析

本节课环节2和环节3都采用了基于科学论证教学的思路，在环节2中，针对环节1中的反冲现象，学生在推理与论证过程中尝试从多种角度分析问题，最终通过解释论证，明确从动量的角度分析物体间的相互作用。环节3中的论证结构如图3–44所示，在这个论证的过程中突出了从实际问题中建立物理模型，基于物理模型进行推理论证的过程。在这个过程中，学生主动经历了物理模型建构的过程，经历了基于推理论证进行预测与解释现象的过程。

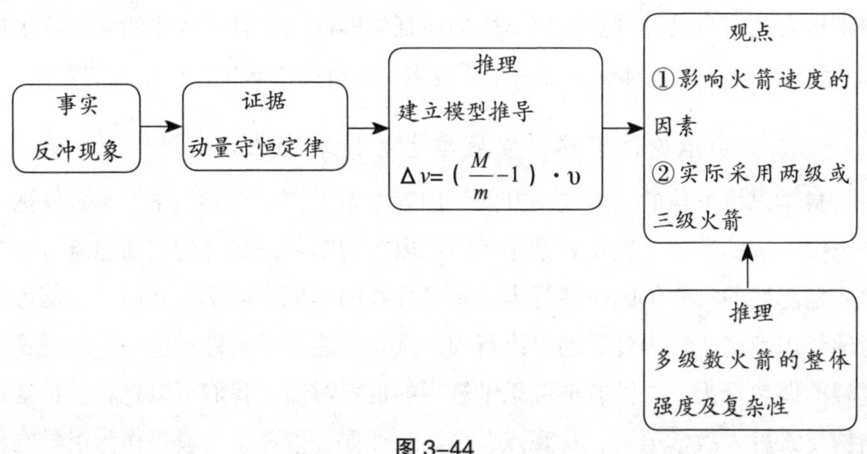

图3–44

四、促进学生科学论证能力发展的教学策略

要培养学生的科学论证能力，就需要重视设计教学中科学论证的活动，让学生经历科学论证活动，在论证实践中发展促进科学论证能力。

（一）设计论证实践活动，让学生经历论证过程

de Vries 等人指出，论证在科学教育上的重要性在于“知识的对谈(epistemic dialogues)——包括解释和论证，是表达概念理解的有效途径”，这也是苏格拉底论证模式的表现。学生在“对谈”中，阐述自己的论点，分享他们的生活经验，解释自己的科学用语，最后达到能够完整地陈述概念，在这样的过程中，学生能对科学知识有完整而深刻的体验及了解。当学生与同伴或教师进行互动时，才有机会将个人的生活经验及观察到的现象或事实再做重复的印证、诠释；另外，在与人论证、对谈的同时，也能有效促进深入思考自己或他人观点提出的理论依据，并在对谈中使内在的思考成为可见的、可受他人评价的，反过来又进一步促进了对谈的深入。因此，课堂教学就要创设情景，在呈现的现象或事实中提出适合学生开展论证的开放性的问题或探究性的问题，让学生亲身经历论证的过程：自由表达自己的对事件的认识、提出自己的疑惑，针对多种观点展开论证。在此过程中，教师需要倾听学生的问题、想法和解释，适当地进行评述或追问，引导论证的方向，帮助学生梳理自己的证据、理由，清晰地表达出自己的观点，使学生的论证能够深入。教师提供给学生论证的机会越多，学生亲身体验论证的过程越多，越有助于学生论证思维的完善。

（二）明示论证思路，发展学生对科学论证的认识

科学思维方法的培养离不开知识内容学习，知识内容的学习和理解离不开思维方法的运用，但在教学中，知识内容的学习是显性的，而思维方法的学习是隐性的，学生的一些行为反映了思维的过程，但学生并不一定能够清楚地认识到这些行为背后的思维行为，这有可能是学生针对这一个问题论证过程的偶然行为，并没有形成思维过程的良好习惯。我们可以将科学论证的结构要素融入教学语言，将观点、事实、证据、推理、反驳等作为引导在促进学生思考的同时，也加深学生论证结构要素的认识和理解，在基于科学论证教学的初期，也可作简要的示例。

例如，伽利略论证木星边上的 3 个亮点是木星的卫星时，他写道："在过去几天的观察中，3 个亮点总是呈一直线出现在木星的东面或者西面，与黄道相平行，且它们的亮度比边上的星星更亮些。这些特性都符合卫星的特点，也因为它们的这些特性，决定了它们不可能是恒星，所以我认为它们是木星的卫星而非恒星就如同金星和水星围绕着太阳。"

我们可以对这段论述过程进行明示，如：

资料：在过去几天的观察中，3 个亮点总是呈一直线出现在木星的东面或者西面，与黄道相平行，且它们的亮度比边上的星星更亮些；

正当理由：这些特性都符合卫星的特点；

支持：如同金星和水星围绕着太阳；

反驳：这些特性，决定了它们不可能是恒星；

主张：我认为它们是木星的卫星而非恒星。

复杂的内在思维是论证的重要方面，几乎所有的论证都是由一个或多个证据、观点、支 持、反驳、理由等有机整合支持某一观点，学生需要寻找逻辑，构建合理的、深层次的论证。 这对学生而言是一项比较困难的工作，在实践中学生往往会"就近"选择熟悉的内容组织简单的论证，这样的结果使论证趋于表面化和浅层次化。前文中所绘制的各个论证过程的图尔敏论证结构图，将思维外显可有效解决这一 困境。这种展示不仅能够再现思维过程，而且能够用于交流评估论证是否有效，论证前提是否合理。作为一种外显思维的工具，可帮助学生厘清论证构建的思路。

总之，要发展学生对科学论证方法或过程的认识和理解，有效的方式之一就是明示科学论证中观点、资料事实、理论依据、推理过程等结构要素，使学生有意识地在论证的过程中要素完整，逻辑清晰。

（三）创设宽松开放的论证环境，促进论证活动开展

要实施论证活动、落实科学论证的教学，促进师生间深入的对话，还需要创设论证的环境，这里所说的环境，有两个含义：一是学生开展论证的对等交流环境；二是问题设置的开放性环境。

虽然现在教师们的教学理念在不断地转变，学生的主体地位有了很大程度的体现，但不可回避的是，师生平等的对话地位还是存在的，而只展开真

实的论证要有平等民主的环境作支持，教师不应再是课堂中的唯一权威，而应是美国学者多尔所言的“平等者中的首席”。平等的对话，才能使学生进行真实的表达。另外论证的课堂还应是包容而又求真的，即学生的发言不论正确与否都能得到教师和同伴的鼓励。当学生不用担心其答案是否符合教师的标准时，他们才敢于进行论证，敢于对同伴乃至教师的观点进行反驳和质疑。

在课堂教学中，论证一般都出现在开放式问题提出之后。这一类问题有可能是没有唯一的标准答案，学生存在多种不同的生活体验而存在不同的认知，学生往往需要基于已有知识，进行一定的思考推理后进行论证的表达。开放式的问题能够调动学生不同的知识储备，能够有更多的思考的依据，也能够有更多的辨别的论点和论据，这样，才能更有效地促进学生思维的积极参与。

第四节 促进质疑创新能力发展的教学

质疑创新的核心是科学创造力。科学创造力是在科学知识学习、学问题解决和科学创造活动中，表现出来的智能品质和能力。从物理学习和活动的角度来看，学生的科学创造力主要体现在观察与实验、物理知识的学习、物理问题的提出、物理问题的解决、物理创造活动等方面表现出来的思维和想象的流畅性、灵活性和独创性，即主要表现在解决问题的新颖性。

一、质疑创新概述

（一）质疑和创新的内涵

质疑创新包含带有因果关联特点的两个方面：“质疑”和“创新”。质疑是经过较充分的分析后提出的带有质询特征的疑问，质疑引发的释疑可能会产生创新性结果。质疑能力是指个体能顺利地提出有价值的问题的个性心理特征，它包含了创新思维和成功将其物化的实践。质疑可以引发创新，但创新并不都直接源于质疑。由好奇、求是、实验意外发现、数理逻辑的推导结论导致的创新在物理学发展中都不乏其例。

创新能力就是人们运用已经掌握的知识、经验产生出某种新颖、独特的问题解决方案，从而有效地解决问题和获得新发现的能力。也可以说，创新能力是突破原有认识、事物，探索和获得有价值的新知识、新事物的能力。学生在物理学习中的创新能力是指通过物理活动和物理教育，使学生作为独立个体，能够着手发现、认识对自己而言有意义的新知识、新事物、新思路、新方法的一种能力。求新求异是创新能力思维的基本品质，创新精神和实践能力是学生在物理活动中展现出来的创新能力的核心。

质疑与创新都是建立在学生对相关物理知识充分理解吸收和融会贯通的基础上的，一方面是将所学的知识和方法迁移至新的问题情境，以创造性的态度分析解决相关问题；另一方面是对已有的模型和解决方案进行深入分析，发现问题、提出质疑，并在质疑的基础上形成新的解决方案。

（二）创新能力的构成

1. 从创新能力的表现看

创新能力是一种综合能力，由各种因素互相联系、互相制约而有机地组成。由于个体处于不同的发展阶段以及创新内容不同，因而其结构也不同。不同学者从不同角度对创新能力的构成有不同的认识，从能力表现上看，创新能力包含创新意识、创新精神、创新思维、创新实践能力。

（1）创新意识

未来是不确定的，人类科技文明的高速发展是既定事实和必然趋势，国家之间的竞争是人才的竞争。正是由于这一系列的原因，我们才强调和推崇创新、追求创新，重视对学生进行创新意识和创新能力的培养。只有在强烈的创新意识引导下，人们才可能发挥创新潜力和聪明才智，释放创新激情。

（2）创新精神

创新精神是指要具有能够综合运用已有的知识、信息、技能和方法，提出新方法、新观点的思维能力以及进行发明创造、改革、革新的意志、信心、勇气和智慧。创新精神是进行创新活动必须具备的一些心理特征。

（3）创新思维

创新思维是指发明或发现一种新方式用以实现某种创造性实践活动的思维过程。创新思维具有五个明显的特征，即积极的求异性、敏锐的观察力、创造性的现象、独特的知识结构以及活跃的灵感。从这些特征入手引导和指导学生能帮助学生深刻、高水平地掌握知识，并把它们迁移到新知识的学习过程中，使学习活动顺利完成。可以说，创新性思维是整个创新活动的智能性环节，也是决定创新质量和效率的关键环节，是创新能力的核心。

（4）创新实践能力

创新实践可以理解为将创新思维物化以及在物化过程中重构创新思维直至物化成功的能力。这一过程不仅需要学科知识和实践经验，还需发挥个人的创造性思维，并通过创造新技术、新方法来获得最终成果的意识。创新实践能力必须通过长期实践获得培养，而且往往需要长期的、深入的思考和深厚的知识积累。

2. 从创新能力的影响因素看

从影响因素上看，创新能力包含知识因素、创新思维、个性品质和元认知理论。在这四个因素中，知识因素是创新能力的基础；创新思维是创新能力的核心内容，个性品质为保证，元认知是监控。当然，这四个因素构成一个人的创新能力，并不是一种简单组合，而是构成一个有机的整体，协同作用，共同完成创新活动。

（1）知识是创新能力的基础

知识是人类生活和实践经验的总结，是人们吸取新知识、解决问题的基础。世界上任何发明创造都开始于知识原型启发，都建立在一定的知识经验之上。宽厚的基础知识是创新的源泉，一个人头脑里知识越多，思维的空间和自由度也越大，所蕴含的主动性和创造性的机会也越多，构想成创新思维的成果的可能性也越大，创新能力就越高。创新实际上就是知识在较深层上的重新组合，没有知识或知识贫乏，就难以形成正确观点。培养创新实践能力需要扎实的灵活运用，因为它是基础知识的再次升华，是学生用创新意识对所学的知识进行再加工。

（2）创新思维是创新能力的核心部分

创新能力是人最宝贵、最重要、层次最高的一种能力，而创新思维是创新能力的核心。创新思维不是一种规范化的思维形式，而是依据实际情景、条件和目的进行的一种不拘一格的开创性思维过程，而且要产生出新颖的或前所未有的思维成果。创新思维有发散思维和聚合思维两种形式。聚合思维主要是抓住事物之间的关系和相同点为突破口，尽力组成对外界事物的关系网。发散思维提倡多角度和多层面地思考问题，对问题有多种解决问题的方法。这两者共同构成了创新能力的核心。

（3）个性品质是创新能力的保证

创新活动不仅需要智力因素，而且还要有优秀的个性品质，例如灵活的思维方式，思考问题时不受传统观点束缚，能进退自如；坚忍的意志，有较强的自控能力和严谨的做事态度；强烈的求知欲，有敏锐的对事物的观察力和对事物强烈的好奇心，而且甘于奉献自己的人生。例如法拉第坚持十年矢志不渝地探索电磁感应现象，如果他不具备这些品质，很难发现电磁感应定律。

（4）元认知对创新能力具有监控作用

元认知是关于认知的认知，它是以认知过程和认知结果为对象，以对认知活动的调节和监控为外在表现的认知。可以说所有的认知活动都有元认知的参与，元认知的实质是对认知活动的自我意识、自我监控和自我调节。元认知的发展水平直接制约着智力的发展，在认知过程中，个体需要控制外界环境的干扰，不断地协调主、客观因素，提高认知活动的效率，提高成功的可能性。

二、质疑创新教学的理论依据

（一）能力的形成过程

知识是质疑创新能力的基础，但有了一定的知识并不等于有了创新能力，单纯的知识积累也不等于创新能力的提高，只有形成一个合理的知识结构，才能发挥知识对创新能力的基础作用。图 3–45 反映了能力的形成过程。知识通过科学思维方法、各种技能手段把相互分离的知识组成一个系统，使知识变得有序，形成知识结构，使知识容易识记和再现，在解决问题的时候，能够易于调取知识进行应用或进行新知识的学习。可见，通过方法、技能可使认识活动变得有序，在有序的基础上通过应用达到迁移和变通，形成有序迁移、变通迁移，最终实现知识向能力的转化，使能力得到发展。

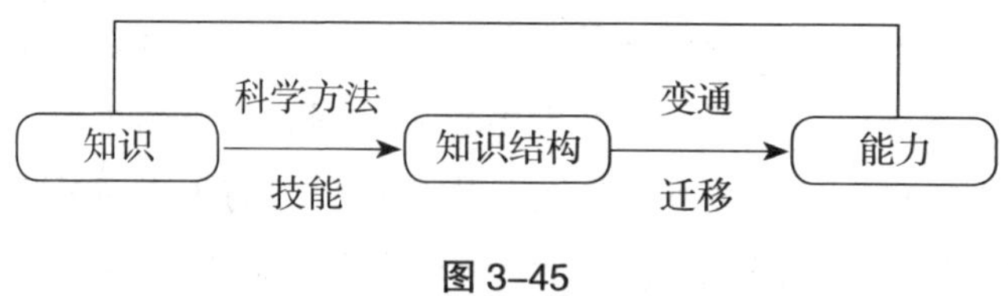

图 3–45

（二）课程标准中质疑创新的水平划分

依据课程标准中学科核心素养的水平划分，学生的质疑创新水平描述见表 3–10。

表 3-10　质疑创新水平

水平	水平描述
水平 1	知道质疑和创新的重要性。
水平 2	具有质疑和创新的意识。
水平 3	能对已有观点提出质疑，从不同角度思考物理问题。
水平 4	能对已有结论提出有依据的质疑，采用不同方式分析解决物理问题。
水平 5	能从多个视角审视检验结论，物理问题的解决具有一定的新颖性。

质疑创新能力是学生高层次的物理能力表现，是学生利用物理核心知识和科学方法解决陌生和不确定性问题以及探寻新知识和新方法的能力。从质疑创新水平的具体描述看，发展学生的质疑创新能力，主要表现在丰富学生的认识角度，使学生能够在解决问题的过程中，从多个角度审视问题，创造性地解决问题。

三、促进质疑创新能力发展的教学案例与评析

【教学案例：游标卡尺和螺旋测微器的使用】

授课教师：中国人民大学附属中学　刘娜

一、教学设计

环节 1：问题引入，学生自主学习

问题 1：如何测量一本书的长度和一张纸的厚度？

问题 2：精度能达到多少？精度要达到 0.1mm 需要怎么做？

学生自主学习：游标卡尺的原理和使用方法（阅读教材：游标卡尺）。

学生交流遇到的问题。

环节 2：游标卡尺原理理解及认识读数规则

问题 1：如何把游标卡尺的第五格对齐？

问题 2：向右移动了多长？

学生：提出图 3-46 中所示方法，即游标卡尺从图 3-46 甲到图 3-46 乙。

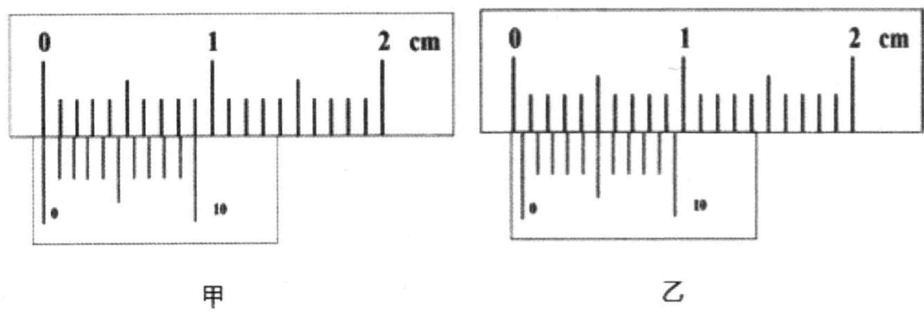

图 3–46

问题 3：主尺和游标卡尺两个零刻度间的距离是多少？

介绍：物理放大的思想。

问题 4：只有这一种做法吗？

问题 5：主尺的精度是多少？

通过对问题的思考与交流，明确游标卡尺的读数规则：主尺毫米整数 + 游标对齐格数 × 精度，理解游标卡尺原理采用了差值放大法的物理方法。

环节 3：游标卡尺精度探究

探究任务：设计精度为 0.05mm 的游标尺。

学生讨论各种设计的可行性和存在的问题。

可能出现的问题：直接倍增游标格数；或只取 10 个格。如图 3–47 所示。

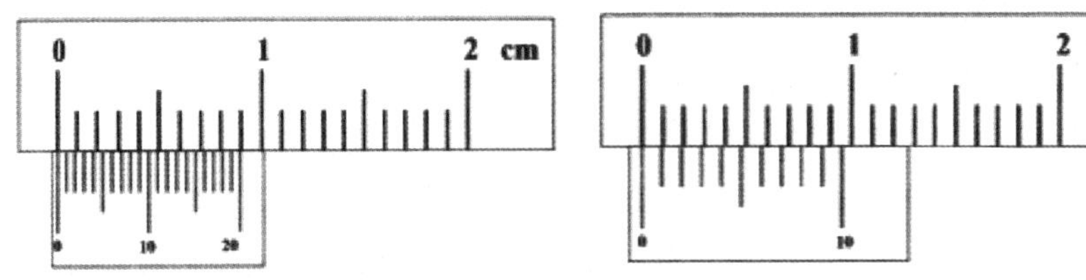

图 3–47

经过一步步的改进，完成图 3–48 所示的设计。

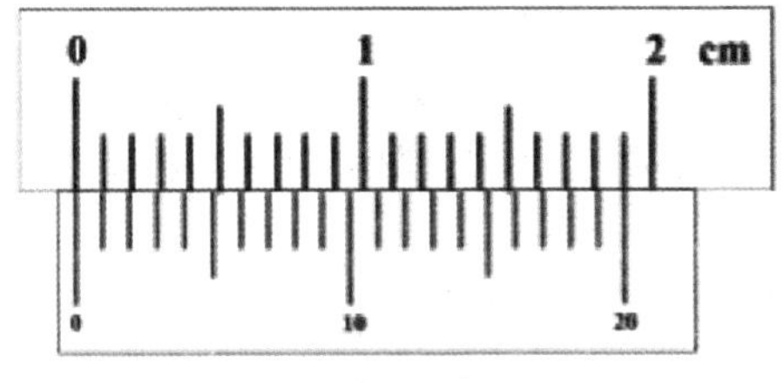

图 3–48

读数练习：强调易错点。如图 3–49 所示，读数为 102.40mm。

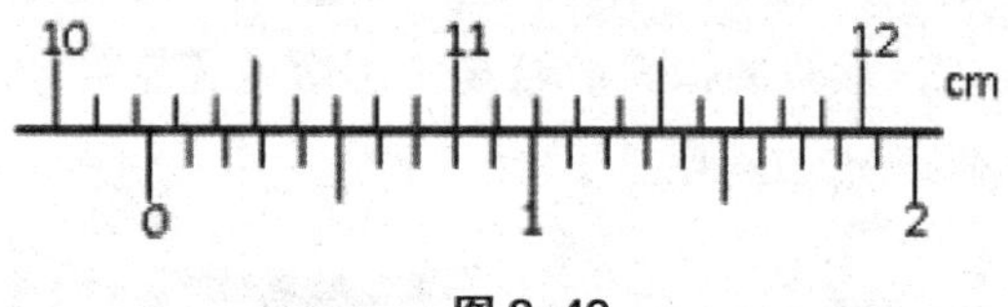

图 3–49

环节 4：螺旋测微器的原理

问题：如果想要精度达到 0.01mm 需要怎么做？

观察 1：观察螺旋测微器的结构，认识图 3–50 所示的各部件。

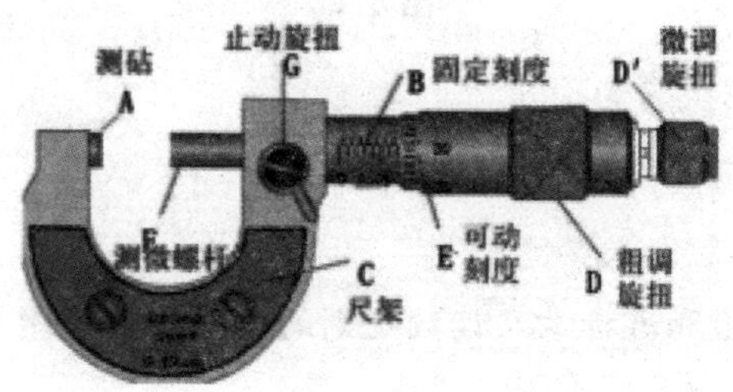

图 3–50

观察 2：理解螺旋测器采用物理放大的原理。

螺母旋转一周，螺母沿螺杆前进一个螺距，如图 3–51 所示。

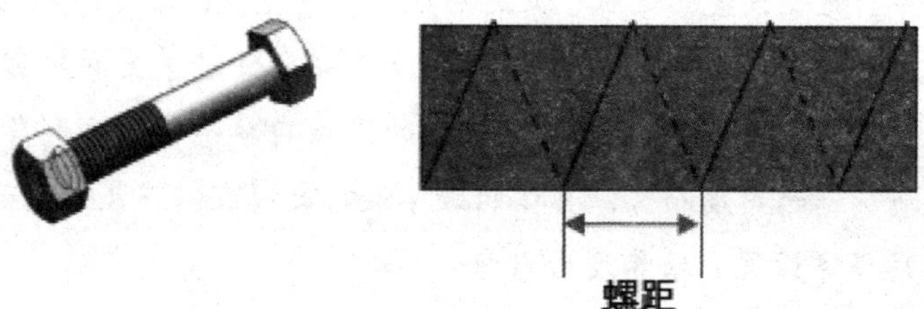

图 3–51

问题：如果螺母旋转半周，沿螺杆前进半周，若只想沿螺杆前进 0.3 个螺距，应该如何实现控制呢？

学生讨论、交流、引导得出结论：螺母上周长进行 10 等分，旋转 3 个分度，即前进了 0.3 个螺距。

引导理解：物理放大。螺母上的 10 等分，等效螺距上的 10 等分。但螺距可以很小，但螺母可以做得很大，从而能够通过螺旋实现物理放大。

对应理解：如图 3–52 所示，螺旋测微器螺杆和旋钮的结构和螺杆螺母结构的对应认识，认识螺旋测微器的精度，总结读数原则：固定刻度 + 半刻度 + 可动刻度（+ 估读）×0.01mm。

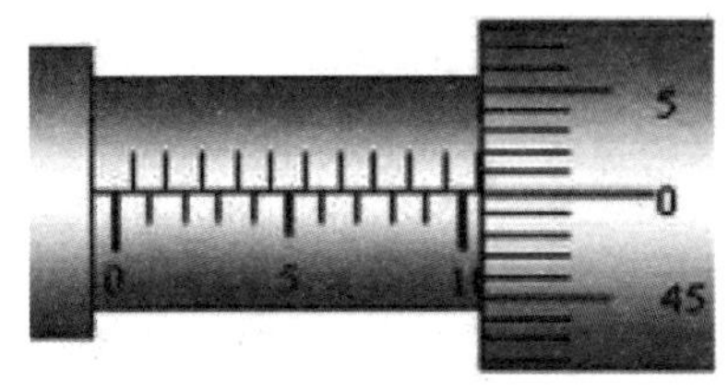

图 3–52

环节 5：螺旋测微器的使用

介绍：螺旋测微器的正确使用方法。

学生练习读数。

说明螺旋测微器和游标卡尺读数规则的不同，螺旋测微器要进行估读。

环节 6：历史拓展

介绍世界上最早的卡尺，诞生于公元 9 年，新莽铜卡。

二、案例评析

本节课学习使用测量性器材的，教学设计比较全面地体现了对学生学科素养的培养。通过模建的过程，促进物理观念的建立；通过问题的引导思考，培养学生的科学思维能力；通过设计实验探究，促进学生的探究能力和思辨能力；通过历史溯源的过程，增强学生的民族自豪感，树立科学责任。就科学思维中质疑创新角度而言，具体的教学策略表现有以下几个方面。

1. 利用任务设置，培养发散思维

在学生的创新思维中，发散性思维是至关重要的方面。发散性思维是求异思维的一种表现，是一种从不同途径、不同角度去探索多种可能性，探求答案的思维过程。在本节课中设置了“测量一本书的长度和一张纸的厚度”的任务，“如何把游标卡尺的第五格对齐？”的问题，“设计精度为 0.05mm 的游标尺”的任务，这些任务都是具有发散性的，学生可以有不同的设计。

2. 利用问题引导，挖掘思维深度

学生在思考解决问题的时候，可能会停留在浅层次的思维上，比如，在测量一张纸的厚度时，学生很容易想到“累积法”，但原有的认识可能没深入思考过精度的问题，教师通过问题“精度能达到什么？精度要达到0.1mm需要怎么做？”，使学生的思维又进一步。在学生学习了精度为0.1mm的卡尺测量原理之后，又通过问题“怎么设计精度为0.05mm的游标卡尺”，再次促进了学生的思考。方法类似，可以进行迁移，但又有不同，还需要学生的创新应用，这样在系列的问题引导下，培养学生大胆突破常规、敢于创新的精神。

3. 从设计角度探究测量原理，突出了创新思维

测量器材的学习一般是观察了解它的结构，教师讲解器材的原理和使用方法，然后学生练习使用，这种方法简洁快速，学生也能掌握测量器材的使用。但学生对测量器材的测量原理并不能深入理解，而且对知识如何转化为技术没有深切的体会，本节课的设计实际是从探究的角度、从测量原理逐渐探究设计高精度的测量器材，让学生经历知识到技术的转变，同时将知识形成能力，在这个过程中从创造的角度突出了创新思维。

【教学案例：变压器】

一、教学设计

环节1：创设情境，引发思考

情景：把两个没有导线相连的线圈套在同一个闭合铁芯上，一个线圈连到交流电源的两端，另一个线圈连到小灯泡上（图3–53）。小灯泡可能发光吗？说出你的理由。

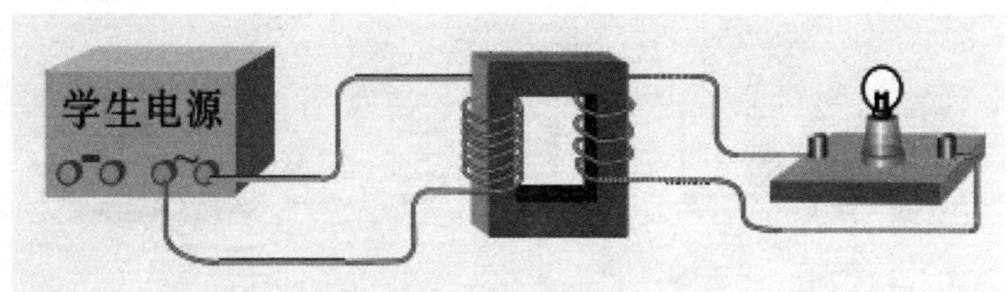

图3–53

学生交流：

学生：不能发光。灯泡没有导线接在电源上。

学生：能发光。铁芯是导体，能够导电。

学生：能发光。利用场传递能量，通过场将电能转化为磁场能，再转化为电能，使灯泡发光。

学生：能发光。利用电磁感应现象，左侧线圈中电流产生磁场，会在右侧线圈中产生感应电流，这是互感现象。

学生：……

演示：如图 3–53 的实验电路，闭合电源开关，灯泡发光。

环节 2：探究释疑，认识原理

问题：小灯泡发光的原因是什么？

依据前面同学们的猜想，能发光的原因有两种可能：一是铁芯导电，二是利用电磁感应现象。

演示 1：变压器的铁芯带电吗？

采用如图 3–54 所示的可拆变压器进行图的实验，在原线圈通电的情况下，让一位学生触摸变压器上的横置铁芯，学生并未触电，说明铁芯不带电。

图 3–54

演示 2：小灯泡发光是利用电磁感应现象吗？

采用如图 3–54 所示的可拆变压器，只用两个线圈，不用铁芯（包括直立铁芯和横置铁芯），仍采用上述电路的连接方法，如图 3–55 所示，闭合电源开关后，灯泡并不发光。

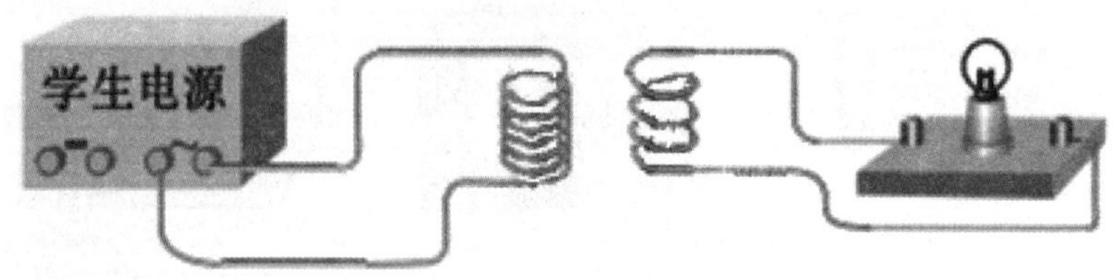

图 3–55

学生交流：

学生：灯泡发光没有利用电磁感应现象。

学生：不能否定灯泡发光利用了电磁感应现象，也有可能是其他因素，比如磁场比较弱。

交流后确定：利用电磁感应现象，可以增强磁场进行探究。

演示 3：增强磁场小灯泡发光吗？

首先，将线圈套至直立铁芯上，闭合电源开关。

现象：灯泡发光，但亮度不如引课时的亮度。

其次，将横置铁芯从一侧缓慢向里推，直到和竖直铁芯形成闭合铁芯。如图 3–56 所示。

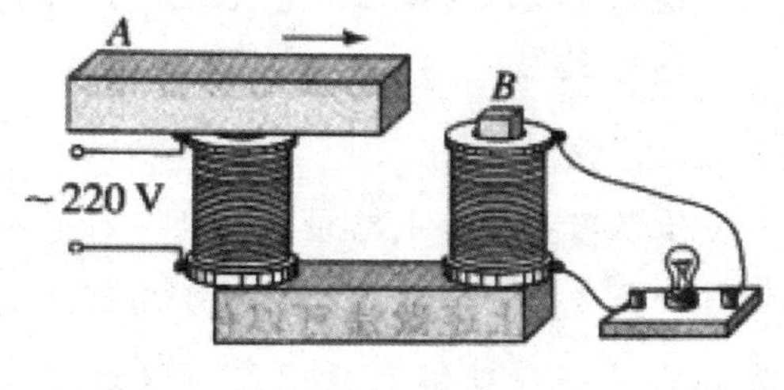

图 3–56

现象：灯泡亮度逐渐增强。

分析推理：灯泡开始无铁芯的时候不发光，是由于磁场弱，加入竖直铁芯增强了磁场，灯泡等能够发光，但原线圈产生的磁场的磁通量只有一部分穿过副线圈，大部分漏失在外。当横置铁芯与竖直铁芯闭合，形成闭合铁芯，绝大部分磁感线集中在铁芯内部，穿过副线圈，大大增强了变压器的传输电能的作用，因此，亮度会增强。

问题：铁芯是永磁体吗？

演示：在原线圈不通电的情况下，让一位学生把变压器上的横置铁芯取下来；再在通电的情况下，把变压器上的横置铁芯尝试取下来。明显第二次用了很大的力气也很难取下来。

说明铁芯不带电，铁芯的磁性是由于被磁化。

环节 3：质疑分析，理解原理

问题：在上述实验中，采用了交流电源，如果采用直流电源是否可以？

问题：副线圈输出的是直流电还是交流电？

再次明确变压器的原理是互感现象，再次理解交变电流与恒定电路的区别。

环节 4：实验探究

问题：变压器线圈两端的电压、电流与匝数的关系？

学生探究实验。

分析数据，初步得出结论。

结合已有知识分析能量传输中的损失：铁损、铜损、磁损。

总结得出：

理想变压器的条件：原、副线圈没与电阻；无磁通量漏失；铁芯不发热。

理想变压器的规律：$U_1/U_2=n_1/n_2$，$I_1/I_2=n_2/n_1$

环节5：介绍生活中的变压器

二、案例点评

变压器是交变电路中常见的一种电气设备，也是远距离输送交变电流不可缺少的装置。要让学生知道变压器的工作原理，让学生在电磁感应理论的基础上进一步理解互感现象，通过探究理解变压器的原、副线圈中电压与匝数的关系，电流与匝数的关系，了解理想化模型在物理学研究中的重要性。本节课的教学设计不是直接的讲授，而是采用对现象分析探究其本质的思路，突出了推理论证，融入了质疑创新。突出科学思维表现的设计有以下几个方面：

1. 创设情境，猜想分析

本节课的引入采用了一个在学生认识中“非常规”的电路连接方式，也就是小灯泡没有用导线和电源直接相连，虽然猜想的结果只有两种，而且由于是引课实验，学生很容易猜想到教师的演示目的，就是小灯泡能够发光，但教学的设计意图并不在此，而在于对猜想依据的分析，依据的分析是一个开放性的问题，但也是一个促进学生将已有知识能否迁移应用到实际问题中的过程，同时也是诊断学生迁移应用能力的过程，同时通过学生的分析也展示了学生的思维过程，使后续的教学更有针对性。

2. 问题质疑，深入推理

环节2和环节3是对变压器的结构和工作原理的理解过程，采用了生成性教学的方式。首先回应学生存在的疑惑，即通过实验判断铁芯不导电，但对学生的正确猜想没有直接肯定，而是设计了实验活动，再次通过问题进行质疑：当不使用铁芯时，灯泡不发光，是否能说明不是利用电磁感应现象呢？铁芯是永磁体吗？原副线圈中电流是直流还是交流？等问题，推理分析和实验验证相结合，使学生对变压器的结构和工作原理有了深入的理解，并且再次体会了交变电流和恒定电流的区别，以及交变电流的优点。在这系列问题中，也让学生体会了质疑的思路和方法，这是创新能力培养的基础。

3. 知识应用，融入创造性

环节2中演示2和演示3的实验及问题的设计，还体现出知识转化为实际应用的过程。虽然有了电磁感应原理的认识，但若要能真的转化为技术，就需要在实际中不断完善。首先不用铁芯不亮，推理磁场不够强；用了竖直的铁芯但亮度不够，推理分析磁通量的损失；再用闭合铁芯灯泡正常发光，设计出能量损失少、能够实际应用的变压器。这个教学思路融入了创造性的思维过程，是创新能力培养的一种体现。但这只是从能量转化角度对变压器工作原理认识的一个方面，对“变压”的认识则是通过环节4探究变压器线圈两端的电压、电流与匝数的关系来完成的。

四、培养质疑创新能力的教学策略

质疑创新能力只能培养，不能教。创新性就像种子一样，它需要一定的环境，既包括土壤、气候，也包括施肥、灌溉等，才能发芽、生长、开花结果。物理教学是培养学生质疑创新能力的一个重要途径。

（一）改进教学方式，创设质疑的机会

质疑是物理思维的开始，正确的质疑也往往是成功的开始，它不仅会激发学习者学到更多的知识，还有助于对知识的融会贯通，从而进一步深刻理解知识。学生在物理学习中的质疑来源于不同的原因，主要表现在四个方面：一是由于对问题本身缺乏清晰了解而形成质疑；二是由于已有知识不够，知识问题无法解释而形成质疑；三是由于察觉到问题的解释与原有的理论解释相矛盾而形成质疑；四是由于理论内不得不自洽而形成质疑。在教学中就要转变教学观念和教学方式，让学生经历知识的发生过程，激发学生的思维，让学生主动地去发现问题、分析问题、解决问题，从而获取知识。例如，指导学生课前学习，就可以发挥学生的主体地位和主观能动性，让学生在课前学习中通过独立的思考发现问题，产生疑问，并以质疑的方式在课堂中提出并与同伴交流和解决问题。另外，在课堂教学上，也可以改进教学方式，如创设智力上有挑战性的问题情境；给学生创造主动探究、自主学习的空间；创设丰富互动的、给学生以心理安全的教学氛围；打破单一的班级上课模式，积极使用小组讨论、个别学习等教学组织形式；从知识与创新能力的关联出发，

合理组织课程的类型和形式，等等。

（二）利用物理学史，提升学生的质疑创新意识

整个物理学的发展史就是一部创新的历史。许多科学先驱者之所以取得成功，常常是在批判前人和书本知识的基础上打开创新的缺口。在科学研究中，谁能首先敢于质疑束缚科学发展的传统观念，新思想、新见解，谁就可能抢占到科学发展的前沿阵地，有突破性的发现。例如哥白尼挑战地心说，创立日心说；伽利略挑战亚里士多德的落体学说，得出落体运动规律；“两朵乌云”对经典物理思想提出了强烈的质疑和挑战，也是现代物理学的起点。这些内容都可作为很好的教学素材，通过物理学史故事介绍物理学家们是怎么发现重要规律，以此展现他们的创新过程，让学生认识到物理学家们质疑创新的精神以及质疑创新的能力，以达到激励学生去创新的目的。

（三）进行教学内容整合，奠定学生质疑创新基础

宽厚的基础知识是创新的源泉，良好的知识结构是学生质疑创新能力的基础和保证。进行教学内容的整合有利于学生将知识建立关联，促进学生对知识的深入理解，实现知识结构的有序性，从而在解决问题的过程中调取知识，迁移应用或改进创新。因此，内容整合的教学是奠定学生质疑创新能力基础的有效教学策略。例如可以围绕核心概念进行教学内容整合，也可以基于实际问题解决进行教学内容整合，还可以基于实验工具的进行教学内容整合。

（四）讲授思维方法，提高学生质疑创新技能

思维的起点决定着创新的结果。疑问是思维开始的地方，也是思维向前发展的动力，是思维中的疑难和矛盾。巴甫洛夫也指出：“怀疑是发现的设想，是探索的动力，是创新的前提。”没有疑问就不会有新的见解，在学习过程中不仅要敢于提出问题，还要善于提出问题，提出有价值的问题。只有将思维更深层次地推入，才可能发现并提出问题。在实际的科学发现中，不存在严格的逻辑通道，科学的创造常常是科学家们独特的创新思维的结果。在学生的物理学习中，“认识一位巨人的研究方法，对于科学的进步……并不比发现本身更少用处，科学研究方法通常是极富兴趣的部分”，学生的思维能力有差异，思考问题的角度和深度各异，提出问题的质量高低有差异。因此，在

课堂教学中，应该注重思维方法的教学，例如物理模型的建构方法、理想实验的逻辑推理方法、物理类比的推理方法等等，它们在物理原理的建立中都起了重要作用，以及一些非逻辑性的思维方法，如直觉、想象、联想、灵感等，以增加思维的灵活性，使学生的思维品质得到优化。

（五）利用实验教学，培养学生的质疑创新能力

物理学是一门观察、实验和物理思维相结合的科学，在中学的物课课程中，实验是重要的教学手段和教学内容。传统的物理实验教学缺乏创新性，而且会抑制学生创新能力的发展。可将传统的验证性实验部分转化为探究性实验，由学生进行实验设计和实验操作。探究性实验可以提高学生的创新能力，在实验过程中教师要充当引导者，在学生遇到困难时对他们进行引导和帮助。为了培养学生的创新能力，教师要改变旧的教学策略。例如，在“测定动摩擦因数”的实验中，可以引导学生自选器材或规定器材设计出各种不同的实验方案，这类实验便于结合实际，促进学生把基础知识转化为能力。再如，“测电阻”的实验，也可以让学生设计出多种测量方法。这类实验可使学生学习和掌握一些实验中经常用到的测量方法，培养学生的变通能力。陶行知曾说过：“民主是创新能力发展的条件。”在初中物理教学时将学生当作课堂的主人，充分调动他们学习的积极性，鼓励他们大胆地进行质疑。学生在质疑的过程中可以发挥自己的想象，提高自己的创新能力。

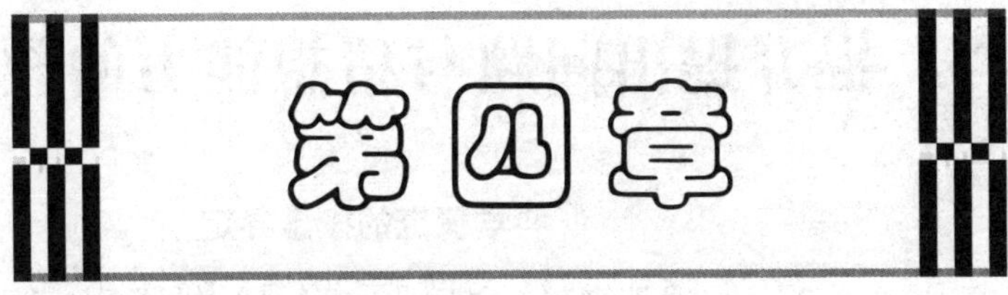

提升学生科学探究能力发展的教学研究

第一节 提升提出问题与猜想能力的教学

科学探究的概念界定

“探究（inquiry）”一词源于拉丁文的 in 或 inward（在……中）和 quaerere（质询、寻找）（陈琴、庞丽娟,2005）。《辞海》（1999年版）将探究界定为“深入探讨、反复研究”，即“用科学的方法探求事物的本质和规律”。“科学探究”,即指现代科学如何进行的基本原则，与科学本质密切相关的科学知识发展的过程和思维方式 (Flick & Lederman,2006)。美国《国家科学教育标准》明确指出：科学探究指的是科学家们用以研究自然界并基于此种研究获得的证据提出的种种解释的多种不同途径；科学探究也指学生们用以获取知识、领悟科学的思想观念、领悟科学家们研究自然界所用的方法而进行的各种活动 (NRC,1996)。科学探究是一种复杂的学习活动，它涉及观察现象、提出问题、查阅资料、设计调查和研究方案、验证已有的结论、搜集分析和解释数据、得出答案、进行解释并作出预测、分享交流（NRC,1996）。

一、提出问题与猜想概述

（一）提出问题的内涵与提出问题能力包含要素

爱因斯坦曾经说过：“提出一个问题比解决一个问题更重要。”“提出问题”是科学探究的基本要素之一，培养学生的提问能力，有利于学生创新意识和创新精神的培养。

就物理学科而言，所谓的科学探究能力是指学生在物理课程学习中的自主学习方式和学习过程，即能从日常生活、自然现象或实验现象中发现与物理学有关的问题，并且能通过提出问题、调查研究、动手实验、表达与交流等探究性活动，获取知识、技能和方法。在《普通高中物理课程标准（2017年版）》中提出了科学探究的要素：问题、证据、解释、交流等。其中“提出问题”是开展探究活动的首要环节，是学生进行整个科学探究过程的源头，对提出问题能力的培养是增强学生探究能力的重要方面。

通过对不同国家课程标准的梳理可以得出，提问能力的构成要素包括：①发现并建构明确的问题；②从各种问题中找出能够通过经验或科学手段回答的有探究意义的问题；③解读问题，把问题拆解，指向具体的研究对象；④评估问题的结构、质量与价值。

不同的研究者对提出问题能力进行了不同的界定。罗国忠将提出问题过程分为三个阶段：产生问题意识，试图表述问题，用准确、科学的语言表述有探究价值的问题，将提出问题的意识、提出问题的质量、提出问题的表述作为提出问题能力的评价指标。叶冰认为提出问题的能力是：有提出问题的意识；能在观察自然现象、实验现象、生活现象后经过思考提出有研究价值的问题，并掌握一般的提出问题的思维技能，如比较、归纳、抽象等；能准确、科学地表述问题；初步具备判断问题的质量与价值的能力；认识到提出问题对解决问题和个人发展的作用和意义。当代物理学家官原将平在《科学认识论》一书中指出：“问题是基于一定的科学知识的完成、积累（理论或经验上的已知事实，即它的各个阶段上的确实知识），为解决某种未知而提出的任务。”可以看出，问题具有明确的目的指向性，是从已知指向未知，从判断指向疑问。而面对一个探究活动或探究对象时，能够分析并解读探究活动，能够将问题或任务从不同的研究角度进行拆解，指向具体的研究任务，也是提出问题能力的一个重要因素。

基于以上分析，综合国外课程文件中解构出的能力要素与相关的研究结论，同时考虑物理学科特征，本书认为，提出问题的要素有：①问题意识；②问题转化，即将生活现象转化为可探究的物理问题；③问题表述，即将问题拆解并进行有效表述。

1. 能发现与物理学有关的问题

能发现与物理学有关的问题，即问题意识是学生头脑中产生物理问题的初步想法，在教学过程中可以通过学生课堂表现来体现，如学生是否可以提出符合情境的问题。如果学生提出的问题与给定的物理情境无关，那就说明物理情境的引导作用不够明显，不能激发学生的问题意识。例如，在模拟气体压强产生机理的实验中，用钢珠撞击电子秤，观察电子秤的示数与哪些因素有关，如果学生提出“电子秤的示数与钢珠质量有关”，这说明学生对物理情境没有很好地理解。再如，针对同一个情境提出问题的个数，也可以反映出学生问题意识的强弱。

2. 能将问题转化为可探究的科学问题

将根据现象提出的问题转化为可探究的物理问题是提问能力的核心，具体体现在是否可以转化为“常规性问题”和“发展性问题”。常规性问题是指通过物理现象直接询问原因的问题，如一块石子和一根羽毛从空中同一高度同时下落，石子先落地。学生会提出“为什么石子先落地”“为什么石子的速度比羽毛快”等问题。发展性问题是指在常规性问题的基础上进行深度思考，提出具有可探究意义的深层次问题，如学生根据上述情境提出“石子比羽毛先落地，与什么物理因素有关”“如何能让石子和羽毛同时落地”等问题。

3. 能从物理学的角度明确表述问题

问题表述是构成提出问题能力的重要因素，即是否能将问题正确地表述出来。很多学生在提出问题时自己明白想要研究的内容，但是表述不够清晰，准确性不够。

（二）提出猜想能力的内涵与猜想能力包含的要素

牛顿说过，“没有大胆的猜想，就不可能有伟大的发现。”在探究教学中，科学假设是探究活动的主线，它是在一定问题情境中产生的，是制定探究计划、设计实验方案的基础，也是收集证据、分析论证的依据，还是探究并获得结论的前提，可帮助探究者明确探究的内容和方向，对整个探究活动起着十分重要的作用。

猜想与假设是科学思维的一种形式，是科学研究的重要方法，也是对问题中事物的因果性、规律性做出的假定性解释。猜想是学生接触到问题后，在已有知识经验的基础上，结合客观现实的感性认识，依靠直觉而做出的各种假定。假设是在猜想的基础上经过观察、实验、分析、比较、归纳等一系列逻辑推理，排除掉一些不可能的猜想而得到的较为科学的假设。假设比猜

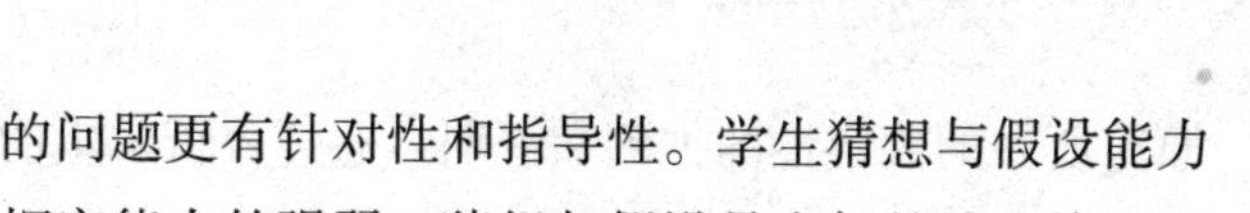

想更具有合理性，对探究的问题更有针对性和指导性。学生猜想与假设能力的水平高低直接影响科学探究能力的强弱。猜想与假设是人们的认识接近客观真理的起点，也是人们的经验知识发展成为理论知识的重要方法。

1. 能够解释物理现象或规律

猜想与假设的一个重要功能是解释客观事物的原因，完成对客观事物的解释，从而帮助人们看清某个事物的重要意义。如关于磁性的起源，古罗马诗人卢克莱修曾用原子论的观点进行过解释。他认为：磁体发射出细微的粒子流，撞击、驱散了磁石和铁之间的空气，形成真空，铁原子则力求进入此真空中，因此彼此就紧密地结合起来了。古代东西方哲人对于磁性的起源都只是停留在一些猜测上，直到 1820 年丹麦物理学家奥斯特发现了电流的磁效应，才使磁性起源的研究有了实质性的进展。

2. 能够提出新的实验和观测方向

在物理学史上，有些新发现是偶然的，但更多的发现是在科学假设的指导下通过坚持不懈的实验完成的，如居里夫人发现镭元素的过程。在居里夫人发现镭元素之前，人们刚刚知道有一种稀有金属叫做铀，能发出具有穿透能力的射线，这就是 X 射线。居里夫人知道这个消息后，马上想到也许还有别的物质也具有类似铀的放射能力。为了证实这种猜想，她用仪器观测 种沥青铀矿，认为里面还含有另外一种放射能力较强的元素，这是人们尚未发现的新元素，最终发现了放射性元素镭。

关于猜想与假设的能力构成要素，不同国家的课程标准提出了不同的解读，如澳大利亚课程标准指出猜想与假设是基于所学知识进行预测。而美国核心课程标准提出，猜想与假设是建构对世界的表征；建立一个现实世界对象的简单的物理模型；利用模型进行预测并解释现象；在建设检验性假说并提出适当的测试的建议时，灵活并适当地利用科学知识和模型。

通过对多个国家的课程标准的梳理可以得出，猜想与假设能力的构成要素包括：①基于观察和所学科学知识进行预测，建构可验证的假设；②建立简单的模型（如物理模型、数学模型等）来陈述现象或进行预测；③编写科学的、以模型为中心的说明；④评估、修改模型，以提高模型的解释力，更好地适应现有的证据。

猜想与假设是学生根据已有的知识和经验对所研究的现象或结果产生的

原因所做的假定性的推测和说明。通过分析学生的猜想过程与结果，不仅可以考查学生对知识的理解和掌握程度，而且可以了解学生的思维过程。假设是具有主观性的，但主观性并不意味着假设是毫无根据的猜测，假设虽然就其形式而言是超越事实的主观创造，但就其内容而言又必须符合已有的客观事实，而不应该与之相冲突。因此学生提出的假设必须是有充分理由的，要具有一定的科学性。例如晶体点阵假设是法国人文学家奥伊提出的，1781 年奥伊到朋友家玩，不小心打碎了方解石晶体，发现断裂处很整齐，便做出了晶体有一定的空间结构的猜想，提出了“空间点阵假设”，利用该假设可很好地解释晶体的特性。后来德国物理学家劳厄用晶体作为天然光栅，进行 X 射线的衍射实验，不仅证明 X 射线是波，而且肯定了晶体的空间点阵理论的正确性，这些假设都有一定的科学性。从这方面来说，学生所提出假设的科学性也应该是学生假设能力的要素。

二、提升学生提出问题和猜想能力的一般路径

（一）课程标准中对提问能力的水平划分

水平 1：具有问题意识；

水平 2：能观测物理现象，提出物理问题；

水平 3：能分析物理现象，提出可探究的物理问题；

水平 4：能分析相关事实或结论，提出并准确表述可探究的物理问题；

水平 5：能面对真实情境，从不同角度提出并准确表述可探究的物理问题。

（二）基于问题教学的一般路径

1. 问题教学理论的缘起与发展

问题教学起源于“启发式教育”，其前身可追溯至 19 世纪末 20 年代初，美国心理学家布鲁纳基于杜威的“从做中学”理论提出“发现法”，即学习者在一定的学习情境即文化背景下，凭借他人（主要是教师）的帮助，利用必要的学习资料，通过意义建构的方式提出和解决问题，从而实现科学教育的一种教学方法。而最早出现“问题教学”这一术语是在 20 世纪 60 年代中期，由苏联教学论专家马赫穆托夫提出，他认为问题教学能够有效地促进学生思维的独立性、灵活性和创新性的发展，有利于创新人才的培养。但最早

将其应用于实际的是美国神经病学教授 Howard Barrows(1928—2011)，他提出了 PBL 教学方法 (Problem- based Learning)，并将其应用于医学教育领域。20 世纪 90 年代，PBL 教学方法成功应用于医学领域之外的建筑学、工程学、工程研究、化学、生物学、经济学、物理学等。自此，问题教学法在各个领域掀起一阵新风潮。

2. 问题教学理论的内涵

国内外学者对“问题教学”的界定一直是众说纷纭。在国外，有学者将 PBL 视为教学策略 (pedagogical strategy)，如 Mayo 等学者认为：基于问题式的学习是通过创设与实际 (real-world) 相关或具有一定背景的问题，给学生提供相关资源，给予引导或指导，使学生获得大量知识和解决问题的技能 (Mayo, Donnelly, Nash & Schwartz, 1993)。还有学者认为 PBL 是一种课程开发与教学系统（a curriculum development and instructional system），如 Finkle 等认为：基于问题式学习是通过让学生面对一个与实际相关但结构不良 (ill-structured) 的问题，把学生置于问题解决者的地位，训练学生思考解决问题的策略，促进学生掌握学科知识的基础与技能 (Finkle & Torp, 1995)。在我国，学者大多认同问题教学是一种教学方法。基于此，笔者认为问题教学是让学生置身于真实的问题情境中，在教师引导下自主筛选信息、解决问题，达到训练学生思维、解决实际问题能力的一种教学方法。而“问题教学”中的“问题”需具备如下特点：①问题的顶层设计理念源于发展学生科学思维，要重视内容的选取并遵从学生的认知发展规律；②问题的设置原则要兼顾普适性与深入性，既要保证全体学生的参与感，又要具有一定的讨论、探究价值；③问题的表述方式要蕴含情境之中，学生需对问题进行辨别和处理，以获取解决真实情境中问题的能力。

3. 问题教学理论的基本模型(一般路径)

问题教学的精髓在于教学的设计始于问题且终结于问题，以问题为中心组织课程和学习情境，开启整个教与学的历程。2006 年密苏里

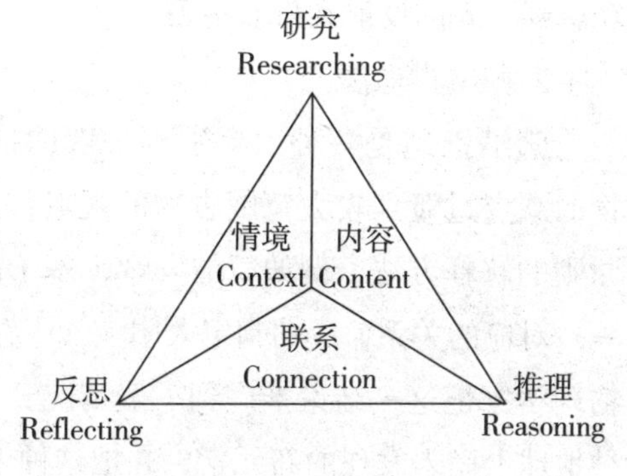

图 4-1 3C3R 理论模型

大学哥伦比亚分校毕业的学习技术专业博士洪暐针对 PBL 教学法提出了一种有效、精确和可靠的问题设计模型——3C3R 模型，如图 4–1 所示。该模型基于不同主体提出，针对教师的核心部分位于模型的中心区域，分别为：内容（Content）、情境（Context）与联系（Connection）。“内容”作为第一核心要素为“问题”的选取把关，以保证学生在“问题”的驱动下既可以发展问题解决技能，又可以获得相应的领域知识；“情境”要素确保学生能力发展的真实性与可应用性；“联系”要素帮助学生建立事物间的逻辑关系，培养学生的迁移能力。针对学生的过程部分位于模型的三个顶点，分别为：研究（Researching）、推理（Reasoning）与反思（Reflecting）。“研究”作为第一过程要素，要求学生探寻任务目标、分析问题情境、收集相应资料；“推理”要素基于“研究”获取的信息，分析问题条件、拟定解决方案、探究解决方法、达成问题解决，以完成将知识用于实践的目标。“反思”要素确保学生在这个过程中自我评价学习效果，总结领域知识、提炼解决问题的方法。

（三）提升学生猜想能力的一般路径

猜想的思维方法包含类比推理法、归纳推理法、演绎推理法和直觉思维等方法。

1. 类比推理法

类比推理法是根据两个对象在某些属性上的相同或相似，通过比较而推断出它们在其他属性上也相同的推理过程。它是从观察个别现象开始的，因而近似归纳推理。例如，惠更斯波动说的提出就是基于与水波、声波的类比，确信光也是“像声音一样”是以“波的形式来传播的”，惠更斯用波动说成功解释了光的反射和折射现象。

2. 归纳推理法

归纳推理是一种由个别到一般的推理方法。由一定程度的关于个别事物的观点过渡到较大范围事物的观点，由特殊具体的事例推导出一般原理、原则的解释方法。例如氦的发现，基于基尔霍夫发现的明线光谱跟吸收光谱一一对应的关系，成功判定太阳大气中存在有钠、镁、铜、锌、钡等元素后，物理学家把这一结论推广到一般情况，大胆做出预言，太阳大气中还存在一种地球上尚未发现的新元素，并把这种未知元素命名为氦。

3. 演绎推理法

演绎推理是由一般到特殊的推理方法，与“归纳法”相对。推论前提与结论之间的联系是必然的，是一种确实性推理，如中微子的发现就是通过演绎推理进行假设的一个典型事例。

4. 直觉思维

直觉思维，是指对一个问题未经逐步分析，仅依据对内因的感知迅速地对问题答案做出判断，猜想、设想，或者在对疑难百思不得其解之时，突然对问题有了“灵感”和“顿悟”。如阿基米德巧称王冠的例子，阿基米德洗澡时的灵感正是他经过较长时间思考后迸发出来的。

三、提升学生提出问题和猜想能力的教学案例与评析

【教学案例：电容器的电容】

授课教师：首都师范大学附属中学　张跃

一、教学设计

以“电容器的电容”为例，传统教学往往忽视模型建构的过程，直接给出两个平行金属板构成最简单的电容器，之后便利用平行板电容器进行后续的探究活动，学生对于电容器的含义及作用理解不深刻。基于此，在构建电容器模型的时候，利用适当的情境加以引导，鼓励学生自己构建出电容器的模型，这有助于学生提出问题能力的提升，并加深对电容器的深刻理解。

教师层面的设计内容：①内容（Content）：电容器的构造是什么？②情境（Context）：如何让垃圾桶可以存储电荷？③联系（Connection）：让垃圾桶可以存储电荷的要素是什么？如何设计实验来证明？

【教学片段展示】

教师：垃圾桶随处可见，同学们相不相信，垃圾桶也可以存储电荷？（展示一个垃圾桶）

学生：（表示惊讶）

教师：同学们想一想，用什么办法可以让垃圾桶存储电荷？

学生：垃圾桶是塑料的，是不是要把垃圾桶表面包上金属层？

教师：很好，想到了金属，那我们试试利用垃圾桶和铝箔纸。

实验活动：构造如图4-2所示的“容器”，用感应起电机给单层铝箔桶充电，

用导体球先后接触铝箔和大地，让学生分别用手触摸外壁（铝箔）和内壁（塑料）。

学生：以身试电，并没有被电到。

教师：引导学生进行分析，给单层铝箔充电后，经历放电的过程，电荷并没有存储住。提问：那应该如何改装？

学生：再加一层铝箔？

教师：那我们试试。

实验活动：利用如图 4–3 所示的“双层铝箔垃圾桶”，用感应起电机给双层铝箔桶充电，用导体球先后接触内侧和大地以及外侧和大地，让学生分别用手触摸外壁（铝箔）和内壁（铝箔）。

学生：依然没有被电到。（表示惊讶）

教师：让学生单手同时触摸内壁和外壁。

学生：学生被电得大叫一声。

教师：引导学生基于实验现象和体验进行分析，发现能将电荷存储起来的模型即为“双层金属膜（铝箔）+ 绝缘体（塑料）”，引导学生对模型进行简化，即为“两个金属板 + 电介质”，从而完成模型建构的过程。引导学生观察如图 4–4 所示的实际电容器内部，说一说为什么这样的构造可以存储电荷？

图 4–2 单层铝箔容器

图 4–3 双层铝箔容器

图 4–4 拆解实际电容器

二、案例评析

对于提出问题的落实，大多数的教学从实验探究中发掘，鲜有从科学建模的角度去设计，而且作为基于问题引导的教学，还配有实验探究活动，充分引导学生思维发展，同时，认识到了“提出问题”的重要性，以及将“问题转化为可探究的问题”的方法，最后总结反思。

首先，利用生活中常见的垃圾桶创设情境，提出问题“垃圾桶可以储存电荷吗”之后，引导学生将问题拆解，提出可探究的科学问题“单层铝膜和垃圾桶可以存储电荷吗”“双层铝箔和垃圾桶可以存储电荷吗”。学生通过推理和实验探究，通过亲历实验现象，发现只有双层铝箔和垃圾桶才能存储电荷。最后，通过观察真实的电容器内部，引导学生讨论，“说一说为什么这样的构造可以实现电荷的存储功能”，检验学生对于问题的正确表述能力。

【教学案例：自由落体运动】

授课教师：首都师范大学附属中学　张跃

一、教学设计

自由落体运动作为匀变速直线运动的特例，从落体运动到自由落体运动经历了从一般到特殊的研究过程，同时其发现过程经历了猜想假设以及实验验证的过程。

【课前引入】

教师：今天的课前分享，我们来看一个人，这个人有人认识吗？（只看脸，可能不太认识）这是他的代表作，这个人就是达·芬奇，我们都知道他是伟大的艺术家，那他和我们今天物理课有什么关系呢？别着急，我们再看，这是 1971 年阿波罗 15 号航员大卫斯科特登上月球的时候，他说：“我实在忍不住要和大家来分享一个实验。”我们再来看，这是美国 NASA 总部，有一间耗资巨大的实验室，但是在其中却做了非常简单的一个实验。其实，这 3 个是同一个实验。这说明什么呢？无论是科学家还是艺术家，无论人们是在地球还是在月球，人们都关心同样一件事，就是这件事（演示纸砖下落）——物体的下落过程！

【提出猜想】猜测纸砖和纸片的下落过程，谁快？谁慢？

【提出假设】重的物体比轻的物体下落得快？

这个实验太厉害了，一下带我们走进了 2000 多年以前亚里士多德的年代，亚里士多德就是基于对生活的观察，提出了这样的看法！

【提出猜想】那如果把纸片团成纸团，你再猜测这两个物体的下落会怎样？

【发现问题】

1. 纸片和纸团近乎同时落地

2. 同一张纸，下落情况是不同的

教师：为了发现物体下落的本质规律，我们还得再细想想物体下落这件事：

原来静止的物体，松手后为什么会下落？

学生：力是改变物体运动状态的原因。

教师：同一纸团和纸片，在相同重力下，为什么运动情况会不同？受谁的影响？

学生：空气阻力。

教师：我们知道，物理学是试图把复杂问题简单化的过程，所以，要想看到物体下落的本质规律，你想怎么办？

学生：要是能把空气阻力去掉就好了！

教师：非常好，所以才有了开篇我们看到的，“阿波罗15号”宇航员大卫·斯科特在月球上忍不住做的实验，还有在NASA这个全球最大的真空实验室中做的实验，这恰恰就是人们对于最简单、最本质的落体运动的探究！我们来看一下到底有什么发现！

【播放视频】

教师：我们看，当我们把空气阻力的因素去掉，竟然发现重的物体和轻的物体是同时下落的，这是多么美妙而且震撼的发现！而这个问题的发现正是人们看到了突出主要因素、忽略次要因素的重要性！他会让你发现事物的本质的规律！所以，当我们把落体运动中的空气阻力的因素忽略掉，我们就发现了一种最简单的能反映落体运动本质规律的运动，就是自由落体运动！

二、案例评析

自由落体运动这节内容就是发展学生猜想与假设能力的素材之一。自由落体运动作为匀变速直线运动的特例，其运动规律对学生来说并不难掌握，但两千多年来人们一直对其认识不清，直到伽利略的出现，才为人们研究落体运动提供了新的方法，使人们发现事物的本质规律，故本节的关键即让学生经历从一般到特殊的过程，体会科学建模的重要性以及学会如何建模。该节课通过达·芬奇、“阿波罗15号”飞行员对落体运动的研究和NASA实验室的实验，体会落体运动的研究意义以及人们对落体运动最本质规律的渴求，培养学生敬畏科学的情感。通过纸砖、纸片、纸团等实验素材，不断引导学生提出猜想与假设，并通过实验的引导，激发学生思考，为学生发展猜想与假设能力搭建台阶。

四、提出问题和猜想的有效教学策略

（一）提出问题的有效教学策略

亚里士多德曾经说过："思维从疑问和惊奇开始"，问题是思维的导向，提出问题，本质是追思的手段，提出问题即是创造和发现的源泉，也是科学素养的一个重要组成部分。在课堂教学中培养学生的提问能力，可以从以下几个策略入手：

1. 教师创设情境，发挥学生主观能动性

在课堂教学过程中，教师应该积极创设问题情境，合理设置问题引导，为学生思维搭建台阶，培养学生的提问意识。创设问题情境可以基于以下几种方式：

（1）实验情境

物理实验为学生提供一个真实而完整的问题情境，以激发学生的好奇心和求知欲。如在讲"机械能守恒"这节时，可以利用一个大摆球引入，将摆球固定好，从实验者鼻尖无初速度释放，摆球摆动一个周期后，仍然回到原来的高度，实验人员不会被摆球砸到。通过这样一个震撼的实验，引导学生提出一系列问题，如"小球靠什么记住了自己的高度""小球运动过程中有哪些能量""小球的动能是怎么来的"等。通过一系列的问题，引导学生思考，发现问题的本质。

（2）生活情境

物理源于生活，生活中处处充满物理知识，教师利用合理的生活情境，不仅可以让学生意识到物理与生活息息相关，而且可以激发学生提问与思考。如在讲"弹力"这节时，可以引导学生思考，飞机是如何在航母上降落的呢？航母上没有很长的跑道，是利用什么停下来的呢？给出阻拦索的设计，从而引出弹力相关知识的学习。

（3）新奇的故事或新闻

教学中利用新奇的故事或见闻，既可以增加学生的好奇心，又可以让学生感受到物理的有趣与有用。如在讲到"电容器的电容"这一节时，可以利用"神奇的特雷门琴"激发学生思考，特雷门琴是唯一一种不需要接触而演奏的乐器。因为触觉上得不到任何依靠，演奏难度可想而知。全世界一共只有 20 位特雷门琴演奏家，其中 5 位是法国人。可以引导学生思考，不接触是如何让它发声的呢？让学生带着问题完成学习。

（4）利用认知冲突创设问题情境

在教学过程中可以设置一些矛盾冲突，激发学生思考并继续提问。如在讲到“自由落体”这节时，人们认为重的物体比轻的物体下落得快，可以引导学生思考和提问：为什么会有这样的生活经验？是什么导致的这种情况？再通过纸团 / 纸片以及牛顿管的实验进行验证和分析。

2. 利用合理教学策略，帮助学生积极提问

授人以鱼不如授人以渔。在教学过程中可以利用合理的教学方法来帮助学生思考，如追问法、反问法、类比提问法等。所谓追问法是指在某个问题得到肯定或否定的回答之后，顺着思路对问题紧追不舍，刨根问底继续发问，其表现形式一般直接采用“为什么”。反问法是指根据教材和教师所讲的内容，从相反的方向把问题提出，如在学习了电流可以产生磁场后，引导学生思考“反过来，磁是否可以生电呢” 从而引出新的探究问题。类比提问法是根据某些相似的概念、定律和性质的相互联系，通过比较和类推而提出问题。

（二）猜想与假设的有效教学策略

1. 提高教师自身的猜想与假设能力

在教学过程中，教师不仅是学生学习知识的参与者，更是学生探究学习的指导者和激励者，因此，努力成为研究型教师才能在探究教学中更加游刃有余地去指导学生。教师必须广泛阅读有关探究教学、教育科学与教育心理学方面的书籍，从而拓宽知识面和思路，加深对探究教学的认识，培养猜想与假设的能力，从而实现教师自身的发展。

在教学以外，要积极与其他学科的教师、相关研究人员生广泛交流，大力开展“校本教研”“行动研究”等理论与实践相结合的教研活动，从同行或专家身上不仅可以获知最新的教育教学理念，而且在彼此的交流过程中，灵感的火花往往在某一瞬间被激发出来。一个善于想象和把握灵感的教师，对学生提出创造性假设具有很好的指导作用。

2. 精心设计演示实验，为猜想提供依据

在物理教学中，实验是最直观、最有生命力、最受学生欢迎的一种教学

方式。其中，演示实验能够为学生提供感性材料，在演示过程中，能够使全班学生的注意力集中在一处，要解决的问题得以明确。教师利用精心设计的演示实验，可以为学生提供猜想的依据，为学生猜想与假设创设了前提，是探究教学中一个行之有效的方法。

3. 开展多种活动，提高学生猜想与假设的能力

除了在课堂教学中采用探究式教学以外，为了提高学生的猜想与假设能力，在课外，教师还可以提出不带结论的问题让学生去讨论、辩论、猜想与假设，以论文、辩论会、设计小实验、小发明等多种形式，激发学生的思维，使之更加活跃，从而提高猜想与假设能力。例如，在讲授完摩擦力的相关知识之后，可以以“如果没有摩擦”为题，让学生们展开大胆合理的猜想与假设：地球将会怎么样？我们的生活将会有哪些改变？教师应充分挖掘书本知识及课外活动的探究点，以提升学生猜想与假设的能力。

4. 对学生的猜想与假设进行及时评价与鼓励

科学探究活动活跃了课堂教学气氛，很大程度上激发了学生在课堂活动中的参与性，同时调动了学生学习的积极性。但由于高中阶段正是学生培养理性思维的阶段，很多学生在猜想与假设过程中，偶尔会发生偏移，提出很多不着边际的结论，且很多结论有可能是错误的。这时，教师应对学生的结论进行及时评价，引导学生做出合理的猜想与假设，并且要从正面和积极的方面去鼓励学生。要让学生找到自信，这样学生在学习和思考过程中才敢于猜想和假设。

第二节 提升获得证据能力的教学

一、获得证据能力概述

所谓“证据”，就是证明的依据。科学探究中的“证据”一般分为两类：直接证据和间接证据。直接证据指的是客观存在的事实，如自然现象、实验现象、实验数据等；间接证据指的是前人经过观察和研究已经得出的规律，以及被无数实验事实证明了的原理、定律、结论、推论等。它是为我们的猜想、假设、理论等而服务的。

《普通高中物理课程标准（2017版）》中对于获得证据能力的描述为：设计实验与制订方案、获取和处理信息的能力，具体要求为具有设计探究方案和获取证据的能力，能正确实施探究方案，使用不同的方法和手段收集、分析和处理信息。培养学生获得证据的能力，对于提高学生的科学探究能力具有重要意义。

（一）设计实验与制订方案的内涵与能力包含要素

在探究过程中，面对提出的猜想与假设，要进一步加以证实。为此，在探究实施之前，需要梳理探究思路，制订清晰的研究计划，从操作的角度把探究的假设具体化、程序化，以保证探究的顺利进行。在物理学科中，通常用实验的方法来验证假设，这就需要根据实验目的和原理，运用相关知识和原理，选择合适的方法和实验器材，对实验过程进行整体规划。实验方法的有效性、科学性，实验方案的完整性、周密性都直接影响着实验的成败和效率。

通过对不同国家课程标准的梳理可以得出，对设计实验能力的构成要素有不同的解构：①学生需要设计、决定运用哪种测量方式；②能判断需实施多少次测量，以取得可靠测量所需数据的精确度，同时考虑数据的精度局限性（例如试验次数、成本、风险、时间）；③在科学知识基于经验证据、优先标准以及权衡考虑的基础上，简化复杂现实世界问题的解决方案。[①]

不同的研究者对设计实验能力进行了不同的界定。罗国忠认为，设计实验时需要识别变量并控制变量；制订科学性、可行性、有序性的方案；合理选择实验装置和器材；设计符合要求的实验数据记录表[②]。朱仁龙也给出了设计实验能力的构成要素：首先要明确需要测量的物理量，并根据要解决的问题、现有的条件、自身力所能及的状况、实际的实验目的设计可行的方案及步骤，正确选择和使用器材，并合理组装器材[③]。王磊阐述了学生在设计实验和制订方案方面需要具备的能力：需具备描述或识别良好的方案设计能力；能够对实施探究时需要的使用的仪器、采取的操作程序等做出决策；能够完整设计实验方案[④]。

物理探究实验方案的基本内容包括实验名称、实验目的、实验原理，实验器材、实验步骤（思维程序、仪器装置、操作步骤）、实验现象记录、实验结果处理等。在制订计划时首先要明确实验原理和实验所使用的具体方法，然后根据原理和方法设计实验方案、设计实验结果的处理，对于定性实验要设计出需要收集的实验现象，对于定量实验要设计出数据的呈现方式及数据处理方法。物理的探究实验设计能力，主要体现在学生能否正确理解实验原理并在不同情境下灵活迁移，运用物理知识和实验技能，设计出实验新方案的能力。

基于以上分析，综合国外课程文件中解构出的能力要素与已有研究者的研究结论，经过总结和简化，同时考虑物理学科特征，本书认为，设计实验能力主要包括的要素有：①鉴别各种变量；②选择实验方法，正确选择和使用器材；③设计有逻辑顺序的实验步骤和方案。

1. 鉴别实验的变量及其控制方法

实验变量包括自变量、因变量和控制变量，简称“实验三变量”。学生

---

① 郭玉英，姚建欣，彭征：《美国〈新一代科学教育标准〉述评》，《课程·教材·教法》，2013年第8期，第118—127页。

② 罗国忠：《美国纽约州科学课程学生探究能力评价例析》，《物理教学》，2009年第4期，第64—65页。

③ 朱仁龙，程新圩：《物理能力界定与评价初探》，《上海师范大学学报（哲学社会科学教育版）》，2003年第1期，第59—63页。

④ 王磊，支瑶：《化学学科能力及其表现研究》，《教育学报》，2016年第4期，第46—56页。

在实验前需分析出实验三变量，并明确如何测量和改变自变量，如何观察和测量因变量，以及如何控制其他量不变。

分析实验变量，需要从本质上认识实验中的相关物理量。例如，在“探究加速度与力的关系”实验中，自变量是小车所受合外力，因变量是小车的加速度，控制变量是小车的质量 M。小车所受合外力为细线拉力，但细线拉力无法直接测量，用砝码的重力 m 近似代替细线拉力，但必须满足 $m<<M$，二者才近似相等。所以在实验过程中，学生要明确自变量是小车所受合外力，而非砝码重力，通过控制实验手段，可近似认为二者在数值上相等。

2. 尝试选择实验方法及所需要的装置与器材

对于实验方法，关键在于对实验原理的深入理解，并结合实验器材和实验条件的限制，选择合适的实验方法。例如，在“利用半偏法测电流表内阻”实验中，灵敏电流计满偏电流 200μA，内阻约为 1kΩ，如果采用伏安法测其内阻，其两端电压约为 0.2V，而学生电压表的分度值为 0.1V，精度太低，导致系统误差太大。而采用半偏法，可利用电阻箱阻值可变的特点和并联电路各支路分压相等的原理，用电阻箱读数来反映灵敏电流计内阻，从而有效减小系统误差。

根据实验方法选择对应的实验器材，基本方法为：从实验原理角度考虑应选择何种器材；根据所测数据的精确性，以及实验环境和条件等方面的限制，合理选择器材尺寸和规格；还应本着方便快捷的原则，选取生活中常用的器材进行实验，做到就地取材，节约时间和成本。

3. 依据实验目的和已有条件，制订实验方案

制订实验方案，就是针对实验目的，对探究的问题进行具体化、程序化的方案设计。实验目的是制订实验方案的核心，而二者之间的纽带是实验原理，依据的实验原理不同，制订的实验方案就不同。在制订实验方案时，应遵从一定的方法，例如可以根据实验目的找出实验中需要解决的问题，而实验方案就是将各个问题的解决方案进行有逻辑顺序的结合。

（二）获取和处理信息的内涵与能力包含要素

《基础教育课程改革纲要（试行）》中强调，要“培养学生收集和处理信息的能力、获取新知识的能力、分析和解决问题的能力以及交流与合作的

能力”。新一轮课程改革，我国理科（科学、物理、化学、生物以及地理）课程标准中明确规定，“在科学探究中发展学生收集信息、处理信息的能力是一项重要内容”。

在知识建构的过程中，信息是最基本的元素，收集证据与处理信息的意义在于行为主体能主动地选择信息、建构意义。中学阶段的科学探究，首先是一种学习活动；其次，收集与处理信息的深广程度取决于学生的生理、心理、年龄等特征。学生收集信息主要采用观察、实验、查阅资料等方式。此外，为了揭示研究对象的微观特征及规律，还需要对所收集的证据及事实进行处理，用一定的方式呈现出来，从经验层面深入到理论层面。因此，表格、线型图或柱状图、科学符号在数据收集过程中具有重要的意义，能够使证据按照一定的框架进行分类和组织，便于对数据呈现出的趋势进行归纳和分析。

根据物理课程标准中对于获取证据能力的表述，在高中物理阶段，获取信息的能力也主要体现在：在设计出很好的实验方案的基础上，如何更好地完成物理实验；而对于信息的分析和处理则主要是通过实验数据的收集、整理、总结来完成的。

1. 实验的构成及其能力包含的要素

物理实验能力是在物理知识和技能的基础上，顺利完成物理实验任务的个性心理特征，是运用物理实验手段来解决问题，获得有关知识、经验的能力。广义的实验能力包括发现实验课题、选择实验方法、设计实验方案、使用实验仪器进行操作、收集实验事实和数据、概括物理知识与经验、表述实验结果等能力。本书中，实验能力指的是进行实验过程中的实验技能以及操作能力。

通过对不同国家课程标准的梳理可以得出，实验能力的构成要素包括：①按照设计程序进行实验，使用恰当的实验技能；②系统观察，系统地、精确地测量；③系统、客观、正确地记录数据，使用表格、图表来描述数据，确认测量中误差的可能性来源；④重复实验，减小随机误差，使用统一测量尺度和记录手法以消除系统误差；⑤利用现有技术和设备测定有一定精度要求的数据。[①]

不同的研究者对实验能力进行了不同的界定。张晖指出，组织能力对实验探究活动的安排与规划至关重要，对实验探究过程进行合理规划，对小组

① 刘东方：《中学生化学探究能力的构成及其发展研究》，北京：北京师范大学，2012 年 6 月。

成员进行合理分工，对实验器材的空间位置进行合理布局，确保实验探究能够顺利进行，提高实验效率。学生还应该具备一定的动手操作能力：不仅能够顺利地利用实验器材对因变量进行测量，还能够对实验器材进行调控和装配，在出现故障时能及时进行维修，以提高实验探究的效率①。黄晓东认为，学生要能按照基本仪器的操作步骤，对基本仪器进行调试和操作；能按照实验目的和要求，正确地选择仪器和器材，对仪器和器材能进行正确的组装，并使仪器布局合理，便于观察、读数和操作；能够排除仪器的简单故障，并了解产生故障的原因；会正确选择观察对象，准确地观察、读数；独立设计表格，认真无误地记录实验数据；实验完毕后，能对实验仪器和用具进行整理②。

基于以上分析，综合国外课程文件中解构出的能力要素及有关的研究结论，同时考虑物理学科特征，本书认为，实验能力主要包括的要素有：①依照程序进行实验；②系统地、精确地测量；③正确使用实验器材。

2. 收集数据的内涵及其能力包含要素

收集物理实验中测得的各类数据，经过科学的分析和处理，才能够揭示出各物理量之间的关系。因此，收集和整理分析数据的过程更是重中之重，只有做好了这一步，才能够更好地验证自己的猜想与假设。

美国《新一代科学教育标准》中提到，学生要能从多样化的渠道（包括学生自己的调查，模型，理论，模拟实验，同行评审）中获取有效和可靠的证据，并在此基础上构建、修改对理论和定律的解释和假设③。英国国家科学课程标准及 GCSE/A-level 物理考试纲要，要求学生会通过直接的或间接的资源收集数据，包括使用 ICT 资源和工具；能够独立工作或与其他人合作，准确安全地收集第一手资料；能够评估资料的收集方法，判断它们作为论据的有效性和可靠性；能够应用科学的、技术的和数学的语言、习惯和符号以及 ICT 工具，呈现信息、发展论据，并得出结论。

通过对不同国家课程标准的梳理可以得出，收集数据的构成要素主要包

① 张晖：《初中生物理实验探究能力评价体系的初步建构》，长春：东北师范大学，2017 年 6 月。

② 黄晓东：《中学生科学实验能力结构分析与培养策略研究》，重庆：西南大学，2006 年 6 月。

③ 郭玉英，姚建欣，彭征：《美国〈新一代科学教育标准〉述评》，《课程·教材·教法》，2013 年第 8 期，第 118–127 页。

括：①用硬件（如计算机）和软件、电子资源收集和存储信息；②使用统计技术组织和统计数据；③对比和选择有效信息；④使用图和表格呈现信息。

不同的研究者对收集数据能力进行了不同的界定。张安提出收集数据能力的几项要求：需要具备重复实验的思想和理念；会用有效数字表示直接读取的数据；能自己设计实验数据记录表；能用代数法、图像法和几何法来研究实验结果[①]。刘东方在研究中发现：中学阶段的科学探究，首先是一种学习活动；其次，收集与处理信息的深广程度取决于学生的生理、心理、年龄等特征，学生收集信息主要采用观察、实验、查阅资料等方式；此外，为了揭示研究对象的微观及规律，还需要对所收集的证据及事实进行处理，用一定的方式呈现出来，从经验层面深入到理论层面，因此，表格、线型图或柱状图、科学符号在数据收集过程中具有重要的意义，能够使证据按照一定的框架进行分类和组织，便于对数据呈现出的趋势进行归纳和分析[②]。

基于以上分析，综合国外课程文件中解构出的能力要素及有关研究结论，同时考虑物理学科特征，本书认为，收集数据能力主要包括的要素有：①利用恰当方式收集、存储数据；②具备重复实验的思想和理念；③使用图和表格将信息呈现出来。

二、提升学生获得证据能力的一般路径

（一）课程标准中对获取证据能力的水平划分

获得证据是科学探究的重要内容，将其引入课堂，使学生经历科学探究的完整过程，已经成为世界科学教育者的共识。在课程标准中也对获得证据能力提出了教学要求，并在学科核心素养的水平划分中描述了学生的获得证据水平，见表 4–1 和表 4–2。

表 4–1　获得证据的水平要求

水平	水平描述
水平 1	能在他人指导下使用简单的器材收集数据。
水平 2	能根据已有的科学探究方案，使用基本的器材获得数据。

① 张安：《高中新课程物理实验探究能力教学初探》，《物理教学探讨》,2010 年第 10 期，第 1—3 页。
② 刘东方：《中学生化学探究能力的构成及其发展研究》，北京：北京师范大学 ,2012 年 6 月。

续表

水平	水平描述
水平 3	能在他人帮助下制订科学探究方案，使用基本的器材获得数据。
水平 4	能制订科学探究方案，选用合适的器材获得数据。
水平 5	能制订有一定新意的科学探究方案，灵活选用合适的器材获得数据。

表 4–2 《课标》学业要求中获得证据学习的要求

模块	**要求描述**
必修 1	知道制订实验方案是重要的，有控制变量的意识。
必修 2	能明确实验需要测量的物理量，由此设计实验方案。
必修 3	能在教师指导下制订实验方案，能选用实验器材进行实验，获取实验数据。
选择性必修 1	能恰当选用基本的实验器材进行实验，会设计实验方案，能对实验器材进行规范操作，获得实验数据。
选择性必修 2	能根据检验假设的思路，制订科学探究实验方案。能正确操作实验器材，获得可靠的实验数据。
选择性必修 3	能通过科学、合理的操作获得实验数据，并能在实验中体现减小误差的方法。

（二）提升学生设计实验与制订方案能力的一般路径

在制订计划环节，从指导到独立，开放度逐渐增强，不仅要关注方案的局部，更要有问题解决思路与完整的解决方案。对不同的方案要进行评价和筛选，使其充分、完备。

1. 依据实验原理精心构思实验设计

实验是在一定的科学理论指导下进行的，这些科学原理用来指导实验的设计方向。以探究恒力做功与物体动能变化的关系为例，图 4–5 至图 4–7 所示是三种不同实验方案的实验装置。

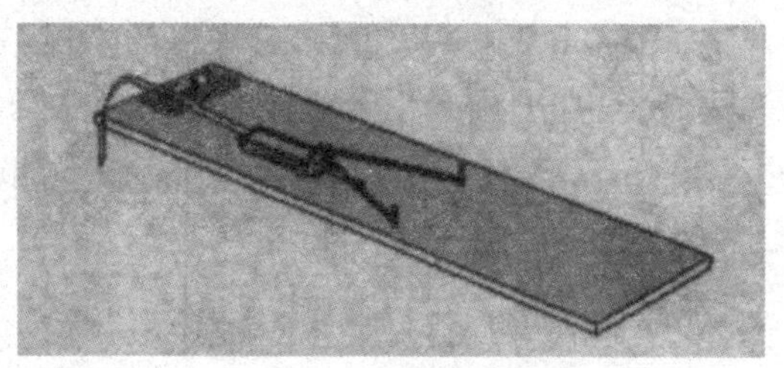

图 4–5 实验方案 1

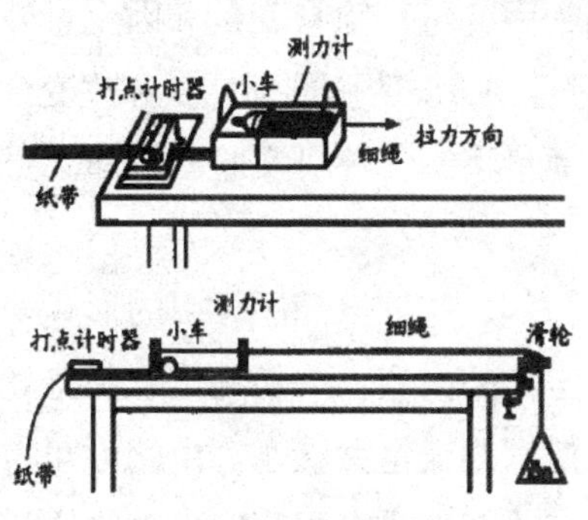

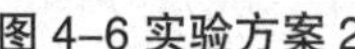

图 4–6 实验方案 2

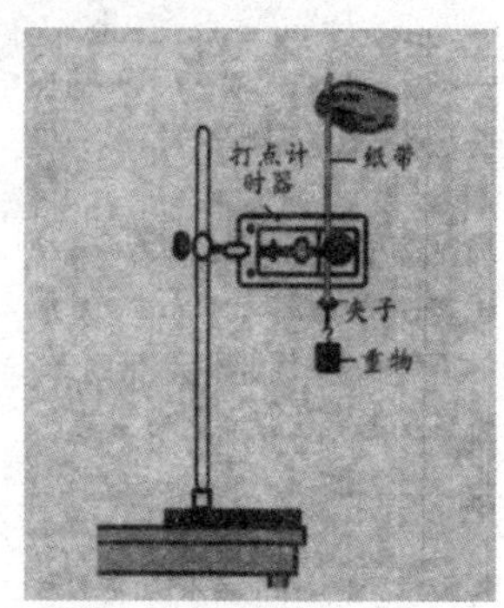

图 4–7 实验方案 3

实验方案1的精妙之处就在于巧妙地回避了功的计算和小车质量的测量，因为如果一条橡皮筋对小车做功为 W 时，则两条橡皮筋对小车做的功就是 $2W$，三条橡皮筋对小车做功为 $3W$，依次类推，各次实验中橡皮筋对小车做的功都可以用 W 的倍数来表达。这种处理方法，把不便于用公式进行计算的橡皮筋对小车的弹力的功（变力功）用橡皮筋的条数替代，非常巧妙。由于实验方案 1 是探究力对物体做的功与物体速度的关系，这样又回避了小车质量的测量。

实验方案 2 的精妙之处就是直接用测力计测出了小车受到的拉力，由于实验是探究合外力做功和动能变化的关系，因此除了测量速度外，还要测量小车的质量。

实验方案 3 的精妙之处就是利用重物做自由落体运动，由于只有重力做功，这样既回避了小车质量的测量，也不需要考虑小车与桌面间的摩擦对实验的影响。

从实验的可操作性来讲，方案 1 和方案 3 是首选方案；从培养能力这个角度来讲，方案 1 和方案 2 是首选方案；从可控性这个角度来讲，方案 3 是首选方案。由于方案 1 所采用的方法，大多数高一的学生倍感陌生，对能力弱的学生来讲难以适应，而方案 2 所采用的方法，学生在“探究小车速度随时间变化的规律”“探究加速度与力、质量的关系”时已接触到该实验的原型，因此方案 2 亲和力强，学生易于接受。

2. 学会分析变量，培养变量意识

学生应根据实验目的和实验原理，分析实验中主动改变的量，即为自变量；而随着自变量改变而改变的量即为因变量；除自变量和因变量外，其他所有的量都是控制变量。在具体实验过程中，要明确如何测量和改变自变量，如何观察和测量因变量，如何控制其他量不变，并对实验变量和必要的常量进行合理的收集和记录。

以探究加速度与力、质量的关系为例，应该以问题导引的形式培养学生的变量意识。先让学生回顾牛顿第一定律的内容：一切物体总保持静止状态或匀速直线运动状态，直到有外力迫使它改变这种状态。由此可知物体运动状态改变的原因在于受力，而运动状态改变的难易程度取决于物质的质量，质量越大，惯性越大，运动状态改变越难。物体运动状态发生变化即产生了加速度，那加速度的大小与什么因素有关？由此引出探究的问题。根据刚才的分析过程，加速度与物体受力大小和物体的质量都有关，则实验目的是探究加速度与力、质量的关系，从问题的提出到实验目的的确定，自变量和因变量已经明确体现在实验的分析过程中。

明确自变量和因变量后，进一步思考如何为物体提供一个恒定的合力，如何测出这个合力。实验中要先平衡摩擦力，用盘和重物的总重力近似代替小车运动时受到的拉力，通过增减砝码改变小车受到的拉力，利用打点计时器测量小车的加速度。根据实验过程中的测量数据，绘出 a–F 图和 a–m^{-1} 图，让学生观察图像中因变量随自变量变化而变化的规律，并归纳出二者的关系。

3. 巧妙设计实验

巧妙设计实验包括巧妙选取实验仪器和方法手段，只有合理、科学地应用才能获得准确的科学事实。例如，在进行电表改装时，需要先测出灵敏电流计的内阻，而灵敏电流计满偏电流很小，即使达到满偏，其端电压也很低。

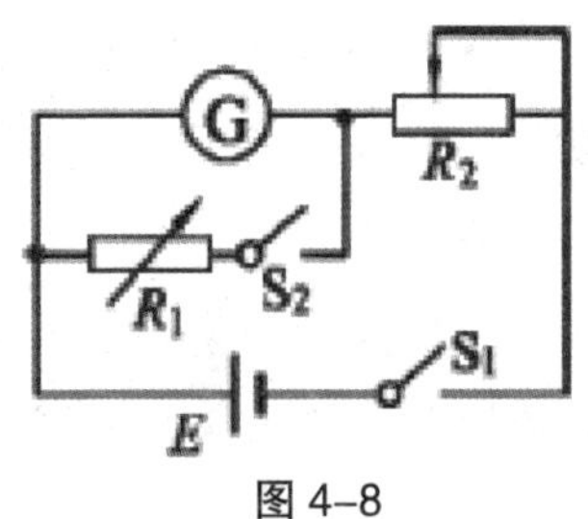

图 4–8

例如量程为200μA的灵敏电流计，内阻约为1kΩ，其满偏时两端电压约为0.2V，普通电压表无法满足测量要求，如何利用现有器材更精确地测量出灵敏电流计的内阻？

不管测电阻的方式如何，其本质都是$R=U/I$，需要通过直接或间接的方式测量电阻两端电压和流过电阻的电流，灵敏电流计自身可显示电流，而电压表不满足测量要求，就需要从其他角度间接测量其两端电压。首先想到的方法是利用定值电阻和灵敏电流计并联，若已知流过定值电阻的电流，即可求得其两端电压。为测量流过定值电阻的电流，需在干路中再串联一块灵敏电流计，实验即可顺利完成。若对实验条件进一步简化，能否在不添加其他测量仪器的前提下完成实验呢？若不能测出流过定值电阻的电流，就需要保证流过定值电阻的电流与流过灵敏电流计的电流相等，再根据二者端电压相等判断出二者阻值相等。由此引出半偏法，如图4-8所示，先将变阻器R_2的阻值调至最大，闭合S_1，断开S_2，调节变阻器R_2的阻值，使电流计G达到满偏，然后保持R_2阻值不变，闭合S_2，调节电阻箱R_1，使电流计半偏，读出R_1的阻值，则此读数可认为是灵敏电流计的内阻R测。半偏法虽存在系统误差，但却体现了一种抓住主要矛盾、忽略次要矛盾的思想，能够培养学生的物理思维，更好地理解所学内容。

（三）提升学生获取和处理信息能力的一般路径

正确获取信息，提高处理信息的能力。让学生只有经历真正的实验过程，从中获得体验并能依据实验要求完成实验，才能学会。

1. 会使用基本的实验仪器

在初中物理的基础上，高中物理课程中增加了新的基本仪器具：共同必修模块中的打点计时器，电路模块中的多用表，电磁感应模块中的检流表，交变电流模块以及机械振动与机械波模块中的示波器等，学生应该会正确使用这些仪器。

正确使用高中物理实验的基本仪器，需要了解仪器的使用要求，辨明仪器的测量范围和最小分度值，正确地装配仪器，正确地操作仪器，正确读取仪器的读数等。例如，在研究匀变速直线运动时，涉及打点计时器的使用，高中阶段的打点计时器主要有两种：电磁打点计时器和电火花打点计时器，二者的工作电压不同，分别为4~6V交流电和220V交流电，振动频率均为50Hz。从原理上考虑，电火花打点计时器效果更好，能够有效减小运动阻力，从而减小系统误差。在使用电火花打点计时器在纸带上打点时，安装纸带的方法有两种：一种是将一条纸带从墨粉盘下穿过，打点时墨粉盘不随纸带转动，电火花只将墨粉盘上某一位置的墨粉蒸发到纸带上，打出的点迹颜色较淡，且打过一条纸带后要将墨粉盘转动一定角度再打另一条纸带；另一种是用两条纸带，将墨粉盘夹在中间，物体拖动纸带时由于两条纸带的摩擦作用，墨粉盘会随纸带转动，电火花将墨粉盘上不同位置的墨粉蒸发到纸带上，打出的点迹颜色较重，且墨粉盘上面的一条纸带上没有点迹，可重复使用。实验时，先接通电源，后释放小车，打点计时器在纸带上打出一系列点迹，重复实验，筛选出点迹清晰的纸带并进行分析。

2. 用多种方式收集数据

收集数据的主要方式有观察法、实验法、文献法等。观察法是人们有目的、有计划地感知和描述客观事物的一种科学认识方法，是科学研究过程中的一种基本的认识活动。例如，第谷在当时还没有望远镜的条件下，凭肉眼观察记录了大量天文学数据，正是由于这些数据的精确性和可靠性，才引起了他的学生开普勒对当时行星运动学说的怀疑，导致了对行星运动规律新的模型的遐想和论证，发现了具有历史意义的开普勒行星运动三定律。实验法不同于观察法，它是人工控制条件下对物理现象的研究过程，而非自然条件下的观测。通过观察法和实验法收集数据有以下要求：①明确研究对象；②明确应收集的数据对应研究对象的哪一特征；③明确收集数据的时间和顺序。例如，在验证力的平行四边形定则的实验中，首先明确研究对象是橡皮筋，实验过程中要保证两个力作用下和一个力作用下橡皮筋伸长到同一位置，当橡皮筋被拉伸到此位置后，再记录弹簧测力计的示数和拉力的方向。文献法也是收集数据的重要方式，是指从图书、报刊、学术网站和论坛等多种渠道收集数据。

3. 借助图表等工具来呈现数据

收集数据之后，要对数据进行分析和处理，从中得出一定的规律或用来作为解释某一自然现象的依据，为后续的科学解释提供有利的证据，让猜想和假设得以验证。一般来说，原始数据（数字表格）不能表现出数据的内在规律，如何使用恰当的方法来展示数据，对发现其内在的规律起着至关重要

的作用。在科学课上，学生常用的展示数据的方法主要有柱状图、线型图、饼状图、模型图等。同时，作图时必须力求规范与美观。

4. 具有安全操作的意识

实验中学生应具备安全操作的意识，安全操作主要体现为实验仪器的安全和实验者的人身安全。

使用实验仪器时要求规范操作，应关注实验仪器的量程、使用环境、注意事项等。例如，使用打点计时器时应先区分其种类，再接入不同的工作电压，以免造成损坏，工作完毕应及时关闭电源，减少仪器的损耗；使用弹簧测力计时应注意不能超过其弹性限度；进行电学实验时要先设计电路图，再连实物图，连接电路时注意断开开关，滑动变阻器阻值调到最大，电表要先试触再选择合适量程，实验过程中不要使电路长时间地处于接通状态，应及时断开开关。在实验操作过程中，要按照预先设计的实验步骤进行实验，对于一些操作复杂的实验仪器，应弄清其操作方法和程序，以免出现差错影响实验进程。

实验操作过程中要注意人身安全。例如，使用温度计时要注意轻拿轻放，若温度计损坏要及时处理，以免有害物质吸入人体；使用 220V 交流电源时要检查与用电器连接的导线是否出现破损，要检查插座是否有地线接头等，保持安全用电的意识。

三、促进获得证据能力发展的教学案例与评析

【教学案例：描绘小灯泡的伏安特性曲线】

一、教学设计

环节一：导入新课

复习：欧姆定律的公式表述及图像描述——伏安特性曲线。

问题：小灯泡正常工作时的电阻有多大？（教师利用数字欧姆表测出其阻值并实时投影到屏幕）

学生利用欧姆定律计算小灯泡正常发光时的电阻值。教师与学生得出的小灯泡的阻值不一样，进而提问：我们得出的电阻值不同的原因是什么？

学生猜想：小灯泡从不发光到正常发光电阻可能是变化的。由此引出课题：描绘小灯泡的伏安特性曲线。

环节二：设计实验

问题：实验中的自变量、因变量都是什么？

学生思考并回答。

问题：从实验源、实验对象、实验效果显示器三方面分析，需要哪些实验器材？

学生思考后，教师展示提供的实验器材：电源（电动势 6V）、滑动变阻器（20Ω 2A、30Ω 2A）各一个、电压表(量程 0~3V、0~15V)、电流表(量程 0~0.6A、0~3A)、小灯泡(3.8V 0.3A)、开关、导线等。

问题：两表的量程如何确定？电流表内、外接法如何确定？

学生根据小灯泡的规格确定两表的量程，根据“大电阻内接，小电阻外接”的原则确定电流表的内外接法。

教师让学生自主设计实验电路，到台前展示，并带领学生评析实验方案，并提问：你的实验设计能否描绘出完整的伏安特性曲线？是否有改进方法？

学生设计的都是限流式电路，无法满足电压从零开始取值，且无法通过增大滑动变阻器阻值或减小电源电压来解决。教师引导学生发现分压式电路，演示它的变压特点，并总结分压式电路的优点，引导学生利用分压式电路重新设计实验步骤和实验数据记录表。

环节三：进行实验，收集数据

教师强调实验时的注意事项：

（1）注意连实物图的正确顺序，以及电表正负接线柱的连接；

（2）闭合开关前，滑动变阻器的触头位置是否合适；闭合开关后，调节滑动变阻器时两表示数的变化是否正常；

（3）至少应采集几组数据，数据间隔应为多大。

根据以上注意事项，进行实验并收集数据，并利用图像法处理数据，描绘出小灯泡的伏安特性曲线，并展示、分析图线的特点。

二、案例评析

1. 鉴别各种变量

根据实验目的，描绘小灯泡的伏安特性曲线，让学生明确实验原理，需测出多组小灯泡两端电压 U 和流过小灯泡电流 I 的值，并据此作出 I–U 图像。进而确定实验过程中自变量是小灯泡两端电压，用电压表测量，利用滑动变

阻器改变小灯泡两端电压；因变量是通过小灯泡电流，用电流表测量；并控制其他条件不变。此环节锻炼学生根据实验目的和原理鉴别实验变量的能力，并为后续实验器材的选择和实验步骤的设计做铺垫。

2. 正确选择和使用器材

根据环节一中自变量和因变量的测量方法，选择电压表和电流表，根据自变量的改变方式，选择滑动变阻器，并选择研究对象小灯泡，以及电路基本元件电源、开关、导线等作为本次实验的器材。小灯泡规格为“3.8V 0.3A”，当灯泡两端电压小于3V时电压表选择0~3V量程，灯泡两端电压大于3V时电压表选择0~15V量程，电流表选择0~0.6A量程。小灯泡电阻较小，选择电流表外接法减小误差。

学生据此设计的都是限流式电路，但描绘伏安特性曲线要求电流从0开始变化，而滑动变阻器限流式接法不能满足通过小灯泡的电流为0。教师进一步引导学生换用更大的滑动变阻器，或减少电池节数（即减小电动势）依然无法取到0附近的值，激发学生探求新方法的兴趣。引导学生发现完善实验的方法，得出分压式电路。实验室一共提供了两种规格的滑动变阻器，选择小阻值滑变使实验过程中小灯泡两端电压变化更均匀。本环节锻炼学生依据实验变量选择器材的能力，并对器材的合理使用提出较高要求，需要学生在深入掌握实验原理的基础上，灵活运用所学知识实现探究目的。

3. 设计有逻辑顺序的实验步骤

实验步骤由学生自主设计完成，教师只强调注意事项，设计实验步骤要讲究步骤前后的关联性和逻辑性。第一步：要做实验准备，按所设计电路图连接实物图，并注意开关断开，电表调零，滑动变阻器阻值调到最大等。第二步：闭合开关，调节滑动变阻器，完成一次测量，并将对应电压值和电流值记入数据表。第三步：重复第二步多次，将对应数据记入表中。第四步：用平滑曲线将数据点连接，即得到小灯泡的伏安特性曲线。根据实验步骤，设计数据记录表，能明确体现实验中的待测量和因果关系。课堂教学过程中，教师需展示学生设计的实验步骤并进行完善，提升学生在设计实验方面的逻辑性和严谨性。

4. 依照程序进行实验，正确使用实验器材

学生应按照设计好的实验步骤进行实验，规范操作并如实记录数据，要

注意实验器材的正确使用，如电流表和电压表接线要正进负出，使用前进行试触；滑动变阻器接线要一上一下，从最大阻值处开始调节；实验时不要使电路长时间处于接通状态，测量完一组数据后马上断开开关等。

5. 重复实验，使用图像和表格呈现信息

学生应养成重复实验的意识，尤其是涉及定量关系或图像问题，并将所记录的数据描绘在坐标纸中，用平滑曲线将数据点连接，教师在台前用 Excel 拟合数据并展示。此环节培养学生重复实验的意识和整理数据、总结规律的能力。

从设计实验和进行实验的教学角度看，本案例的教学设计过程渗透了控制变量思想，培养了学生正确选择器材的能力和正确使用器材的意识，锻炼其逻辑的连贯性和设计表格的能力。并使学生具备重复实验的思想和理念，同时培养其利用图像和表格呈现信息的能力。

【教学案例：测定玻璃砖折射率】

授课教师：北京航空航天大学实验学校　赵子豪

一、教学设计

环节一：导入新课

教师带领学生复习光的折射的概念，回顾入射角、反射角的定义以及折射率公式，引出本课主题：测定玻璃砖的折射率。

环节二：确定实验方法

教师演示光从空气射入玻璃中发生折射的现象，并不断改变入射光线，让学生观察折射光线的变化，并提问：此实验中的自变量和因变量是什么？如何测量？

使学生明确首先要确定入射光线和折射光线，入射光线和折射光线与法线的夹角即为入射角和折射角，用量角器测量入射角和折射角，最后利用公式求出折射率 n。

问题：如何确定入射光线和折射光线？

根据两点确定一条直线的原则确定入射光线，而折射光线在玻璃砖内部，无法描点，教师进一步提问：能否通过其他方式确定折射光线？

学生思考，并在教师引导下得出：找到入射光线和出射光线与玻璃砖上下表面的交点，连线，就是折射光线。

问题：为完成实验，需要哪些实验器材？

学生说出所需器材后，教师向学生展示实验室提供的实验器材，学生发现没有光源而多出了大头针，教师提问：能否利用大头针完成实验？

学生思考并交流，教师引导并确定最终的设计方案：利用两点确定一条直线的原则，用两根大头针即可确定入射光线，利用光沿直线传播的特性，在观察侧用一根大头针挡住对侧两根大头针的像，再加一根大头针挡住前面三根大头针即可确定出射光线。

环节三：设计实验，收集数据

学生设计实验步骤并交流，教师完善学生的设计方案，标准的实验步骤为：

（1）确定界面和入射光线。在白纸上画一条直线 aa' 代表两种介质的界面，过 aa' 上的一点 O 画出界面的法线 NN'，将玻璃砖的上界面对齐 aa'，用直尺对齐玻璃砖的下界面，并描出下界面。画一条与法线夹角适当的线段 AO 作为入射光线。

（2）确定出射光线。在 AO 线段上竖直地插上两枚大头针 P_1、P_2，在玻璃砖 bb' 一侧透过玻璃砖观察大头针 P_1、P_2 的像，调整视线的方向直到 P_1 的像被 P_2 的像挡住；再在 bb' 一侧插上两枚大头针 P_3、P_4，使 P_3 能挡住 P_1、P_2 的像，P_4 能挡住 P_1、P_2 的像及 P_3 本身。

（3）确定折射光线，测量入射角和折射角。撤去大头针和玻璃砖，描出折射光线，找到折射光线与玻璃砖下界面的交点 O'，连接 OO' 即可确定折射光线。用量角器测量入射角 i 和折射角 r，根据公式计算折射率 n。

（4）重复实验，计算出多组 n 的值并求平均。

教师强调作图规范和相关注意事项：

（1）各个点之间的间距要稍大一些；

（2）入射角要适中，若太大会造成反射光太强，折射光偏弱；若太小会增大测量误差；

（3）插针要竖直；

（4）平视观察，不能看玻璃砖上面大头针的顶部；

（5）不能用手触碰玻璃砖光洁面；不能用玻璃砖代替直尺画线；

（6）要画出光线的箭头并标出入射角和折射角的符号。

根据以上注意事项，进行实验并收集数据，将数据记录在表格中，并利用图像法处理数据，求出折射率 n 的平均值。

二、案例评析

1. 鉴别各种变量

根据演示实验，观察到随着入射角增大，折射角也随之增大，则自变量为入射角，因变量为折射角，且入射角和折射角是对同一玻璃砖而言的，此为控制变量。为确定入射角和折射角，需要确定入射光线、折射光线和法线，由此引出实验方案的设计。此过程教师从演示实验出发，以问题引导的形式使学生建立变量的意识，厘清因果关系，而对自变量和因变量的测量和对自变量的改变又体现了实验方案设计的逻辑框架。

2. 正确选择和使用器材

根据上一步的分析，发现折射光线无法直接作出，只能通过入射光线和出射光线与上下界面的交点间接作出折射光线，接着让学生思考实验器材的选择。选择实验器材要以自变量和因变量为依据，为实现实验目的服务，这一过程培养学生根据实验需要有目的地选取实验器材的能力。实验室提供的器材并没有光源，要求学生利用大头针完成实验，学生需要根据现有实验条件和器材调整方案。

3. 设计有逻辑顺序的实验步骤

利用大头针完成实验，学生需要转换思维，从原理角度思考解决方法。实验步骤以实验原理为核心，体现了实验者的思维过程和对问题本质的理解。利用大头针完成实验，本质上利用了两点确定一条直线的公理和光沿直线传播的特点，从这两个角度去思考问题，才能理解为何要在玻璃砖一侧插两根大头针来确定入射光线，为何要在另一侧用一根大头针挡住对侧两根大头针的像，还要再利用一根大头针才能确定出射光线。学生在设计实验步骤时要有清晰的逻辑框架，结合实验条件和实验器材，按照逻辑框架对操作过程进行细化，设计出有逻辑顺序的实验步骤。

4. 依照程序进行实验，正确使用实验器材

按照设计好的实验步骤进行实验，注意使用实验器材时的操作规范，如不能用手触碰玻璃砖的光学面，不能将玻璃砖的光学面当成尺子画线；大头针间距要适当大，插针要竖直不能歪斜，入射角度要适中，不能太大或太小；观察时要平视，不能观察露出玻璃砖的大头针顶部；画线时要用直尺，并标出光线的传播方向和入射角、折射角。

5. 重复实验，使用图像和表格呈现信息

由于课堂时间限制，每一小组能够重复的实验次数有限，但每组使用的是同种规格的玻璃砖，因此给不同小组分配不同的入射角度，最后将数据整合求平均值。分配测量任务的过程强化了学生重复实验的意识，有助于养成多次测量求平均值的习惯。在求平均值时有两种方式，第一种是计算出每组的折射率 n 后，求算术平均；第二种是作出 $\sin r$ 随 $\sin i$ 变化的图像，求出拟合后图像的斜率 k，即为折射率 n 的平均值。

从设计实验和进行实验的教学角度看，本案例的教学设计重点在于实验方案的设计和实验数据的收集，锻炼学生根据实验变量构思实验框架，根据实验器材选择实验方法的能力，同时培养学生规范操作的能力、收集记录数据的能力和利用图像和表格呈现数据的能力。

四、提升学生获得证据能力的有效教学策略

（一）提升学生设计与进行实验能力的教学策略

1. 突出实验设计中的思路分析，递进设置实验问题

无论哪种类型的实验设计，其实质都是根据题目所提问题，运用已具备的物理知识或实验技能，构思出解决问题的方案。设计实验能力的形成离不开学生思维能力的发展，学生思维能力的培养需要学生积极思考。在实验教学中，通过设置一系列问题，让学生以问题为导向展开思考，在解决问题中训练思维，通过问题的解决理解核心概念的内涵，锻炼设计实验能力。[①]

例如，在“自感”的教学过程中，用低电压交流电源给自感线圈通电，让学生手握裸体导线的两端，接通电路后学生因触电全身抖动，接着教师提出问题。

问题 1：能否用电学元件表示这种“被电”的感觉?

学生在思考过程中会想到可以用小灯泡来代替人的感受，并且小灯泡的亮暗还能体现出电压高低情况。

问题 2：在电键断开后，小灯泡的亮度发生怎样的变化？为什么会出现这样的变化？如果要探究流过小灯泡的电流的方向，可以在电路中加入什么

① 蒋东营：《基于核心素养的高中物理实验教学研究》，扬州：扬州大学，2018 年 6 月。

电学元件?

通过层层递进地提出问题，引导学生思考问题的本质，符合学生的认知规律与思考过程。在探究电流方向时学生会思考采用二极管来判断电流方向。在解决问题的过程中锻炼学生的分析能力。

问题 3：如何设计出直观呈现自感现象的电路?

学生此前已经有了一定的设计实验电路的基础，让学生依据已有知识和经验开动脑筋创造性地去解决教师提出来的问题，设计出符合要求的实验电路，培养学生的创造性思维。学生在设计出实验电路后进行实验操作，亲身体验实验过程，能够增加对实验探究过程的认识与了解。

教师在设置实验问题的时候，不仅要注重学生是否具有一定的知识与技能作为基础，还要注意问题的设置不能过于简单，最好问题的难度处于学生的最近发展区之中。设置有一定挑战的创新性问题可以促进学生的思考，训练学生的科学思维能力，培养学生设计实验的能力。

2. 提供多种实验方案，拓宽思维链条

高中物理涉及的很多探究实验都有多种实验设计方案，但学生往往只掌握一种最基本的实验方法，思维容易受到限制，教师应该结合不同版本教材对同一实验方案的设计思路，给学生灌输不同的设计理念，拓宽其思维链条。

例如，在探究动能定理实验中，教材中给出了两种不同方式：第一种是利用伸长的橡皮筋对小车做功，使小车速度增加，利用打点计时器测出小车稳定后的速度，通过改变橡皮筋条数来改变做功多少；第二种是利用悬挂的重物对小车做功，当重物质量远小于小车质量时，近似认为重物重力等于小车受到拉力，利用纸袋读出重物下落距离，根据 $W=mgs$ 求出外力对小车做功，利用打点计时器求出不同位置小车的速度，进而求出动能增量，将外力做功和动能增量进行比较。以上两种实验方式均需平衡摩擦力。

本实验还可用自由落体频闪模型验证动能定理，利用频闪照相记录小球在不同时刻的位置，利用平均速度等于中间时刻的速度，计算出小球在不同位置的速度大小，从而验证动能定理的正确性。还可将木块放在光滑斜面上，利用重力沿斜面的下滑分力对木块做功，利用光电门测出木块在不同位置的速度，通过比较重力做功多少和动能增量来验证动能定理。

通过向学生展示不同的实验设计方案，将所学知识串联起来，增强知识

间的联系，拓宽学生的思维链条，使学生的实验设计能力有很大提升。

3. 实验教学生活化，体现物理与生活的紧密联系

实验方案的设计灵感，很大程度上来源于学生在日常生活中接触的一些现象，教师可通过将物理实验教学生活化，让学生体会物理与生活的紧密联系，开阔学生视野，培养学生思维的广度和灵活性。

例如，在日常生活中经常会看到水流星的表演，教师可在课堂上用绳子的两端分别拴着一个小桶，桶中装满水，双手倒换迅速使水桶旋转起来，当上面的水桶口朝下时水也不会流出来，从而引出“当水桶的速度达到或超过某一固定值时桶内的水就不会流下来”这一问题，引出向心力的教学。

再如，气功表演“胸口碎大石”，石头碎了，而人可以安然无恙，教师可以将此实验搬到课堂教学中，在垫子的四个角上放四个鸡蛋，鸡蛋上面放一本书，书上放三片瓦。用锤子砸瓦片，让学生猜测是瓦碎蛋全还是蛋碎瓦全，经过实验验证后学生的好奇心得到了满足，同时建立了深刻的印象，不仅对课程的学习起到激趣的作用，同时将理论知识与生活实践紧密结合，拓宽了设计实验时对生活化场景的参考和应用。

另外，洗衣机甩干时为何让内筒高速旋转即可甩掉衣物上的水分？高速公路高架桥为何要设置很长的引桥？冰雪天车辆拐弯时为何容易发生事故？乘电梯时为何身体会有沉重和发飘的感觉？类似这些问题均可让学生体会生活中的物理知识，建立实际生活与理论实践的联系，再次设计实验时就容易将生活经验融入设计理念，提供更广的设计思路。

4. 注重课后延伸，开展课外活动

教师应鼓励学生注重实验的课外延伸，针对实验中存在的疑问继续进行探究。引导学生利用课外时间，通过一些简单器材和自制仪器完成实验探究。

教师应利用课余时间带领学生参观科技馆，多了解各种器材的实验原理和制作方法。也可以组织学生参观制造业相关工厂、参加社区活动或进行研究性学习等，不受教学大纲限制，多样化、多渠道地开设实践活动课，将理论与实践有机地结合起来，在活动中培养学生的科技意识、创造意识、竞争意识、探究意识和实用意识，对于开发学生智力、丰富学生课余生活、培养学生科学素质和学习兴趣都是很有效的。

（二）提升学生收集处理信息能力的教学策略

在完成实验的过程中，既要加强和培养学生对有用的数据的敏感与收集能力，也要提升和发展学生处理实验数据的能力，如运用表格、图表以及借助处理软件等手段对数据进行分析、比较、归纳，从而得出实验结论。要有意识地训练和培养学生通过观察实验现象、收集实验信息，对数据进行分析并得出结论。这是培养学生收集处理信息能力的重要环节。

1. 以班级为单位，要摸清大多数学生当前收集数据信息的水平

当前，课堂教学是提升学生能力的主阵地，只有充分了解学生收集数据信息能力的现状，才能有针对性地对学生进行训练。学生在收集数据遇到的困难大多集中在以下几方面：

（1）收集数据信息的具体方法尚未完全掌握或只了解单一的收集方法；

（2）收集到的数据信息无法与可能形成相关的结果进行有效关联；

（3）判断数据信息的价值甚至真伪的能力欠缺。

因此，教师在物理课堂教学中应不断地对学生进行相关方面能力的培养。

2. 加强方法教学，教会学生选择有用数据信息的方法

方法教学从易到难，前期教学中应要选择适当的内容，如学生比较感兴趣的；学生获取数据信息的途径比较容易的；学生易于理解和接受的内容。

提升学生从不同角度收集数据信息和识别有用数据信息能力，可以从以下几方面入手：

（1）与学生生活密切相关的内容，例如，自行车上的物理知识、建筑结构中的物理知识、日光灯的发光原理；

（2）涉及人类生存环境的内容，例如，附近河流污染问题、废旧电池的回收处理、能源的可持续利用等资料；

（3）涉及物理学科发展前沿的内容，例如，神舟飞船、嫦娥探月、“天宫二号”空间实验室；

（4）知识较简单，利于学生理解的内容，例如，人体杠杆、摩擦力的应用、惯性的应用；

（5）通过对实验材料的整理，识别有价值的数据信息；

（6）通过课堂知识的学习，判断数据信息的真伪。学生由于缺乏相应的知识而无从判断数据信息是否正确是很正常的事情。这就要求我们教师在教

学中必须引导学生通过课堂知识去分析和判断，这样不仅使课堂知识得以巩固和延伸，而且还提高了学生分析和解决问题的能力。

3. 提升学生对收集数据信息价值的认识

培养学生收集数据信息，可以提高学生的实验探究能力，也可以提高教学效果。

（1）作为问题探究，对学生进行科学研究方法的训练。例如，在学习“能量守恒定律与能源”之后，可以要求学生对生活中的能量及其利用情况进行探究，通过调查获取资料，然后进行分析并得到结论，通过训练，学生会初步运用调查法进行问题探究。

（2）作为精彩导入，激发学生兴趣。例如，学习“万有引力定律”相关内容时，利用“嫦娥四号”为什么能升空引入，从而引申到“宇航飞行”这一节的主题上来。这些与学科有关的新闻事件和学科进展情况，往往会受到学生的关注，用其作为导入，很容易激发学生兴趣。

（3）作为评价内容。教学评价应该将终结性评价和形成性评价相结合，这种教学评价有利于学生的主动发展。数据信息的收集作为教学过程中的学习活动，如果教师能给予及时、客观的评价，能极大地调动学生的积极性，变被动学习为主动获取新知识。

4. 教师应加强对数据信息的整理归纳的要求

强调数据信息的整理归纳反过来可以促进学生对收集数据信息方法的理解。将要收集的内容分成几部分，个人或小组只完成其中一部分，这样由于内容限制，学生不得不进行归纳整理。如进行“验证平行四边形定则”和“测玻璃折射率”实验时，以个人为单位收集数据信息，然后要求以小组为单位进行整理，促使学生进行归纳。不仅培养学生独立操作的能力，同时也使学生感受到合作的重要性，这一过程是学生直接对所学知识的验证和基本技能的体现。

在这个科学技术迅猛发展、知识日新月异的新世纪，过去的学校教育形式已不能满足现代社会发展的需要，培养学生收集数据信息进而归纳处理数据信息的能力，正是着眼于学生终身学习的需要，如何实现这一目标，需要我们进一步的深入研究。

第三节 提升科学解释能力的教学

一、科学解释概述

哲学家基切尔和萨尔蒙曾提到，“科学研究的基本目的就是为自然现象提供解释”。培养学生科学解释的能力，不仅能够加深学生对课程的理解，而且有利于学生思维的发展，提高科学素养，对学生解决实际问题具有重要影响。

（一）科学解释的内涵及能力包含的要素

所谓“解释”，就是在观察的基础上进行思考，合理地说明事物变化的原因，事物之间的联系，或是事物发展的规律。解释不一定就是事实，它可能正确，也可能不正确，为了做出正确的解释，需要在获得充分证据的基础上，利用已有知识进行合理的思考，进行分析和论证。

怎样的解释才是科学解释？科学解释具有怎样的特征呢？科学解释是指用科学的概念框架（或模式）解释、阐明、说明事物的含义与原因，以及表达理由的意义活动。科学解释能力是指运用科学理论、规律进行思考，科学地说出现象产生的原因、事物之间联系的能力，是一种重要的科学学科能力。

在科学探究中，科学解释的过程就是在已获得证据的基础上，对自己提出的问题以及猜想与假设进行分析与论证的过程。科学解释（即分析与论证）是科学探究过程中总结规律、得出结论的重要环节和步骤，在进行实验和收集证据的基础上，对实验事实、实验数据或证据进行归纳、总结、分类、比较、概括、加工和整理，判断获得的事实、数据或是证据是肯定了猜想与假设，还是否定了猜想与假设，并由此得出正确的结论。这是一个从实践上升到理论的思维过程，是认识的飞跃。培养学生科学解释的能力，对于提高学生的科学探究能力具有重要意义。

不同国家对于科学解释的构成要素说法不尽相同。例如，美国《国家科学教育标准》中提到：构造一种解释方案或一个模型，模型可以是物理模型、概念模型或数学模型；英国《科学课程标准》中提出，分析、推理证据的规律，通过归纳、演绎得出结论；解释意外的数据。通过对英美和其他国家课程标准的梳理可以得出，科学解释能力的构成要素主要包括：①分析、推理证据的规律，通过归纳、演绎得出结论；②确认和解释意外的不一致的数据；③根据证据和逻辑推理确立因果关系；④使用数学关系解释变量关系；⑤构造一个模型（物理模型、数学模型、概念模型等）用以表征关系。

不同的研究者对科学解释能力（即分析与论证能力）进行了不同的分析和界定。尹永红强调了科学探究中科学解释的重要性，学生获取了实验证据并不等于获得了结论，只有对所获取的实验现象、实验数据认真处理分析，才能得到较科学合理的结论，才能对得出的结论有更深刻的理解。分析与论证是科学探究中不可缺少的环节，它的地位和作用是其他要素无法替代的。徐志长总结了分析论证阶段的重要性，他提到：要达到实验所预期的目的，还必须通过分析论证这一高层次的阶段，也就是整理、破译应答信息的阶段。在该阶段中需要对实验现象和数据进行分析、综合、抽象、概括等逻辑思维，也需要数学、图像等一系列科学方法，才能挖掘出实验现象和数据中所蕴含的深刻含义，从而探究出物理规律。安立艳提到了科学探究中分析与论证的要素为：经历从物理现象和实验中归纳科学规律的过程；能对收集的信息进行简单归类及比较；能进行简单的因果推理；尝试对探究结果进行描述和解释；了解该要素在科学探究中的意义。高岱亮将分析与论证能力的要素确定为3种：处理数据的能力、分析数据的能力和得出结论的能力。

基于以上分析，综合国外课程文件中解构出的能力要素与有关研究结论，同时考虑物理学科特征，本书认为，科学解释（即分析论证）能力的要素有：①能初步分析和描述实验现象、实验数据或相关信息；②能对收集证据进行简单比较；③能进行简要的因果推理；④经历从物理现象和实验中归纳科学规律的过程；⑤尝试对探究结果进行描述和解释；⑥能对结果（结论）进行分析论证。

（二）科学解释能力包含要素具体分析

1. 能初步描述实验数据或有关信息

实验数据并不等于实验结论，实验数据是客观事实的反映，实验结论是在数据的基础上进行科学分析的结果。因此实验数据的描述应该客观、真实，不要带着对实验结果的预期来影响对实验数据的描述。实验数据的描述应该准确。对物理现象的描述，其描述标准前后要统一，并尽可能地用定量或半定量的方法描述出物理现象的特征。例如，用调兑的彩色鸡尾酒在静止搁置时其彩色分界面的逐渐模糊来探究不同温度下分子热运动的特点时，对分界面模糊情况的描述演变为用同一标准来指出其模糊区域的大致尺度。

实验数据的描述可以采用文字表述的方法，也可以采用数学表示的方法，《课标》中明确要求学生“能用语言、文字或图表描述常见物质的物理特征”，通过在有关坐标系中描点来描述实验数据，可以形象地表现出信息的特征。

2. 能对收集证据进行简单的比较

对收集信息的简单比较，是指判断所比较的信息是相同还是不同，如果不同，其不同点是什么。例如“探究影响电荷间相互作用力的因素”时，比较小球（试探电荷）在不同位置所受带电体（场源电荷）的作用力的大小，这个力的大小可以通过丝线偏离竖直方向的角度显示出来。又如探究“影响通电导线受力的因素”时，将一根直导线水平悬挂在磁铁的两极间，导线的方向与磁感应强度的方向垂直，有电流通过时导线将摆动一个角度，通过摆动角度的大小可以比较导线受力的大小。

尽管以上所比较的量是不同的，但它们共同的特点是通过比较而获得了发现。如果对所获得的发现再作进一步的分析、归纳和概括，就有可能得出科学的结论。因此，对信息进行比较是进一步分析、解释信息的基础。

3. 能进行简单的因果推理

要使学生能进行因果推理，首先应该使学生认识到，作为原因和结果的两个事件是具有必然联系的：一个事件 A 的发生，将会造成另一个事件 B 的发生；另一事件 B 的发生，将意味着事件 A 在起着作用。这样，A 就是原因，B 就是结果。发展学生的因果推理能力是物理教学中重要的任务，首先应使学生能进行简单的因果分析。

简单的因果推理能力的培养，有的可以从两个关联事件发生的时间先后分析入手，时间在先的是原因，时间在后的是结果，从而使学生体会到这是由于发生了某种原因A而产生了某种结果B。例如，物体受力和其发生运动状态改变，这是两个有必然联系的事件，从时间顺序上看，是由于物体受力，从而造成它的运动状态变化，因此从因果关系来说，力是物体运动状态改变的原因。

4. 经历从物理现象和实验中归纳科学规律的过程

在经历了对数据的准确记录、对数据的比较和对可能的因果关系进行分析之后，离科学探究的结果仅有一步之遥，这一步就是归纳科学规律。

要归纳科学规律，就要寻找数据之间相互关系的特征。如“楞次定律”的总结过程，就是要启发学生自己发现这些现象之间规律的过程，是一个发展学生创造性思维的过程。

要归纳科学规律，还要关注物理条件改变与物理现象变化之间的联系。如探究弹簧弹力与弹簧形变的关系时，改变拉力时学生应具有关注弹簧长度的变化的意识。关注条件变化对现象的影响，同时比较两者数据的数学关系，就可能归纳出所探究的科学规律。

5. 尝试对探究结果进行描述和解释

学生应尝试用自己的语言对探究结果进行描述，描述时应力求客观、准确地反映探究的结论。

例如，通过实验探究“气体等容变化时压强与温度关系”之后，提出以下描述：“从宏观角度来看，温度对密闭容器中的气体压强有正相关的影响”，可以让学生猜想这一宏观现象背后的微观解释，并鼓励学生尝试用语言或文字来描述。最后还可以让学生对自己描述语言的概括性和科学性进行评价，发展他们运用科学、简洁、准确的语言来表述探究结果的能力。

6. 认识分析论证在科学探究中是必不可少的

应该认识到，实验数据并不等于探究的结论，实验数据是对实验事实的客观记录，探究的结论是在数据的基础上通过分析论证所得出的具有普遍意义的规律。如当布朗研究悬浮在水中的花粉时，观察到花粉的运动，起初认为是花粉自发的运动。当他进一步使用没有生命的无机物粉末进行实验时，发现粉末只要足够小，也会发生无规则运动，通过分析推理可知是水分子的无规则运动导致花粉的运动。因此，分析论证在科学探究中是必不可少的。

在学生每一次经历了分析论证形成探究结论后，引导学生把分析论证前后的科学探究进程进行对比，将能加深学生对分析论证在科学探究中所起作用的正确认识。

二、提升学生科学解释能力的一般路径

（一）课程标准中对于科学解释能力的水平划分

水平 1：能对数据进行初步整理；

水平 2：能对数据进行整理，得到初步的结论；

水平 3：能分析数据，发现特点，形成结论，尝试用已有的物理知识进行解释；

水平 4：能分析数据，发现其中规律，形成合理的结论，用已有的物理知识进行解释；

水平 5：能用多种方法分析数据，发现规律，形成合理的结论，用已有的物理知识进行科学解释。

（三）提升学生科学解释能力的一般路径

在科学解释分析论证过程中常常用到的方法有：现象分析法、信息比较法、数学归纳法、图像描点法。

1. 现象分析法

2. 信息比较法

3. 数学归纳法

4. 图像描点法

三、提升学生科学解释能力的教学案例与评析

【教学案例：静摩擦力】

授课教师：北京航空航天大学实验学校　张建

一、教学设计

学生在初中时已经学过摩擦力，知道摩擦有静摩擦、滑动摩擦、滚动摩擦。

【环节一：引入】

展示几张柏油马路被损坏的照片，问：汽车的什么力破坏了路面？

多数同学回答：压力。

演示：将玩具车放在下面垫有玻璃棒的硬纸板上面，遥控汽车前进。同时请同学们观察玩具车和车下纸板，现象：汽车只前进了很短的距离，纸板向后飞出。

问：根据现象判断，汽车对公路除了有压力，还有什么力？

答：摩擦力。

【环节二：摩擦力的方向】

请同学们将手心平贴在桌面上，并向前推桌子，桌子动了，而手相对于桌子没有动；或者桌子跟手都动了。

分析两种情况下手和桌子的受力情况。尝试分析手与桌子、桌子与地面间摩擦力方向的规律。指导学生画手和桌子的受力分析图。

问：通过图像能找出摩擦力的方向有什么规律吗？

答：有点困难。

师：只能从我们已知的入手，已知物体的运动方向，受力方向，根据生活经验，猜测摩擦力可能与运动方向有关。

问：那我们怎么检验这一猜想呢？

答：做表格。

问：那要做的表格中应该包括哪些项？

答：研究对象，运动情况，运动方向，所受摩擦力的方向。

师：先请同学们根据运动情况分类设计表格，看同学们设计的情况给予适当指导，最后呈现教师设计的表格。为了更加直观，用向上的箭头表示向前，用向下的箭头表示向后。

表 4–3 运动情况与摩擦力方向 1

序号	研究对象	运动情况	运动或趋势方向	所受摩擦力的方向
1	手	相对于桌面静止	↑	桌对手 ↓
	桌子	相对于地面静止	↑	手对桌 ↑
2	手	相对于桌面静止	↑	桌对手 ↓
	桌子	相对于地面运动	↑	手对桌 ↑
3	手	相对于桌面运动	↑	桌对手 ↓
	桌子	相对于地面运动	↑	手对桌 ↑

问：从表 4–3 中还不能总结出规律，需要进一步完善表格。在推桌子的过程中，我们还能知道什么呢？

答：桌子和手的相对运动方向，桌子和地面的相对运动方向。

表 4–4 运动情况与摩擦力方向 2

序号	研究对象	运动情况	相对运动或趋势方向	所受摩擦力的方向
1	手	相对于桌面静止	趋势 ↑	桌对手 ↓
	桌子	相对于手掌静止	趋势 ↓	手对桌 ↑
	桌子	相对于地面静止	趋势 ↑	地对桌 ↓
	地面	相对于桌子静止	趋势 ↓	桌对地 ↑
2	手	相对于桌面静止	趋势 ↑	↓
	桌子	相对于手掌静止	趋势 ↓	↑
	桌子	相对于地面运动	↑	↓
	地面	相对于桌子运动	↓	↑
3	手	相对于桌面运动	↑	桌对手 ↓
	桌子	相对于手掌运动	↓	手对桌 ↑
	桌子	相对于地面运动	↑	↓
	地面	相对于桌子运动	↓	↑

问：通过观察第二个表格（表 4–4），你能发现摩擦力方向的规律吗？

生：摩擦力的方向与物体间的相对运动或相对运动趋势方向相反。

问：物体间有相对运动或相对运动趋势产生的摩擦力一样吗？

答：不一样，前者是滑动摩擦力，后者是静摩擦力。

【环节三：静摩擦力的大小】

问：我用了 50N 的力拉桌子，没有拉动，地面对桌子的静摩擦力是多大呢？

答：50N。

问：如果我用 100N 的力拉桌子，还是没有拉动，那地面对桌子的静摩擦力又是多大呢？

答：100N。

问：你是怎么得出的结果？

答：桌子没动，根据受力桌子平衡。

问：如果我的力一直增大，静摩擦力会一直增加下去吗？

答：不会，增加到一定程度桌子就被拉动了，桌子运动后受的是滑动摩擦力。

问：那静摩擦力的取值范围是多大呢？现在有长木板、小木块、力传感器、笔记本电脑及软件，你能否通过实验找一下小木块与长木板之间静摩擦力的取值范围？

答：将小木块放在长木板的一端，用力传感器去拉小木块，一开始用较小的力，逐渐增大拉力直到小木块被缓慢拉动一端距离。

问：从传感器数据上你有什么发现？

答：缓慢拉动小木块时，滑动摩擦力基本保持不变。最大静摩擦力比滑动摩擦大一些，但相差不多。

师：为了处理问题方便，可取最大静摩擦力近似等于滑动摩擦力。

【环节四：静摩擦力产生的条件】

问：什么情况下会有静摩擦力呢？

答：物体接触且接触面不光滑，物体间有相对运动趋势。

问：还需要别的条件吗？每人发一个装满水的气球，谁能在不让气球发生形变的情况下把气球提起来？

答：做不到。

问：要使气球被提起来，气球需要受哪些力？

答：重力、摩擦力。

问：提起气球，气球就要发生形变，说明了什么？

答：气球还要受到手的挤压，也就是受到压力。

问：压力本质上是什么力？

答：弹力。

问：要想产生摩擦力，没有弹力行不行？

答：不行，要想有摩擦力必须有弹力。

【环节五：应用已有知识解决问题】

演示实验：找一位同学到讲台上用较小的力提瓶子，他能轻松地提起。将瓶颈抹上大量护手霜后请这位同学再使用较大的力操作，无论他多用力都提不起来，请同学们解释，这是为什么？

答：分析瓶子受力，提不起来说明瓶子所受的静摩擦力小于瓶子的重力。

问：为什么刚才用较小的力就能提起来，后来用较大的力反而提不起来了，在瓶子上抹护手霜改变的是什么？

答：接触面的粗糙程度。

问：为什么改变接触面的粗糙程度以后瓶子提不起来了？

追问：改变接触面的粗糙程度以后导致哪个物理量变了？

答：最大静摩擦力。因为手对瓶子的最大静摩擦力小于瓶子的重力，所以无法提起瓶子。

二、案例评析

1. 通过定性分析找摩擦力方向的规律培养学生分析论证的能力

在该教学设计中，基本没有定量的关系，即某一个物理量与另一个物理量之间的数学关系，但涉及找摩擦力方向的规律。在高中物理中，定性分析也是很重要的一部分，需要培养学生分析物理量之间的定性关系的能力。

从生活经验出发，学生们通常都认为摩擦力方向与物体的运动方向相反。学生具备分析物体受力的能力，但在找具体关系时，很难有特别清晰的判断。通过表格能够将运动方向和摩擦力的方向更直观地体现出来，从而使学生发现问题。在这一环节中，培养学生以适当的形式表征和组织物理量的能力，以及对物理量进行分析处理，并依据处理的结果得出结论。

至此该实验对学生能力的要求达到物理学科核心素养科学解释层级的水平 3：能分析数据，发现特点，形成结论，尝试用已有的物理知识进行解释。

2. 通过观察实验，培养学生提出解释的能力

在环节三、四、五中，在同学们观察实验之后提出问题，培养学生对数据或现象进行分析论证并提出解释的能力。在提出的解释不能解决问题的时候，能够考虑不同的解释。例如，环节五中，在瓶颈抹上护手霜后，学生的第一反应是接触面的粗糙程度变了，所以摩擦力变了，但此时学生头脑中并没有特别清晰地认识到此处是静摩擦力还是滑动摩擦力，更没有意识到是最大静摩擦力变小了，教师的追问促使学生去对瓶子进行受力分析，在受力分析过程中，大部分学生能够意识到如果瓶子能被提起，手与瓶子之间应该是静摩擦力，提不起来则说明最大静摩擦力小于瓶子的重力。这一过程使学生在对一个问题进行科学解释时能够进行深入的思考，探究问题的根源，进而

提出不同解释。至此该实验对学生能力的要求达到物理学科核心素养科学解释层级的水平 4：能分析数据，发现其中规律，形成合理的结论，用已有的物理知识进行解释。

【教学案例：探究加速度与力和质量的关系】

一、教学设计

实验目的：（1）物体质量一定时，研究加速度与物体所受合力的关系。

（2）物体在所受的力恒定时，研究加速度与其质量的关系。

实验器材：一端带有滑轮的长木板、小车、细线、钩码（10g、20g 各 3 个，用作牵引小车的力）、砝码（50g、100g、200g，用来改变小车的质量）、刻度尺、电火花打点计时器、纸带、圆片复写纸、天平。

【环节一：基本知识】

问：如何测小车的加速度？

答：用打点计时器可以计算出来。

问：如何求出小车所受合外力？

答：等于小车所受绳子的拉力减去摩擦力。

问：绳子的拉力和小车所受的摩擦力能否得出精确数值？

答：绳子的拉力可用绳上所挂钩码的重力代替，因为不知道小车与长木板间的动摩擦因数，也就不知道摩擦力。

问：那能不能用别的办法把摩擦力平衡掉，使小车所受的拉力就是它所受的合外力？

答：将长木板没用滑轮的一端垫高，使长木板倾斜，小车能够匀速运动，此时重力沿长木板的分力与摩擦力平衡。小车所受合外力就等于绳子的拉力。

问：在什么情况下，绳子对小车的拉力等于绳上所挂钩码的重力？

答：在小车和钩码静止或者匀速运动情况下拉力等于钩码的重力。

问：在小车和钩码加速运动时，绳对小车的拉力还等于钩码的重力吗？

答：不等于。

问：在实验中小车是加速运动的，那如何才能使绳子对小车的拉力近似等于钩码的重力？

提示：假设钩码的重力为 $G=mg$，在小车加速运动情况下，先求一下绳子拉力的表达式。

问：求出绳子拉力的表达式，观察此式，能否得出二力近似相等？

（提示：可以将分式上下同除以 M。）

答：$M>>m$ 时，绳子对小车的拉力近似等于钩码的力。

【环节二：实验过程】

1. 把一端带滑轮的长木板放在实验桌上，并使滑轮伸出桌面，将打点计时器固定在长木板的另一端。

2. 用天平测出小车质量 m。

3. 把纸带系在小车上，并使纸带穿过打点计时器。

4. 把装有打点计时器的木板一端稍微垫高，使小车能在长木板上做匀速运动。这时小车所受的摩擦力与小车的重力沿长木板方向的分力平衡。

5. 将细绳穿过定滑轮，一端系在小车上，另一端挂适量的钩码。

6. 把小车放在打点计时器附近，接通电源，放开小车，纸带被打上点，取下纸带并标上号码，将钩码的质量记录在表格中相应位置。

7. 给小车换一条新的纸带，保持小车质量不变，改变细绳所挂钩码的质量（注意保证 $m \ll M$）。重复步骤 6，如此反复几次。对各次实验所得纸带取好计数点，进行测量和计算，求出每条纸带对应的小车的加速度，记录到表格中相应的位置。

8. 保持钩码总质量不变，往小车上依次加不同数目的砝码，重复步骤 6、7。

【环节三：处理数据】

表 4–5　小车质量不变时的实验记录

小车质量 M=_________g			
实验编号	钩码总质量 m(g)	拉小车的力 F(=mg)(N)	小车运动的加速度 a(m · s^{-2})
1			
2			
3			
4			
5			
6			

表 4–6　钩码质量不变时的实验记录

实验编号	小车总质量 M(g)	小车运动的加速度 a(m/s^2)
1		
2		
3		
4		
5		
6		

问：通过这两个表格你能得出小车加速度与它所受合外力之间的关系吗?

答：根据生活经验可能是，但很难从数据直接看出来。

问：如何才能让数据之间的关系更直观呢?

答：以小车的加速度和合外力为坐标轴建坐标系，描点作图。

活动：同学们自己画图。

问：大部分同学画的图线是一条过原点的倾斜直线，这说明加速度与合外力之间是什么关系?

答：成正比。

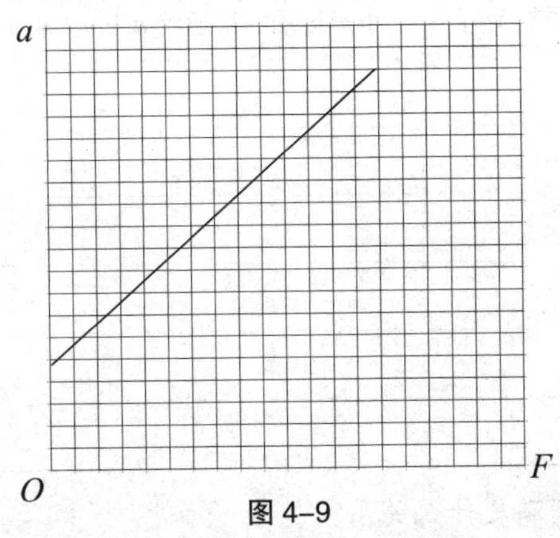

图 4–9

问：有个别同学的图像不过原点，在 a 轴上有截距，这是什么原因造成的?

答：合外力为零时有加速度了，说明平衡摩擦力过度。

问：如果在 F 轴上有截距是什么原因造成的?

答：有拉力了还没有加速度，说明摩擦力平衡的不够充分。

问：有个别同学的图线随着 F 的增大，斜率越来越小，这可能是什么原因造成的？

提示：记录的合外力是钩码的重力，这个力是小车真实的合外力吗？

答：不是，小车所受合外力是绳子的拉力，$F=mg-ma$，加速度越大，实际拉力就越小，导致记录的数据比真实值偏大，描点时点向右偏移，导致图线斜率越来越小。

问：同理可以做 $a-M$ 图线，发现图线类似于双曲线的一支，能否得出小车的加速度与质量成反比的结论？

答：不能。因为没有得出具体关系式。

问：如何才能到出这两者的关系式？

答：可以用 Excel 拟合函数，拟合之后发现两者关系满足反比例函数。

问：如果没用电脑如何得出 $a-M$ 间的具体关系？

答：可以做 $a-M^{-1}$ 图线，如果 a 与 M^{-1} 成正比，则说明 a 与 M 成反比。

活动：学生将表 4–6 做改进，并做 $a-M^{-1}$ 图线。

表 4–7　钩码质量不变时的实验记录

钩码质量 m=________g　拉小车的力 F=________n			
实验编号	小车总质量 M(g)	小车运动的加速度 a（$m\cdot s^{-2}$）	小车总质量的倒数 1 /m(1/kg)
1			
2			
3			
4			
5			
6			

问：a 与 M 之间满足什么关系？

答：成反比。

二、案例评析

1. 在设计实验过程中培养学生分析问题解决问题以及解释处理方案的能力。

先从学生已知的加速度测量方法开始提问，引导学生一步一步地来设计实验，先测量加速度，再是如何获得小车所受合外力的准确数值，这时学生会遇到两个问题：一个是动摩擦因数不知道，因此无法计算滑动摩擦力，一个是绳子的拉力无法测出。为了不计算摩擦力，所以要想办法把摩擦力平衡掉，这时学生根据已经掌握的斜面上物体的受力分析的知识，容易提出用重力的分力去平衡摩擦力。大多数学生一开始都认为绳子上的拉力就等于钩码的重力，教师提出在什么情况下小车所受拉力等于钩码重力，此时学生会思考并不是所有情况下钩码的重力都等于绳子拉力，学生能够答出小车和钩码都静止或匀速直线运动，绳子上的拉力等于钩码的重力。教师继续提问，当小车和钩码加速运动时，绳上拉力是否仍等于钩码的重力？学生应该知道不等于，要解释就要对钩码进行受力分析，通过受力分析，不难得出 $F=mg-ma$ 这一关系式，发现随着 a 的增加，F 与 mg 之间差值越来越大，为后面的实验误差分析做铺垫。F 在什么情况下能近似等于 mg？在教师的引导下学生能够得出钩码质量远小于小车及车上砝码总质量的结论。

2. 通过处理实验数据，培养学生分析论证能力以及科学解释的能力。

实验过程中将数据记录下来，直接观察数据难以得出可信的规律，这时需要学生将数据做进一步处理：描点作图，如果 a–F 图线是一条过原点的倾斜直线，则说明 a 与 F 成正比。在此过程中，学生结合数学知识很容易能够得出结论。但有些图线并不过坐标原点，或加速度较大时一些点与之前的点不在一条直线上，图线出现弯曲。在处理数据过程中，学生通过分析图线所表达的物理量之间的关系，探究出实验误差及实验可能存在的问题，培养学生分析论证和科学解释能力。

在处理 a 与 m 之间关系的数据时，当根据数据、图线都难以直接得出结论时，根据猜测调整数据处理方案，培养学生灵活处理数据的能力。再根据新的 a–m^{-1} 图线，归纳出加速度与质量之间的关系。培养学生用数学工具对物理问题进行科学解释的能力。该实验数据处理以及解释，对应着学科核心素养中科学解释中的最高水平：能用多种方法分析数据，发现规律，形成合理的结论，用已有的物理知识进行科学解释。

四、促进学生科学解释能力发展的有效教学策略

在科学探究过程中，经过提出问题、猜想与假设、制定计划与设计实验、进行实验与收集证据这些要素之后，实验数据已经得到，但是它并不等于科学探究的结论，而仅仅是对实验事实的客观记录。例如，丹麦天文学家第谷毕生的精力都用于观察星体上，积累了大量丰富的天文资料，但是他没有经过认真的分析与论证，因此没有总结出天体的运行规律，仅仅留下了一堆可靠的资料而已。第谷最大的天文学成就是发现了开普勒，他在临终前将自己多年积累的天文观测资料全部交给了开普勒，再三叮嘱开普勒要继续他的工作。开普勒接过了第谷尚未完成的研究工作，对这些资料运用分析、综合和类比推理、直觉思维等多种分析论证的方法，经过不懈的努力，终于在混乱无序的资料中总结出天体运动三大定律。开普勒的成功充分证明只有对实验数据认真分析与论证，才能得出具有普遍意义的科学规律。

（一）引导学生树立分析与论证的意识

分析与论证问题就是要去证实或者证伪。学生有分析与论证意识才会有积极主动的思考，才会根据不同的问题选择具体的分析与论证方法。首先，回顾自然科学的发展历程，在真实的科学探究活动中大多数人的大多数时间可能耗费在那些最终没能得到实验证据支持的假说上，但没有任何一位科学家会因此而否定这种探索的价值，因此要培养学生勇于分析与论证的意识。其次，教材本身的局限性决定了它与科学发现的真实背景有距离，很少能，也没有必要反映科学家所走的弯路和所犯的错误，如果教师在教学中再照本宣科，很容易使学生认为所谓科学研究就是观察实验、收集材料以及对材料进行概括和推理等方法，只要正确地运用它们就能保证研究成功，一定能取得预期结果。要纠正学生容易形成的这种错觉，就必须通过具体案例培养学生树立分析与论证的过程。最后，要教育学生以科学态度对待实验中出现的各种“意外”现象。

在指导学生收集信息和分析、处理信息时，教师不要预先设定表格，让学生“照方抓药”。在收集信息时，要注意培养学生客观的思维品质，不要只把注意力集中在与探究假设相符的物理事实上，同样需要观察和收集那些与预期结果相矛盾的信息。事实上，许多重大的科学发现正是意外之中产生的，

如X射线的发现、α粒子散射实验、开普勒三大定律的发现等。以开普勒三大定律的发现为例，在第谷遗留下来的数据资料中，火星的资料是最丰富的，而哥白尼的理论在火星轨道上的偏离最大。刚开始开普勒用正圆编制火星的运行表，发现火星老是出轨，他便将正圆改为偏心圆。在进行了无数次的试验后，开普勒找到了与事实较为符合的方案。可是，当开普勒依照这个方法来预测卫星的位置时，却跟第谷的数据不符，产生了8s的误差。这8s的误差相当于秒针0.02s瞬间转过的角度，一般人可能会以仪器精密度不高等客观因素为由，默认这是正常的实验误差。但是开普勒确信第谷的实验数据是可信的，他敏锐地意识到火星的轨道并不是一个圆周，随后，在进行了多次实验后，开普勒将火星轨道确定为椭圆，并用三角定点法测出地球的轨道也是椭圆，断定它运动的线速度跟它与太阳的距离有关。开普勒通过对行星运动进行深入的研究，提出了开普勒三大定律。假如开普勒没有认真分析与论证的态度，就不会在天文学上做出巨大的贡献。

（二）培养独立创造精神，创造新方法

培养独立创造精神，对于创新人才的成长以及分析与论证能力的培养有着非常重要的作用。爱因斯坦在瑞士的阿劳州立中学的学习经历就是一个很好的说明，这所学校给学生以充分的自主和自由。他晚年时回忆道：“这所学校用它的自由精神和那些毫不仰赖外界权威的教师的淳朴热情培养了我的独立精神和创造精神。正是阿劳州立中学才成为孕育相对论的土壤。”爱因斯坦在整个科研生涯中将直觉思维和理性思维紧密结合，在物质世界统一观和唯物主义认识论的基础上，形成了自己独立创造的独特的分析与论证方法，即直觉＋演绎法，他称之为“探索性演绎法”。爱因斯坦在掌握了前人的实验方法、数学方法、假说方法、统计方法的基础上，成功地应用科学想象、理想实验等探索性演绎方法分析与论证他所遇到的一个又一个难题。爱因斯坦在学生时代就具有丰富的想象力，为了探究以太之谜，他经过认真的分析之后，设计了测量小船航速的仪器来论证自己的分析过程是否科学合理。再如，他依据狭义相对性和光速不变两条基本假设，以及空间均匀各向同性和钟表同步两个普遍性假定，得到了时间与空间、质量与能量、运动与时空相统一的相对论全新观念，也是创造性地分析与论证的结果。

创设有效的实践教学研究活动，激励学生达到较高的教学目标，是培养学生独立创造精神、提高分析与论证能力的关键。教师要根据新课程的具体目标、学科特点和教学的具体内容，制定出不同层次的阶段教学目标，激励所有学生充分发挥自己的聪明才智，认真分析与论证，加强思维方法的训练，达到人尽其才、充分发展的教学目的。

《普通高中物理课程标准》明确指出："实验是物理课程改革的重要环节，是落实物理课程目标、全面提高学生科学素养的重要途径，也是物理课程改革的重要资源。实验室应该尽快向学生开放，鼓励学生主动做课外实验。"

因此，对物理实验的教学，除了课程标准上的基本要求外，教师可以向学生提出较高的目标：独立分析物理教科书中的演示实验设计有无缺陷，效果是否明显，有无改进的可能性；或创新设计新的实验方案来论证自己的观点，从而培养学生分析与论证能力。

（三）以发现和归纳规律为导向形成粗浅解释

在数据处理方面，引导学生从最简单的处理方式入手，将数据做成图表，从图表中发现物理量之间潜在的关系，然后再采用数学工具进一步验证，在这一过程中培养学生提高数据可视化的能力。

仍以上面的验证牛顿第二定律传统实验为例，通过实验可以得出小车的加速度、质量、力的数据，但从数据中很难直接观察出规律，学生具备以小车加速度与其所受拉力为坐标轴建坐标系作图的能力，描点作图后得到一条倾斜的直线，结合数学知识学生很容易得出小车的加速度与所受合力成正比的结论。在分析加速度与质量的关系时，以小车加速度与质量为坐标轴作图，不能从图像直接看出结论，这时学生可以利用软件拟合图线得出相应的函数关系，再利用数学知识，对加速度与质量的关系进行解释。或者根据图线猜想加速度与质量可能成反比，以加速度与质量倒数为坐标轴作图验证猜想，得出规律。

（四）通过结合已有知识进行解释和描述，培养科学解释能力

根据相关的研究证实，很多学生无法成功地构建起相对科学的解释。对学生解释表现的观察研究揭示了学生进行科学解释时的困难，并分析了产生这些困难的原因。整体来看，困难主要源于两方面：内容的理解和解释的方法。

在内容的理解方面，首先发现的是内容理解对解释建构的影响。例如研究发现学生在使用言语和绘图来解释同一问题时的表现具有一致性，意味着解释能力不仅是一种语言行为，而且与头脑中深层次的理解息息相关。再如研究发现学生建构解释时在证据选择和推理建构过程中的困难，也多源自于对内容的不理解。所以在教学中培养学生的解释能力时，应长期将内容理解作为基础和突破点。然而当前教育学和哲学界的主流观点认为解释和理解紧密关联、相互影响。因为教育实验发现，鼓励学生表达观点并论述认识，能促进他们更好地理解内容；当学生逐步掌握复杂的因果解释模型时，伴随着对现象及其内在机理理解的增强。

在解释的方法方面，很多学生不理解什么是证据，无法将证据与结论之间的逻辑关系用科学的语言描述出来。这就要求教师重视科学解释的建模，依照科学探究的过程中搭建起的脚手架帮助学生们培养自身的科学解释能力。由于科学解释需要标准性，同时还应该适应受众，所以要求解释者充分理解被解释项，同时还可以通过逻辑和解释相互连接到一起，这样便能厘清理解和评价解释的先行条件。由于科学解释需要客观性，在实验的过程以及分析处理数据时需要具有科学精神，实事求是，在对实验结果进行解释时，需要根据已有的正确的科学知识对实验结果进行分析论证，并根据已有知识对实验结果的合理性进行判断。

第四节 提升反思与交流能力的教学

一、反思与交流能力概述

（一）反思的内涵与反思能力的要素构成

著名心理学家波斯纳说过，成长 = 实践 + 反思。美国的布鲁克菲德说：“如果不进行批判和反思，就会总是认为事情的对与错、是与非应该按专家说的算。”反思是“对思想的思想”“对认识的认识”，是对某个问题进行反复的、严肃的、持续的思考。从微观上看，反思是一种批判思维，通过对当前认识的审视、分析，洞察微观。在进行探究的同时，存在着不断反思的过程，对自身思维过程和活动结果进行自我察觉、评价、监控和调节。有意识地反思探究过程中出现的问题，是探究过程中的重要组成部分。反思包括探究过程中的各个环节，例如，根据探究目的，对实验原理的确定进行反思；对器材的选用、实验基本操作及顺序、实验步骤合理性等方面进行科学的论证和评判；同时，分析假设与实验结果之间的差异，关注探究活动中未解决的矛盾，发现新的问题，并能针对原来方案的不足提出新的改进意见。

通过对多个国家的课程标准的梳理可以得出，反思能力的评价包括：①评价结论和观点正确性和局限性；②评价所选择的证据是否能够支持结论，检验论证过程的逻辑性；③从科学的角度评估所使用的方法；④从其他角度提出可能的解释、结论和方法；⑤提出需要进一步解决的探究问题及实施建议。

有研究者提出了反思能力的评价指标，从对探究假设与实验结果间差异的分析、对未解决的矛盾的关注、对探究过程和结论的质疑改进这 3 个方面界定了反思能力。

基于以上分析，综合国外课程文件中解构出的能力要素与有关的研究结论，同时考虑物理学科特征，本书认为，反思能力主要包括的要素有：①尝试分析假设与实验结果间的差异；②注意探究活动中未解决的矛盾，发现新的问题；③吸取经验教训，改进探究方案。

在物理探究实验过程中，通常对以下问题进行反思：探究方案中所确定的实验方式，其原理是否科学？是否有利于收集证据？探究方案中所选择的实验器材，是否有利于减小误差？按要求应该保持不变的物理量是否在实验中真正做到了保持不变？是否存在着和整个实验数据的合理趋势相违背的个别异常数据？实验数据是否能有力地支持所得出的实验结论？

对于不同的探究活动，有不同的反思对象。例如，探究性实验（如探究加速度与力、质量的关系）时，首先，要对测量物理量的原理进行反思与讨论，为什么选择这样的仪器对物理量（如加速度、力和质量）进行测量？是否还有其他测量仪器和方法？为什么要选择这种方法？这种方法的优缺点有哪些？对方案进行评价与优选；其次，控制变量法是探究实验的一个重要方法，要对选择控制的变量进行思考，如何做到对变量的“控制”，在实施实验的过程中控制的变量是否符合实验需要；最后，探究的结果与假设是否一致？若不一致，是否存在原理或方法上的不合理，能否进行改进？

又如，在进行测量性实验（如测量电源的电动势和内阻）时，测量过程中涉及的实验装置相对复杂，要思考是否正确地组装了仪器，是否有更为合理、简便的实验装置；应该及时评价所选用的装置是否科学合理，所使用的仪器方法是否正确，能否易于测量；要评价测量结果的可靠性及其影响因素；对如何改进和优化的程序和方法提出进一步建议。

1. 尝试分析假设与实验结果间的差异

探究假设是对探究结果的预期，探究结果是对探究假设的验证（这里所指的探究结果是指实验结果，并非是对探究结论的陈述）。若结果与假设吻合，则假设被证实；若结果与假设冲突，则假设被推翻；若结果与假设基本吻合，但存在着差异，从原则上说，该差异必然是受到另一种规律支配的结果，关注这种差异，实际上就是在关注引起这种差异的规律。这是发现问题和提出问题的前奏，是创造性思维的表现。18 世纪，科学家在研究天王星的运行轨道时，发现它的实际轨道总是跟用万有引力定律计算出来的有一定差异，研究者根据这个差异，推测天王星外面还有一个未发现的行星在对天王星起作用，通过进一步的理论和实践研究，终于发现了海王星。完全相似的过程，因理论和实践之间的差异，又导致发现了冥王星。在进行“用单摆测量重力加速度大小”的实验时，实验步骤并不复杂，掌握了游标卡尺的用法学生就可以根据课本的提示自己尝试操作。在学生操作完毕并得出实验结果后，教师给出当地的重力加速度标准值，这时学生就要对自己的实验结果进行评估反思了。教师可以有意识地抽取几组误差较大的数据进行反思交流，有的 g 值偏大是因为直接把线长和小球直径相加当摆长；有的在计数时从“1”开始；有的实验数据经过确认，在测摆长和时间的操作应该都没问题，但是为什么会出现 g 值偏大呢？这样的讨论，可以引起学生的思考和兴趣，有可能小球是在一水平面上做圆周运动，也就是圆锥摆。这时教师再对这圆锥摆周期进行推导，得出圆锥摆的周期公式 $2\pi\sqrt{\frac{L\cos\theta}{g}}$，学生会有恍然大悟的感觉。

2. 注意探究活动中未解决的矛盾，发现新的问题

关注探究过程中未解决的矛盾，对探究过程和探究结果进行科学、合理的反思，就可能使新的问题成为教学的出发点和归宿，即在初步解决问题的基础上引发新的问题，从而有利于新一轮探究过程的开展。例如，在关于“影响导体电阻的因素”（电阻定律）的定量探究中，其中假设之一是“导体的材料、横截面积一定时，其电阻和长度成正比”。在用电阻丝进行实验验证时，实验数据和假设大体上吻合得很好，但也有实验小组发现事实和假设之间有一定的差异：当被测量的电阻丝长度很小时，其测得的电阻值比假设略大，这是否是由电阻丝粗细不均匀等原因所引起的实验误差呢？为了对此做出判断，在电阻丝的各个部位取相同长度的一小段进行试验，发现电阻都比预计的略大，这说明并不是实验误差所致，而是其中隐藏着一个必然的因素。进一步对此因素进行假设和验证，发现它就是温度，金属导体的温度变化太大时也会对它的电阻产生影响。以上是严重的差异，就是因为所取的一小段电阻丝长度太短，电路中没有使用滑动变阻器控制电流，致使通过电阻丝的电流太大、温度过高。学生在评估反思中获得了新的发现[①]。紧接着，在这一节教学中，学生通过实验归纳出“金属材料的电阻率随温度升高而增大”的结论后，可进一步引导学生反思：“金属材料的电阻率随温度降低而减小”这一变化趋势最终会有哪些可能性？学生回答有 3 种：一是温度为零，电阻率不为零；

① 廖伯琴，张大昌：《全日制义务教育物理课程标准解读》，武汉：湖北教育出版社，2002 年，第 47 页。

二是温度为零，电阻率同时为零；三是温度不为零，而电阻率为零。那么，在这3种可能性中，哪一种又最为可能？最后，引导学生通过查阅资料了解这一课题。整个探究过程既培养了学生的课题意识，又引入了“超导”这一有意义的科学探究领域，将探究教学延伸到了课外，为学生的创新之路点燃了火把。

3. 吸取经验教训，改进探究方案

具备从反思中吸取经验教训的意识，是指在对探究过程和结果进行评估后，对好的经验有进一步发扬的愿望，对所发现的缺陷有设法克服的要求。如果把这种愿望和要求转化为实际行动，就是尝试改进探究方案。因此，在反思环节中，“有反思探究过程和探究结果的意识”“有从反思中吸取经验教训的意识”“尝试改进探究方案”①等对学生的基本要求构成了一种递进的关系。

在“压缩气体，气体内能增加”实验中，筒内易燃物产生的明亮火花给学生留下了鲜明、深刻的印象。然而，实验研究的对象是什么？为什么筒内要放入易燃物？为什么要迅速下压活塞？气体内能的变化究竟是由压缩气体做功，还是由活塞与筒壁摩擦做功引起的？面对这些重要问题，学生仍然不是很明确，因而必须通过反思来改进探究活动。我们可以尝试在筒内不放易燃物，再压缩筒内空气，要求学生判断空气的内能是否增加。这里可以提出一个改进探究方案的策略：怎样变“不可见”为“可见”？再引导学生应用实验探究中“先摩擦，再压缩”控制变量的方法：首先，拿一打气筒，先不要密封气体（松开气门芯），让活塞与筒壁反复摩擦多次，用手触摸筒壁，判断是否有暖热的感觉；然后，用手指盖住气门芯，并压缩筒内的气体，再用手触摸筒壁，判断是否有暖热的感觉。对比前后两次筒壁的温度，就可以得出气体内能变化的根本原因。

（二）交流的内涵与交流能力的要素构成

表达交流主要是通过书面或口头语言与其他人分享观点和实验成果的过程，不仅表现在探究结束后的成果展示，也贯穿于整个科学探究的过程。成果呈现的方式包括数字、图表、图片或语言文字等。通过交流，观察和实验

① 廖伯琴，张大昌：《全日制义务教育物理课程标准解读》，武汉：湖北教育出版社，2002年，第47页。

的结果能够得以公开、沟通和检验，并有利于发现问题，进一步预测和推论。表达交流是以语言和信息为基础，交流思想是语言交际的基本内容，语言是传递社会信息的代码，运用语言进行交流的过程，就是信息的编码、发出、接收和解码的过程。

通过对不同国家课程标准的梳理可以得出，国外课程文件中的表达交流能力包括：①口头进行探究实践报告，并准确地、有逻辑性地运用书面语言；②撰写书面探究实践报告；③交流科学过程和方法；④交流数据和信息；⑤交流科学结论和论点；⑥对自己所提出的解释进行辩护；⑦考虑批评性意见和其他解释并做出反应。

有研究者将协作交流能力界定为合作精神和表达交流，在合作精神中，包括善于沟通，倾听他人的观点；展示结果，不盲从他人观点；及时对他人的观点进行反馈；乐于采纳意见以改进自己的研究。在表达交流中，包括逻辑地表述自己的关键概念；清晰、准确地表达程序和结果；用图表、模型等辅助表达。

基于以上分析，综合国外课程文件中解构出的能力要素与有关的研究结论，同时考虑物理学科特征，本书认为，物理学科中的交流能力主要包括的要素有：①能口头表述并写出实验报告；②有合作精神；③在合作中注意既坚持原则又尊重他人。

1. 能口头表述并写出实验报告

高中阶段在写探究报告时，应尽可能独立地构思报告的内容和格式，不同的实验探究课题所陈述的内容和表现的方式具有不同的侧重和各自的特征，避免套用格式刻板的实验探究报告，学生应该能自己写探究报告和写自己的探究报告，并能够去口头表达。

2. 有合作精神

科学探究中要发扬合作精神，发挥个人的积极性，群策群力，每个人都贡献出自己的聪明才智。合作精神表现在探究过程中，既有分工也有合作。在合作中坚持原则，具体表现为坚持实事求是的精神，坚持严谨的科学态度，坚持用实践来检验理论的观点，坚持依靠证据结合逻辑分析进行科学探究的方法等。

3. 在合作中注意既坚持原则又尊重他人

在物理探究活动实施完成、探究问题得以解决后，要对探究的过程及探究结论进行展示和汇报。撰写探究报告时，要进行详细的说明和表达。例如，交流探究性实验时，要陈述对探究可能结果猜测的依据，汇报所选择的实验原理、方法和仪器，收集到的实验现象和数据，以及得出的关于探究过程的结论；交流验证性实验时，汇报所选取的实验器材，测量得到的相关实验数据，以及与验证目标对比的方法，验证结果是否可靠等；在交流测量性实验时，应陈述实验设计原理以及仪器选取的根据，如果有必要的话，可以画出实验原理（电路）图，汇报测量所得的实验结果，并分析实验结果的合理性和影响因素。

二、提升学生反思与交流能力的一般路径

（一）课程标准中反思与交流水平划分

反思和交流是科学探究的重要内容，将其引入课堂，使学生经历科学探究的完整过程，已经成为科学教育者的共识。在课程标准中也对反思交流提出了教学要求，并在学科核心素养的水平划分中描述了学生的反思交流水平，如表 4–8 所示。

表 4–8　反思交流能力的水平

水平	水平描述
水平 1	具有与他人交流成果、讨论问题的意识。
水平 2	能撰写简单的报告，陈述科学探究过程和结果。
水平 3	能撰写实验报告，用学过的物理术语、图表等交流科学探究过程和结果。
水平 4	能撰写完整的实验报告，对科学探究过程与结果进行交流和反思。
水平 5	能撰写完整规范的科学探究报告，交流、反思科学探究过程与结果。

表 4–9 《课标》学业要求中有关科学推理学习的要求

模块	要求描述
必修 1	能表达科学探究的过程和结果
必修 2	能撰写简单的实验报告
必修 3	能运用学过的物理术语撰写实验报告
选择性必修 1	能用科学的语言撰写实验报告
选择性必修 2	能写出完成的科学探究报告
选择性必修 3	能写出完整、规范的实验报告，正确表达科学探究的过程和结果

无论是从反思交流水平的具体描述，还是从不同模块中对反思交流学业要求的具体描述，都可以看出，反思交流水平的表现重点体现在对科学探究报告撰写上，这也就成为教学中对反思交流能力培养的出发点。

（二）提升学生反思能力的一般路径

要使学生获得对反思与交流的正确认识，提高反思与交流的能力，就应该让学生经历反思过程，从中获得体验并准确表达外显。例如，让学生通过小组交流或全班交流的方式，讨论科学探究中存在的问题，从而获取新的发现和提出改进的建议等。

1. 围绕实验探究活动开展评估

在科学探究中需要不断地对探究方案进行反思和改进，包括对“制订计划与设计实验”“进行实验与收集证据”“分析与论证”这几个环节的评估。评估的具体内容是：①本探究方案需要解决什么问题？研究哪些物理量之间的关系，涉及这些物理量变化关系的数据是什么？哪些是常量，哪些是变量？②探究方案中所确定的实验方法，其原理是否科学？是否有利于收集数据？③探究方案中所选择的实验器材，是否有利于减小误差？④应该保持不变的物理量在实验中是否真正做到保持不变？⑤是否存在与整个实验数据的合理趋势相违背的个别异常数据？⑥实验数据能否有力地支持所得出的实验结论？

评估反思让学生去发现、去质疑，去对问题进行抽象与概括，以提高提出问题的能力；让学生去优化实验方法、选择实验器材、分析和控制变量、评价现有的方案，以提高猜想与假设的能力。

2. 围绕相关信息的科学性开展评估反思

考虑到信息提供者的科学素养以及信息传播途径中的失真因素，教师应指导学生评估信息的科学性，提高对信息反思的意识和能力。教师可指导学生从科学的角度来评估信息。例如，某电视节目中为了强调节能功效，主持人手拿理发店的电吹风机说："所节约的电能，足可以供 n 个这样的电吹风机同时工作。"这一说法混淆了功和功率的含义，不是科学的信息。此外，我们还可以从日常生活中常见物理量的数量级来发现信息中的科学性问题，如我们应对常用电器的功率和工作电流、各种声音的频率范围、汽车行驶的速度等物理量的大小有一个正确的认识和科学的判断。从"汽车的功率是几瓦、日光灯的电流是几十安培"的说法中，能够判断出数字量级或单位的表述出了问题。

3. 围绕探究结果解释的科学性开展反思

教师应重视学生对科学解释的评估反思。学生之间的公开讨论、评议是提高评估能力的有效方法。为此，可以让学生提出并比较不同的解释，分析所收集的证据究竟支持哪种解释。学生可从以下两个方面反思探究结果：①评估基本论点和对应论点的解释、存在的问题和新发现等，把自己的探究发现与历史上的相似理论或者现代认知进行比较，找出不同之处，并讨论这些差异产生的原因；②评估探究结果的表述，包括文字、表格、图像、公式、插图等，并根据内容选择恰当的形式进行交流。如一个旨在说明气体导电性的实验中，让两个验电器一个带正电，另一个带负电，并使它们导电杆上的导电球相互靠近。当酒精灯移到两个导电球之间时，原来稳定张开的两个验电器指针迅速闭合为零。就这一现象产生的原因而言，确实是由于火焰使气体电离而使气体变为导体所致。但是，对实验结果进行反思可以发现，即使让两个验电器都带正电或都带负电，实验结果也是相同的。而让两个验电器中一个带正电、另一个带负电的做法，必然会产生错误的导向：现象是正电通过导电的气体与负电中和的结果。

（三）提升学生交流能力的一般路径

1. 循序渐进地实施小组交流学习

在开展探究实验活动时实施小组交流。当学生具备了一定的合作意识和能力后，我们就要做更高层次的合作交流工作。合作探究学习，是当前实施新课程教学中所大力提倡的。在探究中合作，也是培养学生参与教学意识的重要方法。

在具体的探究学习活动中，从猜想假设到设计探究方案，从得出结论到代表小组与其他小组交流，无不存在着交流。比如，“探究影响电荷间相互作用力的因素”时，各小组的学生，首先要猜测哪些因素影响电荷间的相互作用，他们需要讨论与交流；在设计实验方案进行验证的时候，也要进行讨论交流才能确定怎么做实验，当确定实验操作方案后，就要分工实验，有的学生研究电荷量的影响，有的学生要研究距离的影响。当各组学生做好后，就要进行交流，得出一致的意见，这样才能到全班师生面前进行交流。

2. 选择有合作价值的学习任务，在热烈而高效的合作学习中提高小组成员的合作意识

合作学习任务必须针对当堂学习目标来设计，合作学习并非万能，也并非所有的学习任务都需要小组合作来完成。合作学习任务要注重合作探究价值，合作任务的含金量越高，小组合作的意义也就越大。一般来说，一个有价值的问题，它主要有以下特点：一是问题具有开放性，有较广的知识覆盖面；二是问题具有一定的挑战性和情境性，能激励学生参与合作，从内心真实需要出发来解决问题；三是能充分考虑当课堂的学习任务和学生的已具备的前提知识，问题应当是当堂课重点、难点的结合点。如果合作学习任务不具有挑战性和合作价值，那么小组合作就毫无意义，讨论起来也索然无味，也根本无法提高小组成员的合作意识。

3. 及时公正地评价，进一步提高小组成员的合作意识

评价是合作学习不可缺少的一环。失去了评价的良性制约，合作学习也将难以有效落实。评价不可能沿用传统的“一把尺子”“统一标准”模式，而是要针对每个同学在合作学习中的不同表现、不同特点采取不同的评价方式、评价角度和评价标准。在评价时尊重学生的个体差异，只要学生有所收获、有所进步，就会得到肯定。“在合作中学会学习，在学习中学会合作”，

其实合作学习的价值，不仅在于学生通过合作获得哪些知识，更重要的是对学生人格的整体培养，收获这些学生往往会受益终生。

三、促进反思与交流能力发展的教学案例与评析

【教学案例：焦耳定律】

授课教师：一〇一中学　孙越

一、教学设计

环节 1：创设情境，激发兴趣

教师：创设情境：在家用灯泡孵化小鸡，选择哪种灯泡？教师展示三种灯泡。

学生：学生辨认不同种类的灯泡，思考选择哪种灯泡孵化小鸡。

活动意图说明：联系生活，设置疑问，激发兴趣，引入新课学习。

环节 2：温故知新，互助学习

教师：教师课前发给学生学案，提出问题，学生通过回忆初中所学欧姆定律的内容，解决问题，在组织学生讨论中延伸出高中对于实验数据的分析得出结论的一种方法——图像法，再次领会定义物理量的常用方法——比值法。

学生：互助学习，对所给出的问题分组讨论。交流讨论结果，生生互动，教师适时点拨并升华高中对欧姆定律、电阻定义和导体的伏安特性曲线的深层认识。

活动意图说明：通过学生回忆电阻的概念，在生生讨论中形成物理基本观念。组织学生分析实验数据，体会并掌握解决问题的一种方法——图像法，形成良好的物理思维。

环节 3：动手操作、合作探究，加深对伏安特性曲线的理解

教师：呈现教学情景：是不是所有的导体的伏安特性曲线都是直线？

任务驱动，学生设计，引导学生分工合作进行实验探究，并运用作图方式处理实验数据。对学生在实验中表现出的实验素养，科学严谨的态度等及时抓学生的闪光点，进行肯定。

在小组交流过程中，教师加强对班级的巡视和指导，了解同学们在讨论过程中产生的思维碰撞，同时对组内成员无法解决的问题给予相关的帮助，

在这个过程中教师注重引导，而不是简单地将知识告诉学生或直接将答案抛给学生。

学生汇报实验结论，生生讨论的同时，对学生提出温度影响小灯泡的电阻的设想进行实验探究，最终找到影响电阻的因素。同时通过实验纠正学生认知中容易出现的错误，小灯泡伏安特性曲线曲线的斜率不是灯泡的电阻。

学生：在温故知新环节中，初步掌握分压电路的作用，迁移到小灯泡伏安特性曲线电路的设计。小组合作动手操作连接电路，读取数据，作出图像，分析讨论图像。实验操作同时，组间互评。

在生生讨论中，发现问题，小灯泡的电阻为什么发生变化？讨论解决问题的方法，设计实验验证猜想，最后得出实验结论。

每小组通过分析实验现象，得出实验结论，并形成初步的实验报告。

活动意图说明：在分组合作探究过程中，训练学生科学思维的方法，培养学生独立思考、集体合作的学习态度与意识，讨论发言培养学生的综合归纳能力和表达交流能力。

环节 4：解决问题，讨论分析二极管的伏安特性曲线

教师：任务：根据二极管的伏安特性曲线，分析二极管具有什么特性？

联系实际，LED 灯为什么取代白炽灯泡？体会 3W—5WLED 灯是完全可以替换 40W 白炽灯。

学生：生生讨论，互相启发得出二极管的特性，并和小灯泡伏安特性对比，联系实际，LED 灯的好处。

活动意图说明：联系实际，培养学生综合运用所学知识解决实际问题的能力，形成正确的科学态度。

二、案例评析

从教学目的来看，这节课体现了初中和高中的进阶，在本节课主要表现在三个方面：一是研究欧姆定律的实验，从初中的限流到高中的分压，体现电压的测量范围从零开始；二是掌握利用图像研究问题的思维方法，更多内容落在了伏安特性曲线的分析；三是进一步体会温度对小灯泡电阻的影响。从设计结构上来看，三个活动，以学生的活动方式来递进，体现了参与性，一是温故知新，二是合作探究，三是讨论生成。从教学内容上来看，在开头和结尾的设置中，都考虑到物理和实际生活的联系。从课堂实施上来看，采

用主题多元式的课程的学习方式。第一个环节中是小组的课下学习；第二个环节采用了合作探究的方式，利用评价表，把教学整个实验过程融入评价的过程里面；第三个环节的交流讨论，利用身边的网络资源进行学习。从反思与交流的角度来看，在环节二中，采用互助学习的方式，激发学生思考，让学生在已有知识基础上进行反思，并通过交流实现知识的建构，形成科学思维；在环节三中，依托探究活动实现反思和交流，采用任务驱动的方式，不断提高学生交流和反思的能力；在环节四中，从问题解决的角度去反思和交流，培养学生形成正确的科学态度。每个环节中，通过交流与反思的形式不断促进学生思考，开展深度学习，引导学生自己发现问题、解决问题，并将知识和能力内化。

四、促进学生反思与交流能力发展的有效教学策略

（一）对实验结果进行反思，鼓励学生敢于质疑

科学探究性学习是鼓励学生积极参与科学家在研究问题所经历的各个过程，也就是“做中学”，让学生在参与中独立思考和解决问题，逐步形成从质疑到反思的科学思维，从而理解和学习科学的思想和方法。在伽利略之前，“重的物体卜落得比轻的物体快”这一观点已被人们接受了一千多年，伽利略虽然用实验证明了这一结论的荒谬，但在那一时代很多人还是难以接受，于是他在论著中这样来质疑：有两块石头 a 和 b，a 的重量为 b 的 10 倍，从同一高度下落的时间分别为 t_a、t_b，如果把两块石头 a、b 连在一起(用 c 表示)，测出 c 也从同一高度下落的时间为 tc。按照亚里士多德的观点，应该是 b 最轻下落最慢，c 最重下落最快，所以应该有这种结果 $t_b>t_a>t_c$；但是伽利略根据亚时士多德观点从另一个角度进行分析，因为把 a、b 连在一起，a 比 b 快，那么快的会由于被慢的拖着而减速，慢的会由于被快的拖着而加速，按照这种分析方法又有了这样的结果 $t_b>t_c>t_a$，伽利略以子之矛攻子之盾的逻辑悖论证明方法，揭示了亚里士多德落体理论的内部逻辑混乱。英国学者卡尔·波普爵士说：“任何科学理论的实质都是猜想，都是根据有限的事实材料大胆跳跃到某种结论上，猜测性地对问题进行解答。”所以在进行科学探究时就更需要学生在学习期间经过大大小小、形式多样的探究过程，逐步形成并不

断巩固从质疑到反思的科学思维习惯，从而理解、掌握和应用科学的思想和方法去应对今后的问题。

（二）精心的实验教学设计是学生是否有效对实验结果进行反思的关键

对实验结果的评估，关键是注意探究活动中未解决的矛盾，让学生发现新的问题，从而解决实验中的困惑。成功的教学是让学生在学到科学知识和概念的同时，科学的创造性思维和逻辑思维能力也得到提高。这需要教师高水平的教学设计与编排，需要师生的共同努力，在教学过程中形成积极的互动，促使学生在实验结果与假设之间进行分析，甚至推翻假设或否定实验的准确性，提出自己创新性的物理观点，让学生在错误中进步，在矛盾中成长。

例如在进行共振知识教学时，关于演示的器材，教师先提问：“摇把怎么摇，弹簧振子的振幅最大？”大部分学生会说摇把摇得越快，弹簧振子的振幅越大。学生做出猜测后，教师开始演示，让摇把由快变慢，学生观察到的实验结果却是在中间某一时刻时振幅达最大，既不是越快越大，也不是越慢越大。这一结果与学生的假设大相径庭，这一差异推翻了学生之前的生活感受，促使学生对实验结果进行评估，分析假设与实验结果间的差异从而发现新问题。

在进行牛顿第二定律探究时，教师一般是先交代注意事项（平衡摩擦力和重物质量远小于小车质量），然后让学生做实验，数据出来之后，引导学生验证 $F=ma$。在实验探究后提出以下问题“在整个探究活动中，你认为还有未能得到解决的问题吗？你还发现了什么新问题？你对探究的方案有什么改进建议？你认为还可能有别的因素影响物体的加速度吗？你是否还有其他的实验探究设计方案？你认为从本次探究活动中应该吸取的教训是什么？”如果是这样，那么学生就体会不到科学家在发现规律时所经历的各种困惑，以及科学家们的创造性的思维，不了解科学家无数次实验的艰辛和百折不挠地对实验进行改进的创造性思维。这个实验我们是否可以这样设计：教师先不交代两个注意事项，这样部分学生就会出现实验结果误差很大，这时让学生自己去分析，去探究活动中未解决的问题，而且学生也会感兴趣两个注意事项的原理。如果说上课时间不允许学生在课堂上再次探究，那么教师可以让学生课后再来，或者让学生在实验报告中分析出实验结果与假设的差异，如果能够分析清楚，也是一份好的实验报告。我认为许多物理规律发现过程中，蕴含着丰富的科学思想及巧妙的处理方法，教师要通过自己的教学设计让学生的实验适当地遭遇挫折，从而去认真评估自己所完成的实验。学生通过思考、讨论甚至教师引导找出问题所在，自己去体会实验所蕴含的物理思想、科学方法以及解决实际问题的技能。

（三）鼓励和创设以小组形式进行物理学习与交流

有许多学生都普遍存在学习中过分考虑自我因素的问题，团体意识很薄弱，以至于学生本身能够接受的知识范围变得狭窄。高中物理教学一般分为基础理论课和实验课，相对来说，实验课是适合团队教学的，如验证机械能守恒定律的实验步骤管理，测量、记录和计算，一个学生可能需要到处跑，如果分组彼此分工劳动，互相讨论，效果往往更好。培养学生合作交流能力最好的方法就是以组为单位，使学生自由发挥，自主交流。这样既方便了学生之间的相互沟通，又能让课堂效率提高，使得学生获得更多知识。同时，教师应积极营造交流合作的友好气氛。教师在与学生交流的同时言语中要显示出交流的重要性，更要在课堂上小组交流时营造良好的气氛。物理课堂是要与实验一同进行的，以小组为单位进行实验探索，打造轻松的氛围是很有必要的。只是单纯地向学生讲授课本中的知识点是不能让学生理解并融会贯通的。学生以小组为单位进行实验，在实验过程中合作并交流才能使得学生在这其中发现问题并提出质疑，学生在独立思考之后又能交流探究，才能受益匪浅[①]。

（四）给予及时评价，合理引导与调控

在物理课堂上，学生之间的合作交流是能够学好物理知识一个很重要的方法。而教师要想让学生对物理感兴趣并且学好物理就要设定一个评价标准，评价结果应与个体和群体的具体操作水平相结合。要让学生爱上物理，对物理有强烈的好奇心，要有创造性的思维，最重要的评价自然是要有团队意识，善于交流、忠于合作。合理的评价会让学生的自信心增强，有了自信心，交流合作的能力也会随之增强，他们会主动去与同学及教师交流探究物理问题。

---

① 阎金铎，田世昆：《中学物理教学概论》，北京：高等教育出版社，2003年，第16–17页。

在评价的过程中也要注重对学生的关怀，尊重学生是最重要的。评价的方式应该是多元化的，在现代素质教育背景下要提倡良好的学习模式。但我们也必须认识到，在物理小组合作探究教学还存在许多问题，我们要认真对待，积极探索和把握小组合作探究的最佳时机，提高其有效性，不被表面的“课堂活泼的性格”所迷惑，这是每一个高中物理教师所要面对的和要解决的问题。在回答质疑与问题的同时，教师还要多多鼓励学生，并对学生所提问题进行适当的点评，如果学生所提问题适合较多学生，教师可以作为一名“引导者”向学生提问，并与学生进行交流与回答。

第五章

培养学生的科学态度与责任的教学研究

第一节 对科学态度与责任的一般讨论

一、对科学态度和责任的理解

21 世纪是信息飞跃发展的时代，也是科学技术迅猛发展的时代。在这个信息爆发的时代，科技竞争是科学技术的竞争和民族素质的竞争，更是人才的竞争。时至今日，对科学技术的重要性已经达成了普遍共识，也确立了科学素养的养成和培养要从少年抓起的理念。物理学科作为对中学生进行科学启蒙教育的一门重要的基础学科，对培养学生的科学兴趣、志趣和创新精神，对提高学生的科学素养和创新能力的发展都有着十分重要的意义。

科学态度则是学生在学科学习过程中逐渐建立起的学科素养。科学态度是指人们正确对待客观事物和从事实践活动的稳定行为，是科学教育的重要组成部分。换言之，科学态度就是面对实际问题，能够遵循事物本身的脉络，实事求是，做出正确、真实反映，是以理性分析，打破信息孤岛，将碎片化的信息整合成完整的有效资源，从而达到追求新知识或解决问题的终极目的。在学习的过程中要尊重客观事实，勇于实践，严肃认真，大胆创新，团结合作，交流接纳。科学态度的培养是学科素养培养的基础和前提，也是学生扎实向学、获取知识和技能的重要保证。作为基础自然科学的物理，要求物理教师在教学中以“实事求是”的态度教育学生，对学生进行科学态度的培养。

社会责任则是在进行研究和应用所学知识进行对自然的探索时，能自觉遵守普遍接受的道德与规范，养成保护环境、节约资源、促进可持续发展的良好习惯。

二、物理学科中的科学态度和责任

物理作为一门基础自然科学，所研究的是物质的基本结构、最普遍的相互作用、最一般的运动规律以及所用的实验手段和思维方法。比如位于欧洲日内瓦的迄今最大型强子对撞机 LHC，对于寻找上帝粒子和研究大爆炸后宇宙形成过程等起到了不可磨灭的作用，有 80 多个国家（包括中国）参与该项目，促进了各国间的文化交流，对社会的发展产生了深远的影响。而高中物理是步入科学研究领域的一门基础课程，对培养学生实事求是的科学态度和精神具有重要的意义。在美国先进科学协会颁布的“2061 计划”中，提出通过科学教育儿童应该具有的科学态度是：

（1）好奇心：善于提出问题，并且积极地去寻求答案。

（2）尊重实证：思路开阔，积极主动地去考虑不同的、有冲突的实证。

（3）批判地思考：权衡、观察和对观察到的事实进行评价。

（4）灵活性：积极主动地接受经证实的结论和重新考虑自己的认识。

（5）对变化世界敏感：有尊重生命和环境的觉悟。

我国中学物理课程标准中则明确指出：“科学态度与责任”是指在认识科学本质，认识科学、技术、社会、环境关系的基础上，逐渐形成的探索自然的内在动力，严谨认真、实事求是和持之以恒的科学态度，以及遵守道德规范，保护环境并推动可持续发展的责任感。

科学态度对人的认识与实践活动有决定性的导向作用，是人的科学素质的核心要素。如何通过日常教学逐步培养学生严谨的科学态度，进而培养学生的科学素养，直至最终养成学生的科学精神，是所有物理教育工作者需要思考的问题。传统物理教学的内容体系与教学模式更多地注重于知识点的讲解，对学生的自主探索、勇于实践等方面的能力锻炼较少，因此对学生科学精神的培养也较少。随着课程改革的不断深入，在物理教学的实施过程中，日益重视学生科学精神的培养，对其内涵策略与途径都有了进一步的认识和发展。

科学精神是人们在长期的科学实践活动中形成的共同信念、价值标准和行为规范的总称。科学精神就是指由科学性质所决定并贯穿于科学活动之中的基本精神状态和思维方式，是体现在科学知识中的思想或理念。科学精神是一个国家繁荣富强、一个民族进步兴盛必不可少的精神，集中体现为追求真理，崇尚创新，尊重实践，弘扬理性。科学精神强调实践是检验真理的标准，强调客观事实与逻辑论证相结合的严谨方法。在中学阶段，科学精神是指学生在科学教育实践中积淀的科学素养基础上生成的对科学技术有正确价值判断，形成负责的学习态度，既勇于探索新知识又能实事求是，既敢于独立思想又乐于互助合作的一种心理品质。这些品质包括：打破砂锅问到底的好奇心、求异的创造意识、怀疑精神、实证态度、坚持到底的毅力等。

具体而言，科学态度与责任体现为如下几方面：

1. 严谨的科学研究态度。科学是需要严谨的研究态度的，要尊重科学的客观真实性、自然规律，不主观臆断，培养学生以实事求是为基础的科学求真精神。例如，在实验教学时，要教育学生充分尊重实验实施，不要弄虚作假、伪造事实，不能为了追求一个高分而篡改实验现象或数据，要向学生开展“实践是检验真理的唯一标准”的教育。

2. 鼓励求证和质疑精神。美国面向21世纪人才培养的“2061计划”在《面向全体美国人的科学》一书中就将“科学需要证据；科学是逻辑和想象的融合；科学不仰仗权威”作为美国基础教育中科学世界观的构成要素。在追求科学真理的道路上，要求学生不要迷信于权威，不要迷信于既有的事实，而是通过自我探索，深入思考领悟其中的道理，勇于提出自己的见解，提出质疑，对物理现象及问题能够始终保持怀疑和批评的态度。

3. 兼容并蓄和团队精神。科学中的包容是一种积极的态度，要兼容并蓄，取其精华去其糟粕。这就要求不仅要对他人的观点予以承认，而且要认为他人的观点是有趣的并值得尊重的，即使自己认为这种观点并不正确，因为在科学探索中犯错误是不可避免的，这是由科学和人的本性决定的。要认识到物理学是不断发展的，具有相对持久性和普适性，但也有局限性。现在的科学探索多以小组协作形式出现，因此相互协作是现代生存的重要方式，在学习中合作有利于相互促进，培养协作能力。

4. 具有社会责任感。中学生是国家未来的栋梁，实现中华民族的伟大复兴是中国人光荣而神圣的历史使命。历史发展的规律表明，民族复兴的实现在很大程度上取决于这个民族青年一代的状况，特别是他们的社会责任感。作为中学生，以社会主人的身份关心社会物理课题和人类周围的环境，在学生时代就对我国的能源、工业自动化、国防建设等问题表示深切的关注，这就是社会责任感的体现。新课标指出，要“初步认识到科学及其相关技术对社会发展及人类生活的影响，有可持续发展的意识，注意科学技术对环境资源的影响，能在个人力所能及的范围内对社会的可持续发展有所贡献。”通过科学教育，让学生初步认识科学及相关技术对社会发展、自然环境及人类生活的影响，从而使学生形成可持续发展、将科学服务于人类的意识。

第二节 培养学生的科学态度与责任的教学依据

一、培养学生的科学态度与责任的教学依据与途径

中学阶段是培养学生科学兴趣、体验科学实验的重要时期，因为中学生拥有强烈的求知欲和好奇心，以及丰富的想象力，这些特有的年龄特点使得学生对科学的未知世界充满了好奇、期待和探究的欲望。同时，也是形成良好的科学态度与责任的重要时期。因此，在这个阶段培养学生的科学观、科学态度及责任至关重要。那么，该如何培养学生的科学态度和责任呢?

（一）营造良好的校园科学文化氛围

学校应该从软硬件两方面营造良好的校园科学文化氛围，例如可以在校园的景观设计、标语、校训、校风、宣传橱窗与展板海报、科技活动等载体中，通过动静结合的方式普及科学、科技等知识，营造崇尚科学的良好氛围，让校园充满求真务实的科学精神。让学生在开放、轻松的环境中感受科学的魅力，从而明确学习目标，改善学习方法，充分发挥自主性、能动性与创造性，为创新实践奠定坚实的基础。

（二）提升物理学科教学水平，创新物理学科教学模式

1. 在具体的物理课堂教学中激发学生研究的好奇心和求知欲

好奇心和求知欲是学生学好物理和探索自然的内在动力，因此，教师在授课过程中要重视这一点，不断地激发和保持学生学习物理的好奇心和求知欲。比如，在讲绪论课的时候，可以引入一些物理学家的典型事例，尤其是失误的事例，让学生认识到科学发现是一种探索性的劳动，既可能成功，也可能失败。英国化学家戴维说过，“我的那些最重要的发现是受到失败的启发而获得的”。因此，对于高中物理核心素养教育来说，要有意识地激发学

生的好奇心，培养他们的创新精神，勇于向未知领域探索，勇于向权威挑战；要有意识地激发学生的求知欲，培养他们的顽强精神，乐于在困苦中求索，善于在失败中取胜。

2. 加强实验教学，提高学生的科学素养

物理实验对培养和塑造学生的科学精神起着重要作用。高中物理实验课为学生提供独立进行观察、调查、制作和实验的机会。例如设计性实验，可以让学生打破现有的实验方案，在某一特定的要求和条件下，自行设计新的实验方案和步骤，完成其实验要求，让学生在实验中深深地感悟到严谨和实事求是的必要性，着重培养学生的动手能力、观察能力、独立分析问题、解决问题的能力。

此外，物理课堂少不了有许多的演示实验，传统教学中一般这些演示实验都是由教师完成，学生更多的是在观摩，这种教学方式与新课标以及核心素养所倡导的多动手探究是相悖的。让学生参与演示实验，不仅可以激发兴趣，调动学习积极性和注意力，增加学生对物理规律的理解深度，同时还可以规范学生的实验操作和提升学生的综合实践能力。例如在做“物体的质量与体积关系”演示时，教师可以先分析清楚实验目的及要测的物理量，然后让一名学生上讲台，从天平的调节、铁块的放置、砝码的增减、游砝的移动、读数及用量筒测铁块的体积，都让学生演示，教师则在一边给予指导，及时纠正他们的不规范操作。如果是平面镜成像，电流和电压、电阻的关系等这些实验，教师则可以把它们设计为探索性实验，由学生主导操作，如此一来可以让每个学生都参与到探索活动中，既加深了对规律的理解，又增强了学生探究、发现规律的意识，培养了学生的创新精神。再如，分组进行“ 楞次定律”实验时，首先引导学生注意观察电流表的量程、分度值和线圈绕组的绕法，其次要求学生制定实验步骤，接着在实验过程中引导学生认真观察和记录电流表指针的偏转方向，然后指导学生通过抽象方法把电流表指针的偏转方向与螺线管中的电流方向有机地联系起来，再通过抽象提取，逻辑思维，得到“感应电流的磁场总是阻碍引起感应电流的原磁场磁通量的变化”这一比较抽象的结论。当然，对于程度好的学生，可以大胆放开，让学生自己来制定实验方案和进行实验验证，通过实验教学再次把课堂的主导权还给学生。

3. 营造轻松、愉悦的课堂氛围

轻松、愉悦的课堂氛围可以让学生放松心情，愉悦情绪，让学生敢于发现问题，提出问题，从而大胆说出心中的疑问，质疑自己和同伴，甚至敢于对教师提出质疑，从而积极主动地参与到物理学习中。爱因斯坦曾经说过："提出一个问题比解决一个问题更为重要。" 创造一个民主平等的学习氛围，允许学生提出不同的观点，让学生成为课堂教学的参与者、研究者。如果课堂上教师照本宣科，把自己定位为权威，站在高高的讲坛上，不允许学生提出任何质疑，那么学生也只能被动地接受知识，哪怕心存疑惑也不敢说出自己的想法，无形中扼杀了学生的学习兴趣创新意识，自主探究就更无从说起了。

4. 把学科学习与现实生活进行关联

物理是一门实用性很强的科学，与工农业生产、日常生活有着密切的联系。新课标强调了学科与生活的关系，"乐于探索自然现象和日常生活中的物理学原理"，"勇于探究日常用品或新器件中的物理学原理"，强调学生应该能从自身的日常生活中去把握各种原理，学以致用。如：木头漂在水面上是受浮力作用；电冰箱中储存的物品水分的消失是物质汽化和升华的现象；自然界中的霜、雪、雨、露都与物理有密切的联系。在高中物理的教学中，可以用学过的知识来解决诸如跳水、滑板等运动类问题；用学过的电学知识可以来理解一些技术上问题，可以理解回旋加速器、加湿器等在科研中和生活中经常涉及的仪器和电器的工作原理，从而提升学生的科学素养。因此，在教学中教师应结合具体的教学内容，引导学生对这些问题加以关注，培养学生关注社会生活实际、关注人类发展的意识，增强其使命感和责任感。

5. 注重课本"科学足迹"等相关资源的应用

在必修一课本上《速度与现代社会》一文中就学生学过的速度概念来联系社会的发展，使学生认识到科技进步对社会发展的影响，并提出了交通工具是不是速度越快越好的问题，这对学生树立可持续发展的观念和养成质疑的习惯非常有好处。

《从伽利略的一生看科学与社会》一文中可以让学生体会、认识到物理研究是建立在观察和实验基础上的一项创造性工作，并要有实事求是的科学态度和科学精神。

在必修二《人类对行星运动规律的认识》一文中，使学生通过人类认识行星运动规律的研究过程，对物理学研究的科学方法有了更深入的认识，对物理学发展的持久性和普适性认识也更加深入，并且也看到了各个时期人类认识到的行星运动规律的局限性。虽然各个历史时期的物理学家对这一规律认识有不足，但我们从中能看到他们实事求是、严谨的科学态度和科学的研究方法，以及后来者是如何突破的。从开普勒分析第谷的数据工作中，学生们也能学到在科学研究过程中合作精神是多么的重要。同时，了解开普勒的研究过程也是一种审美体验，这对培养学生的科学研究兴趣和认识科学本质是非常有帮助的。这是一段对学生进行科学态度与责任教育的很好素材，用好了，将产生持久的作用。

在选修 3–1《法拉第与场的概念》一文中，通过学习法拉第及麦克斯韦等科学家对电磁本质的深思以及他们的科学研究方法和思维方法，对学生们树立和丰富正确的物理观念起到了很好的作用，也使学生的心中埋下了一颗想要探究科学本质的种子，学生们会从科学家的研究过程中学到一种求真务实的科学态度，这对培养学生学习和研究物理的内在动力产生很重要的作用。同时，通过人们对场这种物质的认识历程也使学生形成更加规范、严谨的科学态度。

在选修 3–2《科学发现的启迪》一文中，学生体会到，科学家的重大发现和取得的研究成果，都源于对以往知识的熟悉和新鲜事物的敏感。另外，科学研究的真正动力是科学家们具有的社会责任感，而并非功利心和利益。充分认识到物理研究是一种对自然现象进行抽象的创造性的工作，理解科学本质。

在选修 3–2《大面积停电引发的思考》一文中，学生通过对美、加、英发生大面积停电引发的思考，认识到科学技术与社会的关系，从而引发更多的思考：人类有必要在这样大的程度上依赖技术吗？这对学生能依据普遍接受的道德与规范认识和评价物理研究与应用，具有保护环境、节约资源、促进可持续发展的责任感有重要的意义。

6. 鼓励学生主动与他人合作

在科学研究的历程中，很多科学家成绩的取得都有赖于与他人的合作，因为，每个人的研究方向不同，思考的问题不同，擅长的领域和研究方法不同。相互的融合、借鉴、启发，才使我们取得当今社会的科学成就。即便在我们完成学业和获取知识过程中，与人交流和合作也是应有的素质，是一种科学态度。在中学物理课堂教学中应该创设机会，让学生养成这种习惯。在一些课题研究中，让学生在交流合作中获到取得成绩的喜悦，真正懂得交流和合作是科学研究过程中必备的品格。这对培养学生的科学素养非常有好处。

7. 在课堂教学中培养学生实事求是的科学态度

在一些实验结果的处理中，应本着实事求是的科学态度来看待实验数据和处理实验数据，认真分析实验误差，绝不弄虚作假，养成良好的科学道德规范。在学习科学家的研究历程中，也要正确看待科学家在特定历史时期认识方面的不足，尊重别人的研究成果，并学会修正错误应有的方法和态度。

例如，一位教师教学“楞次定律”时，先演示实验：A和B都是很轻的铝环，A环是闭合的，B环是断开的，用磁铁的任一极分别接近A环和B环。磁极靠近A环时，学生看到A环、B环绕着中心旋转起来。磁极靠近B环前，教师提问：会看到什么现象呢？学生回答：B环不动。磁极靠近B环时，学生看到B环稍微动了一下即停止。这时，教师再次演示，并且提高声音提问：B环动没动？学生不敢言语了。教师顺势问道：为什么不动呢？接着开始引入新课，用楞次定律解释现象：B环事实上是稍微动了一下的，而且是应该动的。因为当磁极靠近时，变化的磁场在环中产生了涡旋电场，电子在电场力的作用下做定向运动形成电流，电流受到磁场的安培力，所以B环受到力的作用就要运动。但是B环是不闭合的，电流是瞬时的，所以作用也是瞬时的。可见，我们不能完全凭借感觉或者经验去下结论，而否定客观事实，这是不正确的科学态度。

再比如：在探究加速度和力、质量关系的实验中，当学生在用图像处理数据时，有些小组的加速度与力的图线明显变弯曲了，要引导学生尊重第一手的实验数据，仔细分析原因。这时，学生还不知道牛顿第二定律，知识上存在不足。教师要引导学生不断探索，分析各方面的原因，在探究中不断完善实验方案，最后得到较为理想的实验数据。

在处理“钩码的重力等于牵引小车的力吗？”这个问题时，以往教师们往往是先告诉学生“钩码的重力不等于牵引小车的力，钩码的重力越小则牵引小车的力越接近钩码的重力”这个结论，而学生对这个结论不甚理解，教师却不能解释，又不好用实验验证。实际上，教师这样做是不得已的办法，因为在学生还不知道牛顿第二定律的情况下，教师很难给学生解释清楚。然而学生若不知这个结论，就很有可能在这个实验中不注意“钩码的重力越小牵引小车的力越接近钩码的重力”这个条件而得不出正确的实验结论。新课标要求我们在教学中应特别体现方法和过程，重视探究过程的科学思想和方法的科学性，而且新教材是让学生通过实验探究得出牛顿第二定律，在实验探究过程中，应着重培养学生的探索精神和实验技能，尤其是如何解决在探索物理问题的过程中出现的困难。基于以上的考虑，我们感觉到：学生在这个问题上存在着知识上的缺陷，不能用还没有得出的规律来解决现有的问题，而直接告诉学生这个结论又不太好，不符合新课程的理念，但又不能避开这个现实的问题。实际上应用传感器就能够很好地处理这个问题。

学生对“钩码的重力等于牵引小车的力吗？”这一问题的初步认识，根据二力平衡的知识学生可以确定，当钩码和小车一起加速运动时，细绳的拉力不等于钩码的重力。但是用钩码的重力代替牵引小车的力确实是一个不错的办法，很想使用，在这种情况下，学生解决问题的愿望一下子变得强烈起来。

笔者在这节课做了大胆的尝试。先是用绑在小车上的弹簧秤来测量运动中小车受到的拉力大小。但是由于小车运动的速度快、时间短，不太容易对弹簧秤进行读数，这种实验方法实际上行不通。在探究活动受阻的情况下，用绑在小车上的力传感器来演示说明其受到的拉力不等于重力，并得出在什么情况下近似等于牵引小车的力。

笔者的具体做法是：先用约为 1N 重的钩码牵引小车，用传感器很快就能得出在运动中小车所受到的拉力为 0.74N。当学生看到这一结论时都认为误差太大，怎么办？有学生提议用更重的钩码牵引小车，发现误差更大了。接下来学生自然就想到用较轻的钩码来牵引小车，发现这时误差已很小了。通过努力思索、积极探究，终于找到了解决问题的真正办法！学生们非常兴奋的。在这里传感器的好处和作用就很好地体现了出来，同时可以说明传感器也不一定整堂课都用，也可以是在一个很小的局部物理问题上使用，同样可以起到画龙点睛、辅助教学的作用。

所以，本节课安排了这么一个演示实验，无疑是对学生日后科学探究活动提供方法上的指导，也改变了学生的思维观念；同时，也培养了学生善于发现问题和解决问题的意识，并在解决问题的过程中能够正确应用科学的思维方法和实验方法。

这样处理，对于培养学生的科学探究能力和科学精神很有好处，比单纯地告诉学生小车的质量一定要大于拉车钩码的质量要好得多。同时，这样处理，使学生有强烈的好奇心，激发出了进一步探究加速度和力、质量三者之间关系的热情，对后续牛顿第二定律的深刻理解必然起到很好的作用。这也体现了学生经过探究获取的知识是牢固的。并且，在关注学习的过程中，学生也体会到了探索自然规律的一般性方法。看来，科学精神和科学态度对于学生学习物理知识是何等的重要。

8. 在课堂教学中要不断地使学生认识到“在进行物理研究和应用物理成果时，能自觉遵守普遍接受的道德与规范，养成保护环境、节约资源、促进可持续发展的良好习惯”。

比如在讲授核电站的知识时，要让学生充分表达自己的观点，并且在网上查阅资料，能够认识到科学进步对社会发展的影响。也让学生能够认识到，人类的发展应该注意可持续性，使人与自然的和谐发展，这对提升学生整体的素质和培养合格的接班人是非常重要的事情。

（三）对教师的要求

1. 转变教学观念

要让学生体会到：物理学科是一门以实验为主的学科，人们在对自然充分观察的基础上，经过抽象、概括和必要的实验验证，才能提出描述自然的概念和规律。同时，也要认识到任何理论都是在特定的情况下才成立，都有局限性，在科学的发展进程中逐步认识到科学的本质，从而形成正确的科学态度，形成正确的科学世界观。

培养科学探究的习惯，突出学生的主体地位，培养与发展学生的个性；创造一个民主平等的学习氛围，允许学生提出质疑，让学生成为课堂教学的参与者、研究者。在物理教学中，应用“提出问题—假设、猜测—设计实验—探究、记录—交流评估”的模式，让学生养成科学探究的习惯。在每一次的探究中，学生的兴趣都能得以激发，创造性得以发挥，怀疑精神得以张扬，求实态度得以强化，科学精神得以彰显。

2. 拓展科学视野和能力

改变传统的以知识点为主导的教学模式，要把教学内容向宽度和深度延展。就宽度而言，物理教学不再仅仅局限于物理学科知识的教授，而应将与教学内容相关的科学史、科学家的故事，相关的科技与经济社会的知识等等相关知识引入课堂，通过不同学科理论或原理进行综合分析，让学生不仅能弄清“是什么”，更能弄清“为什么”，从而能够有效引导学生的科学探究学习。

通过介绍物理学发展史培养学生的科学精神，安排物理学发展史的教学，把科学史中前人尊崇事实、追求真理和大胆创新的精神，适当地加以反映，不仅使学生了解一些著名物理学家的典型事迹，也可以较好地培养学生的科学精神。如托马斯·杨复兴了光的波动说，他敢于向权威提出挑战而取得了成功；开普勒通过长期钻研发现了开普勒三定律。科学家的榜样作用不可替代，包括他们探索的科学意识、科学态度、科学方法；也包括他们的成长经历，甚至为科学献身的精神。

3. 提高教学组织能力

教师必须重视开展探究式教学，应精心设计教学过程的各个环节，如问题的发现与聚焦，探究材料的准备和呈现方式与时机，探究结果的提出、验证与修正，学生团队的建设与提高，生生互动、师生互动探究的时机和方式，等等，切实提高探究教学的有效性。同时，也应注意不能在课堂上出现假探究，在进行教学设计时要充分考虑到探究的必要性和可行性，以及这段探究对培养学生科学思维能力和科学精神的价值，最大限度地发挥探究的作用。也要认识到，探究不仅仅是在实验中，在理论学习上同样也可以出现很好的探究活动。

（四）整合校内外教学资源，培养学生创新精神

实验是物理的基础，在中学物理教学中实验教学同样是培养学生创新能力和实践能力的重要途径之一。然而中学物理实验设备匮乏、实验条件简陋、实验开出率低等现象普遍存在。教师在教学中可以自己制作或辅导学生制作教具来加强演示实验效果；有效利用多媒体仿真课件、挂图、模型、投影等多种教学资源，使教学形式多样化，创造更多的实验情境，做到“教中有动，

动中有教，教动有机结合”，变单纯地听、看、模仿为积极参与、主动思考和认真分析研究，使物理教学过程真正成为学生不断发现问题、解决问题，不断创新的过程，培养学生敢于接受挑战，不断创新的良好品质。

多媒体课程资源是新一轮国家基础教育课程改革所提出的一个重要概念，它的开发和利用对于转变课程功能和学习方式具有重要的意义。多媒体课程资源可以超越狭隘的教学内容，通过更加丰富的方式和手段向学生展示教学内容，使原本平淡的课堂变得丰富多彩，让教学“活”起来，让师生之间的信息传递更加和谐，改变学生在教学中的地位，从被动的知识接受转变成为知识的共同建构者，从而激发学生的学习积极性和主动性，有利于缩短教学时间，提高学习效率。

（五）打破传统，建立科学的评价体系

“一考定天下”这种传统的考核模式正在逐步转变，课改和核心素养所倡导的过程性评价方式虽然还在摸索中，但是已经为大众所接受。要鼓励对学生在学习过程中的科学精神的评价。让学生积极参与和思考，勇于质疑；对于探究的问题有与众不同的、独到的见解；在探究过程中表现出不达目的誓不罢休的品格和毅力；坚持不迷信、不盲从，唯真理是论等，以倡导科学精神的发扬。此外，考试答案设置一定的开放性，比如近些年北京高考题已经有这个趋势。允许出现解题过程的“标新立异”，不迷信权威、发挥学生的想象力、好奇心和创造力。

二、课程标准中物理观念的水平划分

(一)科学本质

水平 1：认识到物理学史对自然现象的描述与解释。

水平 2：认识到物理学史基于人类有意识的探究而形成的对自然现象的描述与解释，并需要接受实践的检验。

水平 3：认识到物理研究是建立在观察和实验基础上的一项创造性工作。

水平 4：认识到物理研究是一种对自然现象进行抽象的创造性的工作。

水平 5：认识到物理学是人类认识自然的方式之一，是不断发展的，具

有相对持久性和普适性，但同时也存在局限性。

（二）科学态度

水平 1：对自然界有好奇心，知道学习物理需要实事求是，有与他人合作的意愿。

水平 2：有学习物理的兴趣，具有实事求是的态度，能与他人合作。

水平 3：有较强的学习和研究物理的兴趣，能做到实事求是，在合作中能尊重他人。

水平 4：有学习和研究物理的内在动机，坚持实事求是，在合作中既能坚持观点又能修正错误。

水平 5：有较强的学习和研究物理的内在动机，能自觉抵制违反实事求是的行为，在合作中既能主动参与又能发挥团队作用。

（三）社会责任

水平 1：知道科学、技术、社会、环境存在相互联系。

水平 2：认识到物理研究与应用会涉及道德与规范问题，了解科学·技术·社会·环境的关系。

水平 3：认识到物理研究与应用应考虑道德与规范的要求，认识到人类在保护环境和促进可持续发展方面的责任。

水平 4：能依据普遍接受的道德与规范认识和评价物理研究与应用，具有保护环境、节约资源、促进可持续发展的责任感。

水平 5：在进行物理研究和应用物理成果时，能自觉遵守普遍接受的道德与规范，养成保护环境、节约资源、促进可持续发展的良好习惯。

第三节 培养学生科学态度与责任的教学策略

培养学生科学态度与责任需要我们一线物理教师在进行教学设计时就应该做全面的考虑，并且在课堂上不断渗透。学生在教师创设的物理情境中、同学小组讨论交流中以及不断体验过程中，这方面的科学素养才能不断养成。

一、关于“科学本质”的教学策略

在物理课堂教学中要充分利用好物理学史这一教学资源。通过学习物理学史，一方面能够了解科学家是如何研究某一问题的；另一方面能够从中学到科学家们一些重要的科学研究方法及其演化过程，这也非常有助于学生科学思维能力的形成。

在教学中要让学生充分认识到物理学的研究是在科学观察和实验的基础上进行的具有创造性的工作，所以，在教学中要注意每一个概念和物理规律的得出过程，能做实验的就一定做实验，即便有些实验还不太完美，还比较费时间。教师只有长期这样做了，才能使学生逐步认识到科学本质。

同时，也要让学生认识到科学研究就是在观察和实验的基础上的一种科学的科学抽象活动。比如，在“弹力”概念的教学中，让学生能够从生产、生活中的现象抽象出形变、弹力的概念，并体会物理学建立概念的一般性科学方法：从简单到复杂，从个别到一般的归纳方法。并让学生体会建立物理概念的重大意义。只有经过学生不断地体会，科学抽象能力才能逐步形成。

通过物理课的学习，要让学生充分认识到科学是不断向前发展的，很多科学原理具有持久性和普适性，同时也有局限性。比如：讲万有引力定律时，引导学生充分认识到其解决天体问题时具有的重大意义。讲近代物理时，在进行课堂设计时要给予充分的考虑，通过引导学生在认识原子的组成和原子核的组成时，要以问题引领学生的思维。这样，学生就会逐步认识到科学的本质。

二、关于“科学态度”的教学策略

我们的教学设计和学生的学习过程，要考虑到激发和保护学生的好奇心，因为好奇心是创造力最活跃的因素。这样，教师的问题设置就显得比较重要。教师要通过问题引领学生探索自然规律。

自始至终要培养学生实事求是的科学态度，无论是建立一个科学概念还是处理一个实验数据，教师要在这方面起到榜样的力量；并且，不要回避教学过程中每一个难解决的问题，这对学生形成科学精神至关重要。对于学生在课堂教学中生成的问题，教师要和学生一起认真对待、解决，实事求是。即便当时解决不了，也不能随意对付过去。其实，课堂教学最好是能激发学生更深层次的思考。

与人合作的习惯和意识，需要培养。在物理教学中教师们要特别关注以下几方面：（1）实验课，尤其是学生分组实验。要在课堂上引导学生分工合作，共同完成实验、分析实验数据和误差。（2）课堂上要设计一些需小组讨论的问题，要有小组交流展示环节。（3）作业讲评前让学生讨论。每次在作业讲评前先让学生讨论5分钟左右的时间，这样一些个性化的问题就能很好地解决，教师再讲时，解决的就是整体出现的共性问题。长时间坚持这样做的好处是：第一，课堂的效率提高了，使课堂真正成为了高效课堂；第二，学生间互相讲题，提升了用自己的语言表述一个物理问题的能力，达到了真正理解物理概念、规律的目的；第三，课堂模式已确定，学生已习惯。知道若不能很好利用这5分钟的话，就会跟不上教师的进度。这样就促进了学生学习的主动性；第四，在学生间的辩论中，对很多问题加深了理解，尤其是自认为理解的知识，在给别的同学讲解过程中才发现掌握得不到位。这样，丰富的物理教学活动，才能使学生不断地养成合作交流意识和提升这方面的能力，并且要注重提高交流合作的能力。教师要引导学生养成既能坚持自己的观点，又能修正错误的正确的科学态度。

三、关于“社会责任”的教学策略

教师在教学中要强化物理学的发展在不断促进技术进步的同时，还应注意与社会的发展、保护环境的关系，让学生有一种社会可持续发展的意识。能依据普遍接受的道德与规范认识和评价物理研究与应用。这就需要我们教师在进行教学设计时考虑这方面的因素，不能靠灌输，而在于渗透。比如：在讲航天航空事业的发展时，让学生知道要和平地利用太空，要注重太空的和平利用，合理、可持续地利用太空资源。在讲到核能的利用时，一方面要让学生明白理论的突破可推动技术的进步；另一方面也必须明确，在利用科技进步来改变我们生活的同时，要关注核能的利用对环境的影响，与人类发展的深刻关系。

总的说来，培养学生的科学态度和社会责任需要我们教师不断地捕捉可利用的教学资源，不断渗透，不能刻意为之，是一种思考问题的习惯，更是一种科学素养。

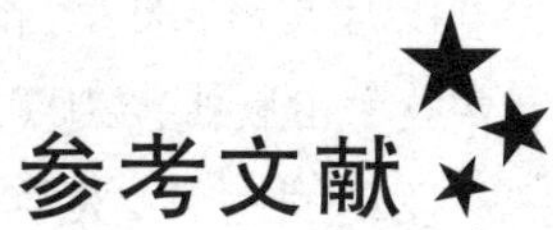

参考文献

[1] 陈右倾．广义“教学论”[J]. 学科教育,2002（3）.

[2] 孙启民．教材更是“引子”[J]. 教育科学研究,2003（10）.

[3] 牛新志．拷问良知 [M]. 福州：福建教育出版社，2013.

[4] 续佩君，李长军，王美琴．确定中学物理核心概念的方法研究 [J]. 课程·教材·教法，2017, 393（7）.

[5] 崔秀娟．电磁场的物质性 [J]. 中国校外教育中旬刊，2012（1）.

[6] 中国大百科全书 物理学 [M]. 北京：中国大百科全书出版社，2009.

[7] 中国大百科全书 [M]. 2 版 .28 卷．北京：中国大百科全书出版社，2009.

[8] 中国大百科全书 物理学 [M]. 北京：中国大百科全书出版社，2009.

[9] 薛晓舟．论空间时间的量子观念 [J]. 自然辩证法研究,2006, 28（1）.

[10] 鲍淑清，张会．现代物理学的运动观和时空观 [J]. 河北师范大学学报（自然科学版），1992，16（4）.

[11] 中国大百科全书．物理学 [M]. 北京：中国大百科全书出版社，2009.

[12] 哈里德．物理学 [M]. 北京机械工业出版社，2005.

[13] 赵凯华，罗蔚茵．新概念物理教程 量子物理 [M]. 北京：高等教育出版社，2006.

[14] 中华人民共和国教育部．普通高中物理课程标准（修订版）[S].2017.

[15] 辞海 [M].6 版．缩印本．上海：上海辞书出版社，2010.

[16] 季淑莉．汤姆逊对玻尔建立原子模型的影响 [J]. 陕西师范大学学报（自然科学版),1999（2）.

[17] 林德宏．科学思想史 [M].2 版．苏州：江苏科学技术出版社，2004.

[18] 鲍淑清，张会．现代物理学的运动观和时空观 [J]. 河北师范大学学报，1992（4）.

[19] 吴翔，沈葹，陆瑞征，羊亚平．文明之源——物理学 [M]. 上海：上

海科学技术出版社，2010:299

[20] 吴翔，沈葹，陆瑞征，羊亚平．文明之源——物理学 [M]. 上海：上海科学技术出版社，2010.299

[21] 卢德馨．大学物理学 [M]. 北京：高等教育出版社，2000.

[22] 秦凤娥．浅谈惯性质量与引力质量 [J]. 中学物理教学参考，2007（7）.

[23] 朱世昌．惯性质量与引力质量 [J]. 物理教学，1978（1）.

[24] 陈晏清等．马克思主义哲学高级教程 [M]. 天津：南开大学出版社，2001.

[25] 肖前，李秀林，汪永祥．辩证唯物主义原理 [M]. 北京：人民出版社，1991.

[26] 胡化凯．亚里士多德时空观与牛顿时空观比较 [J]. 科学技术与辩证法，2003（1）.

[27] 鲍淑清，张会．现代物理学的运动观和时空观 [J]. 河北师范大学学报，1992（4）.

[28] 高鹏．从量子到宇宙 [M]. 北京：清华大学出版社 .2017.

[29] 张健，李春密．以“静电场”教学为例，读物理观念而渗透与培养 [J]. 物理教师，2018（6）.

[30] 李淮春．现代思维方式与领导活动 [M]. 北京：中共中央党校出版社，1990.

[31] 田世昆，胡卫平．物理思维论 [M]. 南宁：广西教育出版社，1998.

[32] 刘海．高中物理模型构建教学的理论与实践研究 [D]. 东北师范大学，2008.

[33] 张晋，毕华林．模型建构与建模教学的理论分析 [J]. 化学教育，2017, 38（13）.

[34] 张静，郭玉英．物理建模教学的理论与实践简介 [J]. 大学物理，2013,32（2）.

[35] 任唯，刘东方．科学推理能力的构成及其考查研究 [J]. 化学教学，2015（3）.

[36] 田世昆，胡卫平．物理思维论 [M]. 南宁：广西教育出版社，1998.

[37] 续佩君．物理能力测量研究 [M]. 南宁：广西教育出版社，1998.

[38] 陆佩 . 归纳法在探索物理规律中的应用 [J]. 实验科学与技术 ,2010,8(05):30-32.

[39] 雷凤兰 . 物理教学中培养学生归纳与演绎推理能力的研究 [D]. 首都师范大学 , 2006.

[40] 李燕 , 唐琳 . 刍议物理学史中穆勒五法的应用 [J]. 物理教学探讨 : 中学教学教研专辑 , 2015, 33 (10) .

[41] 杨慧华 . 高中物理习题课中运用演绎法进行教学的实践研究 [D]. 贵州师范大学 , 2016.

[42] 徐荣广 . 高中物理教学中凸显类比方法的研究 [D]. 南京师范大学 , 2015.

[43] 丁明文 . 归纳法在物理教学中的应用 [J]. 职业 , 2009 (4Z) .

[44] 陆海燕 . 高中学生物理推理能力的调查研究 [D]. 南京师范大学 , 2015.

[45] 潘瑶珍 . 基于论证的科学教育 [J]. 全球教育展望 , 2010, 39 (6) .

[46] 谢群 , 苏咏梅 . 论证——科学教育的本质 [J]. 生物学通报 , 2016, 51(3).

[47] 邓阳 , 王后雄 . 科学教育中融入科学论证的必要性分析——基于科学本体、科学学习和国际比较视角 [J]. 外国中小学教育 , 2014 (3) .

[48] 韩葵葵 . 中学生的科学论证能力 [D]. 陕西师范大学 , 2016.

[49] 袁静 . 中学生在科学探究中论证能力的初步研究 [D]. 广西师范大学 , 2011.

[50] 陈颖 , 郭玉英 . 高中物理科学论证能力表现评价框架的构建 [J]. 中学物理教学参考 , 2017 (11) .

[51] 任宁生 . 基于科学论证的教学设计研究 [D]. 上海师范大学 , 2016.

[52] 续佩君 . 物理能力测量研究 [M]. 南宁: 广西教育出版社 ,1998.

[53] 周维新 . 中学物理实验教学中学生创新能力的培养研究 [D]. 苏州大学 , 2008.

[54] 陈海峰 . 初中物理教学中培养学生创新能力途径的研究 [D]. 东北师范大学 , 2006.

[55] 高悠 . 初中数学教学中学生创新能力的培养研究 [D]. 苏州大学 ,

2008.

[56]张迎弟．中学物理探究式教学对学生创新能力培养的研究与实践[D]. 山东师范大学，2011.

[57]胡德银．中学物理实验教学中培养学生创新思维能力的研究[J]. 课程教育研究：新教师教学，2016（8）.

[58]尹庆丰．“物理学家失误”资源用于培育学科核心素养的思考与建议[J]. 中学物理，2018（3）.

[59]王高．科学态度与责任的构成及培养策略[J]. 中学教育教学，2017（11）.